民國政海軼事

你不知道的軍閥與政客

洪　鵬　原編
蔡登山　新編

目次

一、國父孫中山先生北上追憶

民國十三年冬，北洋政府執政段祺瑞，為籌劃召開國是會議，致電廣州交換意見，並促請國父孫中山先生赴北京一行。中山先生為了團結息爭，毅然離粵北上，並定於是年十一月十三日啟程。首途之日，國父由廣州大本營乘「永豐」號兵艦出發，粵方文武要員、駐穗外賓、民眾代表、學生代表等數百人，皆登艦恭送。至於眾多的學生和民眾們則自動列隊排立於珠江兩岸，不下數萬人。此外尚有聯誼社，海員工會、機器工會等團體，為了歡送孫大元帥，更用小輪十餘艘，在珠江江面繞艦行駛，沿途大放爆竹，歷久不絕，歡呼之聲，響徹雲霄。可見民氣之高，行色之壯。詎知國父此番北行，竟一去不返，與百粵人士頓成永訣矣。

國父中山先生乘永豐艦啟碇後，行駛不遠，抵達砲臺附近之際，適值退潮，兵艦竟擱淺沙灘，暫停前進，直至午後五時，始繼續鼓輪，駛入黃埔寄碇。船抵黃埔後，孫氏並未登岸，當時黃埔軍校校長蔣中正氏率教育長王柏齡，主任教官何應欽諸人，都曾上艦覲見，孫氏亦各有垂詢。永豐艦在黃埔寄泊至夜半潮漲後即繼續啟航，於十一月十四日上午九時抵達香港。

孫氏座艦抵達香港時，香港政府特派警察總監，與海軍高級軍官等盛裝登艦歡迎，並請示可否放禮炮致敬？孫中山先生表示：「太客氣了！我匆匆經過貴地，不擬上陸，即刻便要轉輪赴上海，謹此致謝」等語。略事收拾，孫氏率隨員等即在海面乘專用小艇轉登日本郵船「春洋丸」。是時，日本駐廣州領事佐木，駐港領事及僑民，以及我僑港各界代表等約二百餘人，已先在「春洋丸」上恭候。孫氏一一歡然把晤，談笑至洽。先是，我旅港同志及各社團，聞得中山先生經港北上之訊，分別僱用小輪多艘，駛至港外歡迎，並一路圍繞永豐艦燃放爆竹，熱烈歡呼，場面之盛，一如廣州珠江歡送之情景。

「春洋丸」原定十四日上午九時啟行，因須等候中山先生，乃延至正午十二時始啟碇。「春洋丸」為表示對中山先生之崇敬，於離港開行及抵達上海之際，特別在輪首升起青天白日滿地紅的國旗，禮儀至為隆重，由港赴上海計四十餘小時，於十六日上午十一時抵達上海。

中山先生一行抵達上海，事前報紙早已披露消息。這一天，上海各界趕往碼頭歡迎的，除國民黨留滬同志外，計有外賓、民眾、學生等數萬之眾。因為歡迎的人太多，秩序不易維持，各國租界的警察，全部出動，各通衢都加崗維持秩序。孫氏登岸後，一路途為之塞，車輛走走停停，沿途商號店舖，都自動懸掛國旗和燃放爆竹，恭迎這位開國偉人。情況之熱烈，使中山先生為之感動不已。

孫氏在上海駐留了六天，因為當時北方戰火未熄，津浦鐵路不通車，由上海開往天津的輪船也不多，因此，一部份隨行人員搭乘貨輪往天津，中山先生則於二十一日上午搭乘日本郵船「上海丸」先赴日本神戶。隨從赴日的計有宋慶齡、李烈鈞、戴季陶、黃昌穀、黃惠龍、馬湘等六人。

當中山先生抵達神戶時，日人頭山滿、犬養毅及我國留日士官學生、各僑校代表等八十餘人，遠道由東京專程趕來歡迎。孫氏在神戶也只逗留了一星期，在廿五日那一天，並應神戶某中學之請，前往演講，題為「亞洲民族應共同攜手」，歷時四小時。該校大禮堂僅可容一千人左右，而是日聽眾約三千餘人，只好在前列者席地而坐，後面的聽眾則摩肩鵠立，情況之盛，得未曾有。

十二月一日中山先生又從神戶搭日輪「北京丸」赴天津，四日下午一時抵達，津沽民眾及學生，聞風而雲集日本租界碼頭歡迎者，倍於上海。段祺瑞的代表許世英、徐樹錚；張作霖的代表張學良及當地各軍政首長外賓等，都鵠立碼頭恭迎。由於沿途人潮洶湧，車行極緩，到下午兩點多孫氏才抵達日租界旭街張園行館（張園是張彪的別墅，段祺瑞特假以招待中山先生）。

中山先生在張園略事休息，於午後四時，即往訪張作霖，一走出張園大門不遠，即被記者羣包圍。這時天陰欲雪，細雨霏霏，孫氏不得不與記者們周旋一番。登車之前，站立於車旁讓新聞記者攝影。孫氏着長袍馬褂，右手持手杖，左手執呢帽沿，微笑頷首，貌甚慈和。沒想到這一個鏡頭，即成了孫氏一生最后一次的公開攝影。

中山先生甫抵津門，席不暇暖，不惜移樽就教，先往拜訪張作霖，即此一端，就可見孫氏當年為了國事，一切委曲以求，皆非所計。這天，孫張二氏歡然握談約一小時。孫氏返張園後，又與隨行人員密談至深夜始就寢。不料睡至午夜，忽感頭暈、耳熱、胃部劇痛不止，因為病況來勢甚猛烈，遂連夜延請德籍醫生克禮來診，服藥後，仍未見癒可。胃痛時輕時重，遂留在張園養息。

休養了近兩個星期，中山先生自己感到精神稍好，已能起床，與隨行諸同志談笑，並且發給隨行人員每人現洋二百元，作為添置冬裝之需。

中山先生鑒於病况已漸癒可，遂決定十二月二十日離津赴北京。專車抵達北京火車站時，瑞雪紛飛，把這數百年的古都裝點成一片銀色世界，而歡迎場面之熱烈偉大，簡直非筆墨所可形容。這一天，除北洋政府所有的高級官員，各國使節，各公私團體而外，民眾與學生之參加歡迎行列者，真正達到了萬人空前的盛況，因為道路雍塞，人潮洶湧，當中山先生座車進入市區時，除道路兩旁人山人海外，有攀上沿街樹梢，有的高踞屋頂，車行遲緩，歡迎之聲震耳，此情此景，如火如荼。料想北洋兩巨頭段張二氏，目睹此一空前熱烈盛況，心中當不無感觸。

中山先生一行，先下榻於前門外之北京飯店。這個旅館是由外商經營的，為當時最具規模的旅館。段祺瑞為了接待中山先生，特於事先租定該飯店五樓全層，作為孫氏之行邸。第二天，中山先生和汪精衛一度商量，認為全層房間太多，隨行人員用不着這偌大居處，於是就五樓房間中留下十七間，其他的房間均退回不用。

當中山先生住進了北京飯店以後，因為病體還沒有恢復，所以暫時不外出，只派了汪精衛等幾個人代表向各有關方面作禮貌上的拜訪。孫氏本人除每天仍請德籍醫生克禮診治外，並延請中外名醫多人會診，經過多數名醫們的幾度會商，並獲得孫氏的同意，決定在民國十四年一月六日上午進入有名的協和醫院。

中山先生進入協和醫院後，第二天即施手術，經過情形尚屬良好，在醫院裡住了八、九日，創口即告復原，於元月廿四日遷出協和醫院，移住到西城鐵獅子胡同十號（這裡是北洋政府為孫氏準備的行館）。

中山先生雖然出了醫院，但因為所患的是最可怕的癌症，開刀之後，神形俱損。當時國內名醫及日本歐美醫學界人士，或以私人，或以學會名義，針對病況貢獻處方者不知凡幾，北京城的名中醫陸仲安則每日必到行館診視。無奈癌症根本是藥石罔效的，僅不過拖延時間罷了。

到了二月初，中山先生因飽受痛苦，已瘦弱不堪，自知病入膏肓，回天乏術，遂於二月廿四日午前，預行簽署遺囑。這時，環繞四週的親故隨員等、眼睜睜地看着這一代偉人，在癌細菌侵蝕之下，緩緩趨向死亡，無不心如刀割，痛苦萬分。

一直拖到三月十二日寅時，天尚未曉，這位創建民國的巨人，終於撒手塵寰，魂歸天國。中山先生逝世之日，整天陰霾四合，冰雪載途，天愁地慘，舉世同悼。

中山先生逝世之後，關於飾終典禮及行館佈置，經商請許世英率領北洋政府派來的招待人員，負責辦理。當時汪精衛提議：「有關總理身後大典，究應如何安排，應尊重總理家屬的意見。」這一意見提出來以後，因為孫科先生當時哀毀過甚，方寸已亂，一時未曾作答。恰好一位女同志從孫夫人房間走出來向大眾傳達孫夫人的意思，說要舉行基督教儀式，孫科先生首先點頭表示同意，在場諸人，亦自無意見。接着，那位女同志又說：「先生生前曾說過，如遺體能夠久留則更好，不知諸位以為如何？」此言一出，在場的同志們，都因為並沒有聽到中山先生這樣說過，因而議論紛紛，因為遺體如要久留，必須製而後殮，所謂製，必須剖腹取出心臟胃腸，大家一想到這些，都似乎有些不忍，但因見孝子孫科默不做聲，似無反對之意，眾人也就不再發言。

大原則決定以後，遂推隨從中山先生北來的趙超，鄧彥華、黃惠龍、馬湘、吳稚暉、馬超俊、李朗如、李幡等共八人，恭挽中山先生遺體，送入協和醫院，施行滅菌防腐手術。三月十四日，遺體送入協和醫院，由美籍醫生重行剖腹，檢出了肝、膽、腸、胃諸內臟，其中膽囊與胃似滿佈鐵銹色的斑點，膽囊內更積有三粒多角形的結晶物，大的有如銀杏。以上各物分別裝入大小數瓶浸以酒精，暫存醫院，至民國十八年在南京舉行奉安大典時，取回附葬。

中山先生大殮時，穿甲種大禮服、禮帽、皮鞋，用欖形輕便黃色西式棺木。殮畢，先由基督教會執事十餘人，均穿黑衣長袍，手捧白色蠟燭前導，繼由同志張繼等十幾人恭舁棺木進入協和醫院的禮拜堂聖堂中。靈櫬安放後，牧師領導唱詩、讀經、禱告、瞻仰遺容，禮畢，仍由牧師前導將靈櫬舁出聖堂，奉移至北京前門外中央公園，園內一切佈置，事先已由孔祥熙同志安排妥當，旋即舉行公祭。

當時的北洋政府執政段祺瑞，本來是要親臨致祭的，臨時忽然托辭足疾未癒，洗腳後穿不進皮鞋，乃改派龔心湛為總代表。段氏此舉，曾遭到甚多異議，其實只要有心，穿布鞋又何嘗不能親來一祭？而北京民眾自動前來致祭者，卻日必逾萬。

公祭時，在所收到的花圈輓聯中，以當時豫軍總司令樊鐘秀所送者為最引人注目，那是一個特製的巨型素花橫額，闊丈餘，高四、五尺，當中大書「國父」二字，他的唁電輓章，也稱國父。公開稱中山先生為國父的，當推樊鍾秀為第一人。叛徒陳炯明當時也有花圈和輓聯送來，因諸同志以其聯語謬妄不倫，在未懸掛前便毀棄了。

中山先生的靈櫬由中央公園奉移至西山碧雲寺暫厝，移靈時，殯儀行列，長達十數里。西山碧雲寺是故都名勝之一，寺內後面有一座石塔，靈櫬就暫厝在塔裡。塔有兩扇鐵門，中鐫青天白日國徽，也是由孔祥熙氏所設計的。此外，還指定黃惠龍、馬湘兩位同志率領隨來的侍衛，組成護靈處，輪流守護。

在靈櫬奉移到碧雲寺以後，有一個美國醫師獻議，欲求遺體長期保存，應灌以防腐油。諸同志以其言之成理，經會商同意後，不久又在北京買到一具色黑如漆，扣之作金石聲的楠木古式巨棺，內可盛藥油盈尺，乃再將中山先生的遺體在塔內易棺，以後，並且可因天候轉變而更換藥油。

到了民國十八年迎櫬南下時，中山先生遺體又更換了乙種禮服，用藍袍黑褂、白襯袍、小帽、白襪、緞鞋。棺木也再換成美製古銅色銅質巨型方棺，正面鑄有青天白日國徽，裡裡面並且有一層五尺多長的厚玻璃棺蓋。至於留在西山碧雲寺塔裡的楠木棺，則僅裝殮甲種大禮服一套，仍安放在石塔中，並在鐵門外恭勒一碑，作為衣冠塚。

猶憶中山先生於民國十四年一月十八日，由協和醫院遷回鐵獅子胡同行館後，雖已病骨支離，仍常訓示隨侍的同志說：「……天賦我民族性是和平，古聖先賢亦教民以和為貴，故吾人應以和平為本。我們之弱，是不振奮，公私都因循苟且所致。應革即革，先要清潔自己之身心，以示範於人。救國所以救己，而救己必先救國，此連環性也。……」

事隔將四十年，言猶在耳，國事蜩螗，人事全非，苦憶當年，再看今朝，真有人間何世之感！

二、國父孫中山先生香港學醫的文憑

孫中山先生在香港習醫之「雅麗氏醫院」，創辦於一八八七年，原名「香港西醫書院」。開辦時學生僅三十餘人，修業期間為五年。一八九二年舉行第一屆畢業典禮，畢業者二人，一為孫中山，一為江英華，文憑中英文並用，由全體教員署名，中文如下：

「香港西醫書院掌院，並講考各員等，為給執照事，照得××在本院肄業五年，醫學各門，歷經考驗，於內外婦嬰諸科，俱皆通曉，確堪行世，奉醫學局賞給香港西醫學院考准權宜行醫字樣。為此特發給執照，右仰該學生收執，一八九二年月日。」

孫中山先生十九歲結婚，時間為一八八四年四月十三日。他的第一位夫人姓盧名慕貞，即今日許多人所熟道的盧夫人。

盧夫人也是廣東中山縣人，生於清同治六年，比孫先生小一歲。

關於孫中山先生的家庭情形，究竟有多少直系親屬，許多人都不大清楚，就是考各家年表，也人言言殊，多少都有點出入。他活到六十歲，從來不做生日，所以連他最親近的人，也不知道他真正生日的日子，一直到民國十四年三月十二日先生在北京逝世後，經吳稚暉在北京鐵獅子胡同住所，左考右據，並得留居在澳門的盧夫人函覆證明，才確定為孫先生的生辰是清同治五年十月初六日，就是公元一八六六年十一月十二日。

孫先生從事革命的歷程是備極艱辛的，生活不安定，奔走四方。清光緒廿一年第一次革命失敗，避居檀香山。卅二年，盧夫人遷居九龍。宣統三年，黃花崗起義失敗，盧夫人又遷居南洋。八月十九日武昌革命起義成功以後，由香港回廣東，並隨孫先生去北京，那時，孫先生還不曾與宋慶齡訂婚呢！

孫先生於民國二年與宋慶齡宣佈訂婚。二次革命失敗後，先生在日本打電報給盧夫人請她到日本去商量這件事，結果獲得盧夫人同意，她表示自己願意家居侍奉翁姑，於是長住澳門，信奉基督教，這些事見於盧夫人函和林百克氏著的《孫逸仙傳》。

盧夫人婚後，生三子，二女。長子即孫哲生，畢業於哥倫比亞大學，盡人皆知。長女於民國二年逝世，二女名婉，婚戴恩賽，做過江海關監督，但是知道戴氏的人比較少。

孫先生還有兩個兒子，據林百克的《孫逸仙傳》說，除長子孫科外，次子名孫賢，卒於一九一三年（即民國二年）。三子名孫安，曾在美國受教育，後同盧夫人住在澳門。林氏與孫先生為摯友，知先生家庭事甚詳，他的記述也許有所根據。

三、中山裝的來歷

許多人都穿中山裝，可是你知道中山裝的來歷嗎？

一九一九年間，孫中山先生旅居上海的時候，曾經拿了一套陳舊的陸軍制服委託亨利服裝店改製成便服，這套便服不像一般的「唐裝衫」，又不像西裝，衣服店的商人便把它稱作「中山裝」。由於孫中山先生的巨大聲望，這種冠以他的名號的服式，很快就在全國各地流行開來了。

孫中山先生所以要創製這麼一種服式，決不是他想標奇立異，而是出於崇尚儉樸的美德和愛國精神。許多人都知道，孫中山早年是愛穿西裝的，但是因為做西裝的呢料要從外國買（那時中國還不會製造做西裝的呢料），而用土布做西裝又不成樣子。後來孫中山就改穿長衫，或者用舊軍裝改成「中山裝」來穿着了。在今天，舊事重提，我們細想一下，不是很可以看出中山先生的儉德來嗎？

四、袁世凱流天下血以從己欲

辛亥革命成功，國民黨總理孫中山辭臨時大總統職，以讓北洋渠魁袁世凱，其目的原在於澄清國內戰雲，使國家能循正軌發展。孰意袁氏梟雄自肆，禍心包藏，奪利爭權，陰謀迭出，至民國二年，即有刺殺宋教仁案件，且又進行二千五百萬鎊善後借款，藉作誅鋤異己用途。因而惹起反對聲喧，國家重墜隍杌情況。而六月九日明令免江西都督李烈鈞職，十四日免廣東都督胡漢民職，十八日准川粵漢鐵路督辦岑春煊辭職，三十日免安徽都督柏文蔚職，因而此酷陽如火之六月，亦使國家重墜酷陽如火之煎熬。一部民國史之回憶，未嘗不嘆民國二年之六月，實開民國而後內戰之先河。而袁氏一意孤行，並不悔改，寢且明令撤銷孫中山督辦全國鐵路全權，悍然無所顧慮。其有負於國家，有負於國民，可謂甚矣。孫中山先生曾於其時，親電袁氏：電文略云：「文去年北上，與公握手言歡，聞公諄諄以人民國家為念，以一日在職為苦，文謂國民屬望於公，不僅在臨時政府，十年以內，總統非公莫屬……何圖宋案發生，證據宣佈，愕然出於意外。……而公更違法借款，以作戰費。無故調兵，以速戰禍，異己脫去，兵釁仍挑。以致東南民軍，荷戈而起？眾口一詞，集於公之一身。意公此時，必以平亂為言。無論東南軍民，未叛國家，未擾秩序，不得云亂，即使曰亂，而釀亂者誰？公於天下後世，亦無以自解。……文當日辭職，推薦公於國民。固有人責言。謂文知徇北軍之意，而不知顧十七省人民之付託。文於彼時，迄不為動。……為公僕者受國民反對，猶當引退，況於國民以死相拚。殺一無辜，以得天下猶不可為。況流天下之血以從一己之欲？公今日捨辭職外，決無他策，昔日為任天下之重以來，今日為息天下之禍而去。以處光明，於公何憾？……若公必欲殘民以逞，善言不入，文必以前此反對專制之決心，反對公之一人。義無反顧，惟公裁之。」詞意嚴正明晰，文章鏗鏘可誦，顧陳琳之檄，未愈頭風。袁氏梟雄自恃，略未瞻顧，更成立所謂段祺瑞之戰鬥內閣，悍然對南用兵。以北洋軍潛勢之雄，益以善後借款巨額資財用為軍費，復加挑撥利誘，乃能使蘇督程德全，閩督蘇德仁取銷獨立，粵督陳炯明被逐，龍濟光入粵肆虐，凡此種種，均有助於袁氏當時所謂「戡亂」之成功。然袁氏背民自逞，雖軍事奏效一時，而禍胎已潛伏萬世，後此內戰頻興，此仆彼起，積數十年未絕，且引致日閥侵凌，飽受千秋恥辱。袁氏之罪，固擢髮難數，而此酷陽之六月，首裂創痕，撫今追昔，未嘗不使人撫膺長嘆，認為一子錯，全局由而變色也。

五、袁世凱與北洋軍閥

和袁世凱同在朝鮮共事的王伯恭（安徽盱眙人，袁營帝制時，委之為陸軍統率辦事處秘書，民國十年才逝世），他在《蜷廬隨筆》說到袁世凱走榮祿門路的經過，甚為曲折有趣。該文說到袁世凱本不知兵，只以姜桂題，宋慶等老將來充左右軍，又恐人不服，請榮祿另募親兵萬人為中軍，自將之，這些都叫做新軍，後來他們藉此推倒滿清者也。

戊戌政變後，袁世凱以任山東巡撫，三年後，竟代李鴻章為北洋大臣直隸總督，這正是他最發舒之時，便屢次上奏西太后，請練精兵以固國防，同時還擬好了很多籌餉辦法，西太后准其所請，即設立練兵處，以奕劻為大臣，袁世凱為會辦。奕劻甚麼都不懂的，只由老袁一人去辦。袁世凱便抽調他北洋手下的幹部到練兵處，以漢軍副都統劉永慶（項城人）為軍政司正使，姚錫光副之。軍令司正使是段祺瑞（時為副都統銜直隸補用道）副使馮國璋。軍學司正使王士珍，副使良弼。而與袁同充會辦大臣的則有鐵良，徐世昌二人，都是袁世凱所推薦的。

練兵的計劃，定全國練新軍三十六鎮，先成立北洋四鎮，為全國最精銳的部隊，它的糧餉處設在天津，以袁世凱的表弟張鎮芳（後來做河南督軍）主其事，各鎮的兵權餉權，全握在袁世凱手上，後來鐵良見袁世凱的權日大，深恐對滿人不利，乃說政府取消練兵處，改兵部為陸軍部，以鐵良為尚書，袁世凱雖已放逐，但北洋軍界，仍暗奉袁世凱為宗主，到辛亥革命，清廷手足無措，不得不起用袁世凱來指揮北洋軍隊，袁世凱遂得利用這一副本錢，一舉而取滿清代之。

袁世凱既藉北洋兵力取得大總統之位，於是北洋派軍人，分踞中國要津，在民國初年，這班北洋軍閥握各省民政軍政大權者，計有：段芝貴，倪嗣冲，龍濟光，朱端，李純，陸榮廷，趙倜，陳宧，王占元，閻錫山，湯薌銘，陸建章，孟恩遠，張作霖，張懷芝，段祺瑞，盧永祥，齊燮元，田文烈，曹錕，王揖唐等數十人。其中雖有幾個人與老袁沒有甚麼香火緣，但其憑藉以出身的階梯，仍是在北洋。到袁世凱死後，北洋派（有文有武）分裂，但北洋軍閥仍為中國政治上有勢力的人物，幾個總統都是其中的幹部。

六、袁世凱玩弄北洋軍人的手法

從來談袁世凱「發達」史的，都說他是由小站練兵而起家，其意大抵是謂他挾武力以自重，把清廷的軍隊作為了私人的武力，因此而扶搖直上，為所欲為，最後，終於成了竊國的大盜。可是，袁世凱究竟怎樣把清廷的軍隊化為個人的武力？怎樣使其部屬知有他而不知有清廷的呢？清末曾經督練過軍隊，掌握過軍權的漢人不少，像曾國藩，李鴻章，張之洞等，都曾和袁氏一樣編練過新軍，為什麼他們卻不能像袁氏一樣使其部屬只忠於他個人而不知其它的呢？袁世凱小站練兵的特殊意義就是在這一點，這才是致令他「發達」的主要因素。

袁世凱怎樣使其部屬只忠於他個人呢？我們在其所編訂的所謂新建陸軍（即其在小站所訓練的軍隊）的章制，就可以看得很清楚的。按當年袁世凱於奉派接統胡燏棻所督練的定武軍，改編為新建陸軍後，曾擬訂有全部計劃，全文洋洋幾達萬言，對該新軍的營制餉章，開列得很清楚，就表面來看，似乎這樣的創造軍制是很新穎而又合理化的，可是骨子裡卻有無限弊端，簡直是把往昔軍隊裡頭營私舞弊的陋習，公然使之成為合法之舉！茲試指出若干較為重要點於下：

據袁氏在「為練新建陸軍上督辦稟」裡有云：「……所擬餉數，例之湘淮餉制，未免嫌優。但餉薄則眾各懷私，叢生弊竇，餉厚則人無紛念，悉力從公。且威著於知恩，罰行於信賞。每屆關餉，並簡派委員，核實點發，營員不得經手。則上無侵蝕，下免紛紜，積習頹風，可冀力挽。」話是說得很動聽，但實際情形卻不然。按清末湘淮軍的餉章，每千人月支不准過五千八百兩，而袁氏所訂新建軍餉章，砲隊每營（千人）月餉一萬二千零一十八兩；步隊每營（千人）月餉八千六百九十兩；馬隊每營人（五百人）月餉七千三百零六兩；工程隊每營（五百人）月餉三千九百九十六兩。支出的餉項確是比前大增了，但所增加只是軍官——尤其是上級軍官的薪俸，士兵的待遇卻沒有改變過。因為湘淮軍的士兵的月餉是四兩五錢（張國樑的營勇且是每月五兩四錢），而袁氏新建軍的餉章，待遇較優的砲隊月餉不過四兩八錢，步隊的月餉仍舊只是四兩五錢罷了！但是軍官的待遇呢？湘淮軍的營官（即營長）月薪五十兩，辦公費一百五十兩。新建軍的砲隊統帶（即營長）則為月薪一百五十兩，辦公費三百兩；步隊統帶月薪一百兩，辦公費三百兩；馬隊及工程營統帶薪水公費合計均為三百兩。這真是比從前大增了。不特此也，湘淮軍營官的辦公費，按章註明是包括「幫辦及管賬目軍裝，書記，醫生，工匠薪糧，並置辦旗幟，號補各費在內」的。而新建軍則不然，餉章上每營裡另設有幫統，領官，文案，醫生，書識等員弁，都是另行支給薪俸，並不是在辦公費內開支的。所以湘淮軍的辦公費，長官是不敢全部中飽的，有贏餘的話就積存了起來；但新建軍的辦公費卻不同，長官大可以「袋袋平安」，中飽私囊的。所以袁氏標榜新建軍餉優，實在只是對軍官而言，士兵卻是一點好處也沒有的，因為袁氏祇要軍官對他「知恩」就夠了；士兵是不需要的，這是袁世凱收買其部屬方法之一。

袁世凱又在新建軍章制上，訂立了一種所謂「兼充」的制度「……一軍分為兩翼，設統領二人管轄。每步隊兩千，砲隊兩千，馬隊一千，更各設分統一人，分領訓練。每步砲工程隊一千，馬隊五百，各設統帶一人，專轄約束。統領以各分統兼充，分統以各營統帶兼充，冀可省官節費。」這辦法，表面上是為政府節省公幣，但事實上袁氏卻是藉此來控制其部屬，凡是順從他巴結他的便擢升兼充分統或統領。因為按照新建軍章制，營統帶兼任分統後，就可增加薪水辦公費以及各種雜項開銷，每月共二百八十四兩，擢升兼充統領的亦可增加二百六十兩。這是袁世凱控制其部屬的一張王牌，是很靈效的。（據說：袁世凱曾對段祺瑞玩弄過這一種手法，段氏後來果然常常對人談着這樣的話：「小站練兵初期，有一次，分統一員出缺，應由考試合格的補授，不料卻被馮國璋考中了，宮保（指袁氏）對我和華甫（指馮國璋）本來無分軒輊的，但卻對我引為慊然。後來又有一分統出缺，那回他深怕我考不中，特先向我通關節，這是我終身不能遺忘的一件事。」這就是一個很好的證據。）

還有，中國舊式的軍隊，按例是設有長夫的，這是因為往昔交通不便，行軍多走旱路，如果不自行配置有長夫，行軍定必許多窒礙。尤其是在戰時，長夫更是必需的。所以湘淮的章制，曾訂定軍中所有長夫的人數：「……軍中浪費最忌官員太多，夫價太多。今立定限制，無論官多官少，官大官小……凡帶千人者，用長夫不准過三百六十名，凡帶百人者用長夫不准過三十六名。」湘淮軍是在戰時成立的，置有長夫是應該的。但袁世凱的新建軍，一方面既規定：「各營遇有徵調，每步砲工程隊一營，須置隨軍糧械官車四十輛，馬隊減半。如征途較遠，所有後路轉運車輛，仍須另支添僱。」一方面各營隊裡又配置有大量的長夫，計步隊一營置長夫二百八十二名，砲隊一營置長夫二百七十二名，馬隊一營置長夫一百九十四名……全軍七千人，竟配置有長夫二千一百四十人之眾！事實上，這些長夫是沒有的，其餉銀（按章：長夫每月工食費三兩）全部盡為官長所侵吞。袁氏這種做法，實在是開了後來北洋軍閥浮報軍額，侵吞缺餉的先端。此無他，他不過藉此來對其部屬市恩，使他們樂為己用而已。

清末統帶軍隊，本已是發大財的捷徑，湘淮軍的軍官，已經是很多扒錢的門路了。曾國藩曾在上奏清廷時說過：「臣初定湘營餉項，稍示優裕，原冀月贏餘，以養將領之廉，而振軍士之氣。」所以湘軍一個營官（營長），帶兵不過三年，家中已成「素封」，（見曾文正家書）；李續賓號廉將，常以廉俸救濟他軍，死時尚餘款數萬兩；彭玉麟常對傷亡卹賞特多，但也積存了六十多萬歸私囊。其他可想而知了。袁世凱這樣來為其部屬廣闢扒錢的門路，把營私舞弊成為了合法化，他們所得當然更多，當然對於袁氏，感激流涕，惟命是聽了。所以袁氏後來在光緒末年，被迫交出了大部份的軍權；宣統時被放逐返老家去，但「小站系」的北洋將領仍和他維持着密切的關係，終於藉着這班嘍囉的勢力再起，無非都是得力於所謂「使貪」的手法罷了。

七、袁世凱智囊團人物

在辛亥革命時期，真正的稱得上為袁氏左右的不過是下列這幾個人：

第一名是趙秉鈞，他的身世是怪有趣的：他的姓是百家姓第一個；名是皇帝腳第一人（「秉國之鈞」之意）；排行第一；生庚是歲首第一時，（甲子年正月初一子時出世）這顯然是他自己偽造的。他的父母已不可考，幼時曾在河南臨汝縣做書童，由於富於機謀，長大後就在縣裡做了一個小官，於是由典史而同知，而道臺，而侍郎，而尚書，一路扶搖直上。他有一個號，叫做智庵，袁世凱因賞識他的智謀，認他為心腹。所以在辛亥時期起，他就一直在袁氏的左右，做了兩任內務總長，又做內閣總理，又做直隸省督軍。他要替袁世凱做第五縱隊，佯作加入同盟會來欺騙黨人，所以黃興、宋教仁都上了他的大當。後來又甘冒不韙，替袁世凱策動暗殺宋教仁。一天，突然五孔流血死去。

第二名是楊士琦。他是安徽泗州人，已故直隸總督楊士驤的弟弟。當袁世凱還未給清廷放逐時，他們兄弟二人均以袁當著名，他和袁氏有着悠久歷史和深厚感情，是袁左右中最懂得袁氏脾氣的，可說是袁氏的首席智囊。但他的命運不好，因為以「袁黨」出了名，所以不能大用。辛亥革命，他奉命南下，監視唐紹儀的行動，不在北京。

第三名是楊度，當時也是奉命南下，替袁氏做第五縱隊，收買民黨中的動搖份子和做宣傳工作，所以也不在北京。

第四名是梁士詒了。他在辛亥時在袁氏左右擔任工作。

此外，當時還有誰夠得上稱為袁氏「左右」的呢？徐世昌是「尊而不親，正如當時馮國璋雖在北京，但他因受一個男爵的封典，主力對南方打仗，袁氏特地調他北返任禁衛軍總統官，所以彼此間的情感也不和諧。替袁氏南下武昌向黎元洪運動停戰的蔡廷幹，雖也可算是當時參預機要的人物，但他是梁士詒援引的只是第二流人物而已。由此看來，當時在北京夠得上稱為袁氏左右的，實際只有趙秉鈞和梁士詒二人，而趙秉鈞是佐貳出身的，雖詭計多端，做間諜，組織暗殺團，是其特長，弄文筆卻非所宜的。

梁譜中指出「詔末三語為天津某鉅公所擬」。這「某鉅公」可能是徐世昌。但這「三語」是添上去，所以說「擬」，而不是修改，更不是把「着袁世凱以全權與民軍協商辦理」改成為「即由袁世凱以全權組織臨時政府」啊！這完全是為清室着想，和袁氏絕無關係的。

八、袁世凱求醫

袁世凱的兒子袁克定跛腳，他是騎馬跌跛了的，他的老子為他一共醫去了二十多萬元。美國一外科醫生薩潑博士所著的自傳裡說：袁克定那條小命還是他救回的，這一開刀袁世凱就送了十萬元。

袁克定在滿清時曾到德國留學，還會講英語。民國二年（公元一九一三年）他在彰德騎馬，傷了腳。那還不算嚴重，最糟的是一跌之後，他的腦受傷，手腳都不能動彈，變成半身不遂了。袁世凱當然着急，他刮來的民脂民膏很多，便出重價求名醫，醫了好久還探不出病源。後來有人介紹蘇州一家教會辦的醫院一個外科主任薩潑博士，世凱便派人去請他，從上海坐專輪到青島轉車入北京，然後再去河南袁氏的養壽園。薩博士給他開了後腦一刀，刮出很多瘀血，半個月後，他的手腳才能動，但左腳跛了。醫好後，薩醫生又再入北京，老袁歡喜非常，認為他有起死回生之術，要留他在身邊當「御醫」他不肯，老袁就當面送了一個白信封給他，說是診金。他回到六國飯店打開一看，原來是一張十萬元銀圓的支票。

九、袁世凱妄信金龍轉世

從前的人，很相信一代名人，多是畜牲轉生的，相傳袁世凱是癩蝦蟆再世，此說知者尚少，因為相當有趣，不妨一談。

光緒二十年甲午，北京陶然亭畔發生了一陣的蝦蟆鳴聲，北京人以為惡兆，果然不久即有中日之戰。據說這隻癩蝦蟆是袁世凱的化身，他熟睡後發出了「元神」，便走到陶然亭葦叢裡大叫了。到民國三年，陶然亭又再發生蝦蟆叫聲，此時袁世凱正做總統，打算做皇帝，所以蝦蟆又再叫。

袁世凱動腦筋做皇帝是與癩蝦蟆有關的。他每天午睡後，必定喝一杯參湯，由老媽或婢女端上去給總統喝。盛參湯的是一隻碧玉杯，十年前西太后賞他之物，他非常心愛。有一天，那個婢女端了參湯到書房給老袁，一進門見牀上睡的不是他的總統，而是一隻綠色大癩蝦蟆，不覺嚇了一跳，手掌一鬆，玉杯摔了。小丫頭闖了大禍，便去哀求老管家救她。管家便在她耳邊如此如此一番。

老袁醒後，不見參湯，便一迭連聲傳參湯。小丫頭端上來，不是玉杯裝的。老袁厲聲問：「我的玉杯呢？」她說：「打破了。」老袁問她怎會打破的，她就說道：「我拿參湯進書房，見牀上睡的不是總統，而是一條金龍，一時嚇得手軟，所以打碎了。」老袁聞言，假裝生氣，喝一聲曰：「不許你再胡說八道！」順手在抽屜裡拿出一百元賞給她：「不得對人說這件事，說了就要你的狗命！」從此老袁自以為真個是金龍轉世，有天子之命，所以就更加積極攬帝制了，結果身敗名裂。

十、洪憲穢史秘聞

袁項城新華宮八十二日皇帝夢，不特成為民國一頁穢史，且貽羞萬邦，引為笑話。項城父子，深信青龍白虎之說，有堪輿家郭某，紹興人，奉召入京，甚為信重，欲試其術，袁氏家人，陪往項城故鄉，驗看祖墓，那一穴發迹皇帝。歷閱墓地十處，第七冢者，則項城用母之佳城也。測看畢，問皇帝昭靈，應在何冢？郭曰：「大發在第七冢」。眾問何以證明？郭曰：「此境外形，來脈雄長，經九疊而結穴。每疊山上加冕，應九五之象。加冕者，大山上加一小山也。左右迎送護衛，羅列諸侯，層層拱立，真帝王肇陵之形勢，鳳陽有此氣象，如欲驗予言確否，請查內形。此壙四面包圍，以流泉為暗沙，匯於明塘，此龍源也。詩曰：「相彼陰陽，觀其流泉。」重流泉。墓地更為重要，諸公不信，請試驗之。據墓地周圍五丈，必有龍源伏流，而後知應在當今，予言不謬也。」於是據墓外地，掘一小孔，泉源流出，眾論翕然。歸謁項城，項城問曰：「龍興之運，年數幾何？」郭對曰：「八二之數」。項城曰：「八百二十年乎？八十二年乎？抑八年零二個月乎？」郭對曰：「天機不可洩漏，久後自知。」項城曰：「即八十二年，亦已綿延三世，予願足矣。」郭對曰：「天子萬年」。項城甚滿意。洪憲敗亡，人詢郭某究竟。郭曰：「墓地形勢甚佳，但即令大發亦不過曇花一現。」問何謂八二之數？郭笑曰：「當時項城下問，倉卒幾無以對，忽憶八卦陰陽二氣，乃隨口答以八二之數，不圖竟應在八十二天也。」

洪憲年號，民國四年十二月卅一日除夕前，方議決頒行。初擬用「中華帝國元年」，後以「中華民國洪憲元年」比較妥善，可免引起外國的誤會。時京中各報，均已上版，忽接「大典籌備處」通知，已上版用黑口者，加印紅邊，未上版則印紅字，所定格式為「中華民國洪憲元年」。於是各報書元，別為四種：薛大可主編的《亞細亞報》，大書「中國帝國洪憲元年」，袁氏政府報也。其他各報，有遵令書「中華民國洪憲元年」者；有不書「中華民國」，而僅書「洪憲元年」者；獨《順天時報》，為日本人資本，向譏帝制，則大書「中華民國五年元月元日」。洪憲朝廷，竟莫如之何。有《醒華報》更是滑稽，洪憲元年之洪字三點水旁，略呈黑痕，驟視之則為「共憲元年」，意謂洪憲已為水洗去，仍存共和憲政也；主報者為汪鳴鸞，吳宗慈，覃壽堃云。後項城爪牙，藉他故將該報封閉。滬上各報，僅項城政府創辦之《亞細亞報》，及用金錢收買的《神州報》，鋪張揚厲，歌頌帝國，慶祝洪憲。二報主筆政者，皆一時重要名流，貧識若是，足見利令智昏，滋可嘆矣。

十一、籌安會六君子

民國是承受幾千年的專制餘毒，一旦革命成功，人民民主政治的真諦，可以說是陌生的，袁世凱所起用的人，都是滿清遺下的舊官僚，這批人對於「倚伏稱臣」的奴才修養，已是爐火純青，大都戀戀不忘於帝制時代的封蔭子，耀祖光宗的殊榮，所以當民國二三年間，北京就流傳着「共和不適合國情」的謠言，滿清遺老榮乃宣，宋育德藉此鼓吹清帝復辟，旋被查禁。不過，這種謠言袁世凱是聽來悅耳的，他雖不願清帝復辟，但他自己卻願「證實民謠」來做皇帝的。不久，總統府的美國顧問古德諾這位先生，在他要回美國的時候，心血來潮，寫了一篇「共和不適於中國」的論文，在他無非是商榷的意思，可是，袁氏下面一班利祿小人可就有了藉口了。

頂起勁的是楊度，心想自古開國元勳，都是汗馬功勞換來的，我這文弱書生，不能衝鋒陷陣去為袁總統打天下，何不從此促成帝制，將來分茅列土，世襲罔替，真是千載一時好機會，於是聯絡劉師培，孫毓筠，嚴復，李燮和，胡瑛等成立籌安會，當時稱他們為「籌安六君子」。一方面由楊度撰了一篇「君憲救國論」，劉師培又作了一篇「君憲論」為之申論引證；同時，通電各省，請派代表來京，討論國體問題。

提到這裡，幾乎把一個帝制運動中最重要的角色遺漏了，那就是袁世凱的寶貝兒子袁克定。

袁克定為了想作東宮太子，將來好繼承萬世一系的大統，自然一力促他父親的帝制運動。因此，就與楊度等日夜計議。

他們那種掩耳盜鈴的辦法，說來實在可笑，當時署理湖北將軍的段芝貴，原是袁世凱的乾兒子，由他領銜聯合各省將軍向中央請願改行君主立憲，同時推戴袁總統接皇帝位，但光是幾個軍政官僚請願，不足以代表民心，故又由各省袁系人物，發動紳商請願，天下滔滔，有的是勢利小人，果然不到幾天，各處請願團風起雲湧，請願書像雪片似的向北京呈遞。上海商會總理周晉鑣，還親自晉京上書，這一片「忠君愛國」的思想，卻也「難得」！北京城內更鬧得烏烟瘴氣，什麼教育會請願團，商民請願團，人力車夫請願團，乃至乞丐，娼妓都成立請願團，似乎「天與人歸」，袁總統再不出來踐位，就要「其如蒼生何」了！

此外，宣傳工作也有他們的一套，北京城的報章，當然不敢說話反對帝制，上海租界內的報紙，卻把袁世凱罵得狗血噴頭，於是派人在上海望平街出版《亞細亞報》，專門鼓吹帝制，可惜這張報紙在上海是沒有人看的，報販也不肯叫賣，不過這是沒關係的，反正宣傳對象是袁世凱一個人，只要他看到有上海發行字樣的報紙，輿論是傾向帝制，使他認為這運動是「順天應人」的，便達到辦宣傳者的目的了。所以這張報紙，每天只須印出一張送到京城總統府進呈賜覽，就可以領到整個報館的經費。只是這個報館，不久吃了在上海革命黨人的一個炸彈，人雖未受傷，但某公卻嚇得屁滾尿流，逃回北京向袁大公子去哭訴，要太子去另請高明。

人民儘管反對，袁世凱的帝制還是要行的，在他想，各省的軍政首長，大部份是他提拔出來的人，看來個個都對他是效忠的，那還怕甚麼呢！外國方面歐戰正殷，列強無暇過問，與日本又訂了廿一條的賣國條約，當然對於袁氏的帝制予以贊助，在一種內外均處有利的形勢下，不幹更待何時？於是由朱啟鈐負責「大典籌備處」，準備一切登極的工作。

說來也奇怪，袁世凱的次子袁克文對於乃父的帝制運動，頗不謂然，尤其看到乃兄克定那樣助長他父親之惡，更為痛恨，可是舉目盡是熱中利祿之徒，他又有什麼方法阻止！所以他只好縱情詩酒沉湎詞章，和一般潔身自好，明哲保身的文人相往來，別人談起帝制的事情，他總是「掩耳疾行」，然而，克定仍然不放心，深恐其弟黨羽日增，將來演出李世民剪殺建成、元吉的故事，故時常對克文借故挑剔，克文雖感慨地念着「煮豆燃豆萁」的詩句諷刺他，克定大怒，兩人竟口角起來，克文說：「你要做曹丕，難道不許我做曹植嗎？」這事給他的老子聽到了，就把他們兩人叫進去大罵道：「你們這兩個畜生，怪不得外面人罵我是篡位的曹操，你們兩人也自比曹丕和曹植，這不是『其父攘羊，其子證之』嗎？有你這兩個寶貝兒子這一鬧，我這個名正言順的曹操，還用得着來分辯嗎？」這也是當時袁氏內府的一幕笑話。

袁克文這個人能出污泥而不染，的確是「榮國府門前的石獅子」，洪憲濁流中的乾淨人，「幹父之蠱」，「亢宗之子」，這八個字，寒雲（克文字）足以當之！

話題不要扯遠了，且說帝制運動，是民國四年八月中旬開始發動，十一月就投票決定袁世凱為皇帝，十二月下令承認接受帝位，改民國五年為洪憲元年，這年元旦登極，總統府改為新華宮，袁氏公然穿起「大典籌備處」諸公斟古酌今所設計的皇袍皇冕，並接受那些洪憲開國元勳的朝賀，所謂「六君子」，「十三太保」之流，自然是袍笏冠冕，感恩零涕。一共只四個月的時間，就把國體變更了，其神速滑稽，令人嘆為觀止！

那知道袁世凱那班人防範不嚴，讓蔡鍔逃出京門，跑到了雲南，就與唐繼堯，李烈鈞等於民國四年十二月廿五日，組織護國軍，首倡獨立。由蔡、李分統一二兩軍，向川桂進發。袁氏聞訊，一面免除蔡、唐、李三人職務，一面下令出兵討伐，接着貴州的劉世顏、廣西的陸榮廷首先響應。廣東的龍濟光起先曾受過「洪憲皇帝」所賜的五等勛位，及梁任公到廣州策動反袁，龍濟光此時以環境所迫，也只得宣告獨立，不久浙江方面呂公望繼屈映光為都督，袁氏羽毛又去一個。

各省獨立既多，討袁方面為求軍事統一起見，於民國五年五月在肇慶成立「軍務院」，推唐繼堯為撫軍長，岑春煊副之，遙戴黎元洪為大總統，對內對外一切以軍務院名義行之。政府既成立，護國軍之聲勢大振。陝西的陳樹藩獨立於三原，進取西安，驅逐了袁系的陝督陸建章，與滇、粵軍遙為策應，山東方面，吳大洲、居正各據一部獨立，護國軍之勢，遂由滇池，珠江，長江而伸入黃河流域了。

江蘇都督馮國璋，湖北都督王占元，雖未公然反袁，卻宣佈嚴守中立，嗣又勸告袁氏取銷帝號。

十二、八十三日繁華夢

當護國軍初起，袁氏以為可以武力鎮服，旋知大事已去，為保全總統職位計，申令撤銷帝制，那一道撤銷帝制的命令，是出自王式通的手筆，這命令一開頭就說：「民國肇造，變故紛乘，薄德如予，躬膺艱鉅，憂國之士，怵於禍至之無日，多主恢復帝制，以絕爭端而策久安。」這種措詞文句，也虧他說得出來。又說：「當隨民意為從違，責備彌周，已至無可諉避，始以籌備為詞，藉塞眾望，並未實行。」如此這般輕輕卸責，又想重溫總統的舊夢。

無奈，護國軍方面，堅持非袁氏返位不足以息眾怒，五月下旬，連袁的私人湯薌銘和陳宧，也在湖南和四川兩處宣佈獨立，袁氏至此，憂憤成疾，竟至不起，民國五年六月六日，暴斃於新華宮。可憐他改元稱帝，一共只有八十三天，就「天運」告終了。於是黎元洪代行總統職務，段祺瑞為國務總理，恢復約法，重開國會，西南各省相繼取銷獨立，中華民國復活。

最可笑的是，當這幕醜劇快要完場的時候，一班洪憲要人，有如乞丐失去了猢猻，紛紛逃走，各奔前程，而其中逃得最快的，正是那個帝制的原始發動者楊晳子（度），這時他再也不管「袁皇帝」的死活，跑到上海租界去當杜月笙的清客去了。

這八十三日的皇帝夢，為時雖說短暫，但對中國的影響，卻非常重大。

第一：袁世凱為擴充實力，以便實行其帝制陰謀，分佈其私人於各省。袁氏雖死，而其爪牙未盡剷除，成為以後北洋軍閥割據混戰的局面。

第二：袁氏為謀帝制運動速成，甘心投降日本帝國主義，燃起日寇侵華的野心，我們抗戰八年苦果，那都是袁氏一手種下來的禍根。

第三：袁氏玩弄權術，效法曹操的貪殘詭詐，羅致利祿小人，充塞要津，風氣所播，使中國官吏人格破產，以後一般官僚政客，不知人間尚有羞恥事，一切腐化惡化的政風，不能不說是由袁氏所遺留。

第四：西南各省因討袁以後，北洋政府仍未徹底革新，「軍務院」之名義雖除，而精神仍在，為此後南北分裂的嚆矢。

十三、蔡松坡雲南起義

雲南起義的中心人物，實為唐繼堯、蔡鍔，次則李烈鈞、羅佩金、黃毓成、趙亦新、顧品珍等亦與有力焉。

蔡松坡智勇出眾，機警過人，與李烈鈞之才氣縱橫，不可一世相伯仲。故能逃出虎穴，再到雲南。其與唐繼堯的關係有同學（日本士官），同事（前清十九鎮），同官（滇黔都督）之誼，精神很相契合，蔡離滇前，特薦唐以自代，更有相知之雅，故能不避艱險，慷慨赴義。唐氏對之，不但遠道相迎，而保護亦極週到，見面之日，蔡對唐以下各將領衝口即說：

「真使我喜出望外，你們一切都準備好了，待我如此優禮！」

起義之日，唐即再三以至誠坦白之態度，將「軍都督」一職相讓，而自願出川北征，使蔡感動，至於涕下，而謂：

「我此次來滇，協同舉義，完全為討袁、為救國，並非爭權，亦非奪利，若果喧賓奪主，不論理論事實如何，總不足以示天下後世，更何以對滇中父老，深望蓂賡（唐字蓂賡），鑒此苦衷，無再固辭，並盼總攬全局，統一軍政，勿存客氣，不辭勞怨，獨為其難，以赴事功。」

唐不得已，乃聘蔡為第一軍總司令，將所部精兵十分之七屬於蔡，且約定非有必要，均以咨文行之，唐、蔡公忠體國，雍容揖讓，實為近代軍人之楷模。而外間人士，因真相不明，且受梁啟超及進步黨之宣傳，竟謂唐氏非雲南起義之主動者、甚至上海所編的教科書，也只提到蔡鍔在雲南起義，竟將唐繼堯一筆抹煞。究其原因，實以護國當軸，只重事實，不尚宣傳，滇人本質，更為木訥，專心苦幹，不事鋪張。消息隔絕，儼如世外，同志方面，多未真知。全國民眾，更屬茫然。

或謂蔡氏至雲南後，憑其威望，足以脅唐，其實唐果對蔡絲毫猶疑，若論交情，則可拒之於滇境之外。當時雲南所有軍隊，完全為唐氏清一色之心腹部屬，且因蔡離滇後，所有重要將領，自營長以上，幾全更易，與蔡均不發生關係，似無制唐之可能。

或謂蔡氏遺愛在民，有舉足輕重之勢，為唐所不及，其實蔡氏在滇，雖勤政廉明確有遺愛，然離滇省將近三年，唐氏繼之，勵精圖治，不惟深得眾心，且已主客異勢，蔡之不能為主管，與李牧之不能為趙相，如出一轍。更無反唐之可言！其與唐稍有不洽者，不過大洲驛之一二小事，假使蔡氏當年不死，自可水落石出，片言立斷。

當蔡氏在日本病故之後，唐氏曾對雲南各界講話：

「松坡為國盡瘁，病歿於日本福岡醫院，實為國家一大損失！……雲南起義，自然由雲南人自主之，外間不察，有謂蔡松坡為主動，謂余被動者，全滇軍民，深抱不平，余與松坡夙共患難，誓同生死，蔡即是我，我即是蔡，蔡松坡果然主動，余亦當然主動，余果被動，蔡松坡亦當然被動，一生一死，乃見交情，吾滇對松坡之死，應表示非常之哀悼，是非自有公論，一時之譭譽，不足憑也。」

總之，唐蔡兩氏，胸懷磊落，心地光明，非蔡不能見唐之偉大，非唐不能成蔡氏之豐功。進一步說：欲了解唐繼堯與雲南起義之真相，必先明白唐繼堯在雲南與革命之淵源。

癸丑革命以後，在贛、寧、皖、粵失敗之黨人，無所歸宿，此時滇督為唐繼堯。皆收容至滇或任要職，或參內幕，或派至講武堂任教官，下級幹部，則設訓練班，革命勢力，已潛滋暗長。民四秋間，籌安會發生，袁世凱野心暴露，國父曾派呂志伊赴雲南，運動討袁工作。呂志伊至滇後，即為袁派偵探所悉，經唐氏授意鄧泰中，楊蓁加以保護。呂即住在鄧公館內。鄧、楊均為民黨同志，時方手握精兵，而袁於稱帝前後，即對唐氏極盡籠絡之能事，曾封唐氏為一等開武侯，復派其侍從何佩文入滇為授勳特使。

唐氏沉着應變，態度雍容，內則下最大決心，外則虛與委蛇。十一月三日，曾在其介弟唐繼虞之警衛團本部，召開秘密會議，决定出師之計劃。十二月九日，鄧泰中，楊蓁兩支隊，即藉剿匪為名，逕向川邊移動。

未幾，蔡鍔、李烈鈞已秘密到海防、香港，即將應邀抵滇。袁世凱聞訊後，密電蒙自道尹周杭（進步黨人），阿迷縣長張一鯤：相繼暗殺。唐偵知此事，立派其弟繼虞率兵往迎。以資保護，並下令逮捕周張二人，周逃脫，張為唐氏所殺。十九日蔡鍔乃由唐繼虞迎護至滇，二十一日遂由唐氏召開秘密軍事會，决定舉義日期。

二十二日夜曾由唐氏在光復會主盟宣誓，到會者除蔡鍔外，有李烈鈞、任可澄、羅佩金、張子貞、顧品珍、戴戡、戢翼翹、唐繼虞、王伯羣等三十餘人，歃血宣誓，三呼民國萬歲，其文曰：

「擁護共和，吾輩之責，興師起義，誓滅國賊，成敗利鈍，與同休戚，萬苦千辛，捨命不渝，凡我同人，堅持定力，有渝此盟，神明共殛！」

由此可知當時起義的中心人物，如唐，如蔡，如李烈鈞等，皆激昂慷慨，忠義憤發，且凡屬宗旨相同來歸者，不問其為何黨何派，皆兼收並容，一視同仁，故能集中力量，而收眾志成城之效。

十四、張勳丁巳復辟真相

袁世凱的帝制運動被撲滅後一年，封建餘孽的陰魂未散，又有張勳的復辟醜劇，接着上演，這是中國近代史上最污辱而騰笑國際的一頁。

先述張勳這個人。

他是江西奉新縣赤田村人，幼年時家道貧寒，無以為生，在距他家不遠的江際頭村許家充當書僮，主人翁是當時任職兩江總督許振偉。他當了幾年的書僮，覺得那樣廝役一生，不是長久之計，於是靈機一動，假造了一封許振偉的一封介紹信，偷蓋了許的圖章，投效江南大營，長官看見許大人的介紹信，當即准其入營，既而，見他忠勇可靠，更是另眼看待，就憑這一點關係，一帆風順的升上去，後來張勳得了志，許振偉也就只好承認這回事。

其人之愚忠頑固，亦屬可哂，他對滿清是忠貞到底，民國以後，他和他的部隊始終留着一條「尾巴」不肯剪，所以他的部隊被稱為「辮子軍」，他自己也就被人尊稱「張辮帥」。

他職位當到長江巡閱使，衙門設在江北之徐州，官位是「定武上將軍」，他的部隊因之也稱之為「定武軍」，那時他管轄長江流域七省軍政大權，真是顯赫一時，炙手可熱。

他的二弟本來在鄉間偷竊山上松毛度日的一個小賊，弟以兄貴，此時彬彬然做大鄉紳來了，大家當面叫他「二大人」，背後則呼之為「松毛大人」。

像他這類忠耿頑固的人，對滿清的舊恩，是不會忘記的，他的道德知識，是在個人恩怨裡打圈子，這也用不着稀奇，由於這種秉性，所以他念舊交，重鄉土觀念，凡是江西老表，他就特別關照，如果是奉新小老鄉的人，那簡直視同兄弟子侄一般，只說每年舊曆正月初一，江西同鄉——尤其是奉新人，都遠從北京或故鄉趕去徐州向他拜年，除夕那天，津浦鐵路局，例備專車作賀年老表乘坐之用，他在徐州衙門裡一定大擺筵席三天，隆重款待，客人行前，大帥除每人各贈以土產外，更每人送壓歲錢大洋一百元，在當年生活程度低賤的時候，這筆錢就夠窮人半歲糧了。

同鄉要向他求事或請求介紹工作者，從沒有拒絕過，單說奉新一縣，當縣知事的一時就有四十七人之多，其他外縣的江西老表，受他提拔更是不少。

赤田村那一個村子，由他整個翻造，每戶送屋一所，古人所謂「一人有福，遮蓋滿屋」的成語，張勳在赤田村，真是名符其實做到了。

北京有名的宣武門外大街的江西會館，是京城首屈一指的偉大堂皇的西式建築，內面有花園，戲臺，自磨電流發電，每房陳列新式家具，可說是十分豪華，那就是他私人捐修的，南昌府館亦由他購贈，奉新縣會館在北京有五個之多，東南西北中各方雄峙，江西人在北京的居留問題，真是不成問題，建得廣廈千萬間，大庇同鄉盡歡顏，辮帥是值得江西人懷念的。

對故鄉青年的培植，更是不遺餘力，在家鄉創辦學校，那不用說了，就是在北京讀書的學生，他都給予獎學金，奉新縣在京讀書的子弟，更以各會館空房租出所得之租金，按月攤給作補助費用。

他那矮胖的個子，一副忠實的臉型，配上兩撇鬍子，這印象直到如今還活在五十以上的奉新人的腦海裡。他之所以鬧出「復辟」這一幕，其野心基因於「徐州會議」。

且說自從袁世凱死後，北洋政府的重心就落在段祺瑞的身上，北洋軍事實力，由他掌握。黎元洪的總統，只是個「虛君」；世人稱之為「黎菩薩」，那有力量制服老段呢！故而黎氏只有藉國會以自重。

黎、段二人的政治關係，本來就無淵源；彼此性情不同，黎性和緩寬大，段則狹隘專斷，每每與黎以不滿。

同時，內務總長孫洪伊，為黎所信任，凡事皆與總統密議行之，隱然是府中的決策者，而國務院的秘書兼陸軍部次長徐樹錚，又為段之門人，段之一切唯徐意是聽，儼然是總理第二，孫、徐各恃背景，兩不相下，形同水火，造成府院磨擦，以致總統與總理之間，意見益深。

民國六年歐戰正酣，段氏主張對德宣戰，向國會提出議案請求通過，但國會方面，主張從緩宣戰者佔大多數，段案遭擱置，又造成院、會對立之狀。

段氏以為國會掣肘，實由黎總統的指使，故亦示意段系的督軍們發出通電，謂國會無益於國，徒增紛擾，脅迫總統下令解散，同時，由安徽督軍倪嗣冲電邀各省督軍，集議徐州，向張辮帥移樽就教，各省即派出代表赴會，這就是所謂「督軍團」。

這一會議，雖未討論出具體有效的方案，但張辮帥卻成為那時舉起輕重的人物了。

以扶助滿清為職志的保皇黨首領康有為，此時亦來徐州，他以辮帥的效忠清室，同出一氣，於是密議復辟的進行辦法。

既而；黎元洪徇國會之主張，下令免段祺瑞職，段氏即赴天津發出通電。段氏下野的消息一傳，安徽倪嗣冲首先獨立，奉天張作霖、浙江楊善德、河南趙倜、山東張懷芝、陝西陳樹藩、直隸曹錕、山西閻錫山等相繼響應。

而且，督軍團準備以兵逼京師，民國六年六月二日在天津設立「軍務總參謀處」，以雷震春為處長，宣言另訂根本大法，設立臨時政府。

黎元洪着了慌，此時北京陷於政治真空狀態，段去後，令伍廷芳為總理，伍辭不就職，由江朝宗暫代，黎氏想起了北洋老前輩李經羲，他是李鴻章的胞姪，借他的名望，或者可以收拾殘局，故又下令任李為總理，李對於這一榮位，未嘗不怦然心動，怎奈自己毫無實力，不敢冒昧登臺，他就向黎元洪建議，請張辮帥入京作調人，以解決時局。黎從其議。

辮帥奉到黎元洪的電召，當施其復辟密計，欣然就道。

他一到天津，故意遲遲其行，表面上是籠絡段祺瑞，對黎氏要求解散國會，方肯晉京。黎從其請，遂於六月十三日發表解散國會的命令。

張見黎氏接納其要求，以為段祺瑞必衷心感激，一時竊竊自喜，就在天津英租界松樹里私寓開軍事會議，與部屬密議一切，會後帶着不足一團的護衛，坐着路局代備專車由津晉京。

他從天津到北京去，那番盛況還了得，從租界交界處經金剛橋至車站，五步一崗，十步一哨，駐在中州會館的「督軍團總參謀處」，搭着綵樓，高懸五色國旗，歡迎張大帥入京，歡迎人員都須先期憑公函核准發給之證劵，否則一律不准進站，隨行人員，除了新國務總理李經羲外，另有張鎮芳、雷震春、段芝貴等軍事大員，濟濟衣冠，盛極一時。

北京方面，正陽門京奉鐵路車站早已懸燈結綵，各機關首長或代表先期到達車站，恭候大帥駕車入站，站內的警衛，是他的定武軍先頭衛隊擔任，外面是京師警衛部隊擔任，一個個持槍佩刀，雁行排列，總有上千的人數。

專車進站後，總統的代表丁鈕芳最先登車晉見，其次是代理國務總理江朝宗，陸軍第十二師師長陳光遠，警察總監吳炳湘，交通、財政、外交部次長李恩浩、高而謙等魚貫登車致敬，到了次長以下，那只能老遠望望辮帥顏色而已！

北京政府如是其隆重的迎接，想不到接來的不是調解時局的人物，而是請黎元洪下臺，扶廢帝宣統重登龍廷的封建餘孽，這話從何說起！

辮帥下車後，先回其南河沿私邸休息，第二天才由王士珍、李經羲、江朝宗三人陪同入府晉謁總統，會商善後事宜，黎總統少不得設宴款待，第二天他卻又頭戴紅頂花翎，身着紗馬褂，入清宮向廢帝宣統請安去了。事隔一天，演出兩朝角色，其滑稽真不可方物。

他在北京城內神出鬼沒的搗弄着，提出什麼實行責任內閣制，另訂憲法，國會改一院制，清室優待條件等等，總統允交國務院分別辦理，詎不知另一面卻把康有為請晉京了。

孤兒寡婦小朝廷

據說康有為為了避人耳目，他是化裝成一個鄉下老頭，坐着小車子進北京城的。康在上海早把一切皇朝制誥都擬好，躲在北京宣武門外西磚胡同法源寺等候動作。

這時，一般滿清遺老，宗室王公，個個樂不可支，但張辮帥仍不動聲色。六月卅日清廷召集御前會議，那些元老重臣，正彈冠相慶，只有瑾太妃認為這事不吉利，哭着說：「康、張這種攪法，會葬送孤兒寡婦這個小朝廷。」可是清室行見日月重光，誰肯聽信婦人言呢！

這天晚上南河沿張公館堂會過後，張辮帥才當眾宣佈他要扶宣統重登皇位的話，李經羲，王士珍，江朝宗等面面相覷，一時答不出話來。張勳又說：「你們都受過滿清厚恩，應該竭力贊成，成就此千古不磨之勳業，今到此地的人，非簽名認可，不許出大門。」大家懾於他的威勢，只好各自簽名。

棺材店出售新貴衣冠

他即時又要江朝宗用電話知照各城門開放，調所部定武軍進城。然後，張勳坐着轎子，由辮子軍雲擁着進入清宮，請宣統御中和殿，由張辮帥為首和數十個遺老，恭行慶賀，俯伏山呼。再由張拿出康聖人擬好的復位上諭，請宣統御覽，蓋璽頒發，當改民國六年七月一日為宣統九年五月十三日。一切官制朝儀，皆復清舊。

七月一日北京城內到處掛着龍旗，老百姓莫名其妙，難道「真命天子」又出來了？可是總統府還是掛着五色旗，黎黃坡卻不因張的武力而屈服。

張勳旋派王士珍，江朝宗為國民代表，梁鼎芬為清室代表，李慶璋為張勳代表，到總統府勸黎元洪退位，黎總統當時不作肯定答覆，等代表走後，他深恐發生意外危險，國體有關，當邀日本青木中將入府保護，當時攜同侍從人員投入東交民巷法國醫院，因為時候已晚，且無院長簽可，院方不敢收容，乃改往日本使館住下。於是通電在南京的副總統馮國璋及各省軍政長官，表明心跡。

大約是滿清王還有幾天剩餘的氣數，一般遺老留得幾天未過完的官癮，門外那些冷落了多年的官帶舖，顧繡舖，一時顧客如雲，把陳年堆積的翎頂補褂，搜售一空，尚書、侍郎、郎中、左丞、右丞，以及將要外放的巡撫，水陸提督等等新貴，人人衣冠袞袞，一時求過於供，到那裡去搜這樣多的古董服裝呢？有些舖子，只好到棺材舖裡去買壽衣、壽帽來應市，這真是二十世紀一大怪現象。

最得意的是張勳，先授內閣議政大臣，又補直隸總督北洋大臣，還內定授為忠勇親王，並賞賜紫禁城騎馬！

可惜好景太短，七月二日段祺瑞偕梁啟超在津南馬廠誓師，段任討逆軍總司令，將軍段芝貴為東路司令，直隸督軍曹錕為西路軍司令，由駐馬廠之第八師李長泰部任主力，分由京漢、京津兩路進迫北京。

七月四日由京津線進攻之主力，當晚進抵楊村，張勳此時大起恐慌，他帶到北京的衛隊，不足一團，只得勉強派出一營兵力去應戰，七月七日兩軍相遇於廊坊——津京線，段部以泰山壓卵之勢，猛烈攻擊，辮子兵不支敗退，段部繼續節節進逼。

張勳又完蛋了

張勳此時卻寡不敵眾，大勢已去，即疏請開去各項差缺，並請清廷降旨，催促徐世昌晉京，建立責任內閣，以為自己卸責之地步。徐世昌不肯上圈套，托病不行，張勳為之急得走投無路。

十日討逆軍已將辮帥圍困京城，南河沿張公館附近亦發現槍聲，在此情形急迫時，乃由外交團出面調停，請討逆軍承認張勳為國事犯，任其逃入使館界，辮子兵則繳械。王士珍，江朝宗把這些條件告訴張勳，勸他令定武軍放下武器，他頑強地說：「我不離兵，兵不離械，我從那裡來，還重從那裡去！」言下之意，仍是想回去徐州，當他的長江巡閱使呢。

討逆軍那裡會聽他這一套，在此情勢下進攻益急，少數的定武軍，實在死傷得差不多了，張勳無法逃出北京，在南河沿寓所捏着腦後那條大辮子沒主意，十二日晚上由外交團開來一部汽車，這才把他接到東交民巷荷蘭公使館托庇，那位講孔子托古改制的康聖人，知道復辟無望了，也就逃入日本使館去了。

七月十三日討逆軍進城，安撫地方，恢復秩序，由段祺瑞再任總理，馮國璋早於六月七日在南京宣佈代理總統，旋即還都。

段祺瑞馬廠誓師，為其一生最大勳名，實則得來太輕易了。張辮帥只有那不足一團的兵力，要打垮是不費吹灰之力的。

當定武軍快要完結的時候，滿清若干遺老涕泗交流的問張勳，對於「皇上」和清室如何善後？張憤然說道：「你們個個聰明，只有我是個傻瓜，復辟成功，大案加官晉爵，敗了我一人受罪。好，不用你們乾着急，這事與清廷無關，是我張少軒（張勳別號）一人幹出來的，成功了，皇上老子坐龍廷，現在失敗了，由我一人負責，要殺，要砍都可以，怕甚麼！」的確，張勳這次也傻得可以了。而且，既是要發動如此的大事，只帶那麼少數的部隊，貿然入京，而後方又毫無部署，簡直是等同兒戲一般，這種人不敗，也就豈有此理了！

據伍憲子先生記「丁巳復辟真相」，則說康南海事前曾告張勳：「復辟宜行虛君共和制，政權當歸內閣。」「更不宜恢復大清朝號」。「佈置要嚴密，徐州現有兵力三萬，宜調一萬入京；其餘分扼津浦鐵路，再調馮麟閣一師入關扼京奉鐵路。」如果此事屬實，張勳依計而行，段祺瑞之入京，當然不會如此的順利，不過，復辟總是反潮流，逆人心，失敗是注定的，最多是多苟延一個時間而已。

張勳可以說是一個急功近利的人，曾記得他當年大軍下江南，諭告部屬，只要兄弟們大家如期攻克南京，准許三天便宜行事，軍法不予干涉。

他自從復辟失敗後，自知一着之錯，恨鑄千古，再也不想出來和一般軍閥混了。隱居在天津英租界松樹里私宅，不怨天，不尤人，不作任何非非之想的過著晚年。對同鄉故舊還是有求必應，他那種魯莽衝動的復辟運動，雖說幼稚可哂，然那是一個無計劃、無城府的人的表現。也可說太相信人，以致這幕醜劇演來也快，敗去也速，牽線的康南海和溥儀同樣是受愚弄的可憐蟲。民國十四年，他活到七十多歲，病逝天津寓所。

十五、民初政府組織滄桑

北洋派的領袖，袁世凱與段祺瑞兩個人的作風不同，吳佩孚的作風亦與段的作風有別，袁是一位大權獨攬的人，他主張「總統制」。極力反對國民黨當時所提倡的「內閣總理制」；袁的表現，最初是驅逐了內閣總理唐紹儀，其次是派人刺殺國民黨中堅份子宋教仁。段則薄總統而不為，他的主張是擁護一位法號中的總統，而由自己實行袁所反對的「內閣總理制」。因此，段與黎（元洪）馮（國璋）之間，便兩度釀成了府（總統府）院（國務院）之爭，而擴大了北洋政府的不安定現象。

後來，那位「秀才大帥」吳佩孚又別創一格；他連內閣總理都薄而不為，他用以地方控制中央的辦法，虎踞洛陽以發號施令。他們三個人的作風雖然有別，但以北洋主義為中心，維護武力統一的政策，則並無二致。

袁世凱死了以後，北洋軍人本有擁徐（世昌）及擁段（祺瑞）的主張，但段則主張由副總統黎元洪坐陞之議。黎坐上總統寶座之後，段遂坐上了國務總理的椅子。

黎向來有菩薩之稱，他的個性外柔內剛，他每當受到外來壓力的時候，初則一再從事容忍，但當他發起火來的時候，每以無言抵抗的武器，以與外界對抗。段是一位自高自傲的人，從辛亥革命時候起，他以為黎只是一個協統（旅長）的地位，就根本看不起他。再加上袁死後段對黎有推戴之功，在心理上未免有恃功而驕之意，於是府院之間便演成了互相敵對的地位。這是第一次發生的府院之爭。

黎的秘書長饒漢祥，以代黎撰寫四六排聯的電文見稱於世，非常受到黎的信任。後來因為他勸黎接受洪憲皇帝所冊封的武義親王，以此喪失了信用。黎就任總統後，公府秘書長，遂改由農商總長張國淦兼任，秘書有林長民、郭泰祺、雷豫釗、賈壽堃、劉遠鈞、張則川、翟瀛、歐陽葆真等八人。

段的秘書長則非用小徐（樹錚）不可，在袁的時代，據說為了任用小徐，就曾發生這樣的一件事故。原來，袁用段做國務總理的意思，不過是想利用他對付西南，原無假以事權之意。袁用人的手法，是派了一個人做主管，一定另外給他派一個副手，或是給他派一個幕僚長，以便暗中予以監視。那次他派的機要秘書王式通兼任國務院的秘書長，就是這個意思。段接任總理之後，就想派他的得意門生徐樹錚接任這個職位。有一天，段把這個意思透露給北洋三傑——王士珍、段祺瑞、馮國璋——之首的王聘老，意思是請他相機向袁轉達，玉成此事。

王是一位研究黃老之學的人，他明明知道袁不歡迎小徐的為人，說了也不會有什麼作用，但他仍不願一口回絕段。心中雖不願意，但口頭還是一味敷衍着他。

過了幾天，一點也沒有消息，段又轉託張國淦，請他相機向袁進言。張遵照段的意旨，得便果然報告袁說：

「總理的意思，打算為辦事便利起見，秘書長用自己的人。」

「誰？誰？」袁一面問，一面問，一面露出來一面孔不愉快的辭色。

「為資熟手，總理打算用徐樹錚。」張囁囁嚅嚅的回答。

「什麼話，軍人內閣，軍人秘書長，文人的椅子，都叫軍人佔去了！你告訴芝泉不成。」袁氣憤憤的對張說。但在那個時候袁已陷於日暮窮途，必須用段替他收拾西南殘局，低頭想了想，又不願意太激烈對付段，於是又自做轉圜的說：「徐樹錚是一個軍事人才，你告訴芝泉叫他回陸軍次長的任內去吧。」

說這句話的時候，王聘老同坐在一間屋子裡，臉上卻絲毫沒有表情，也始終未發一言。他心中暗暗的想：「我知道不成，所以沒碰釘子！」張溜了王一眼，也不由得佩服他修養有素，不愧是一位閱世甚深的「老狐狸」。

當天下午，張跑到國務院去見段，不好意思說袁不同意用徐當秘書長，只有委婉的說：「總統認為樹錚是一位軍事人才，想請他做陸軍次長。」

段把眼一瞪，火氣比袁還大說：「怎麼，他到了今天，連這一點點還不肯放鬆。」說完這句話之後，把口裡啣着烟斗用力向地下一丟，臉色顯得非常的難看。

現在黎做了總統，張又碰到了同樣的難題，段又托他把想用徐當秘書長的意思向黎轉達。張的心中雪亮，黎雖有菩薩之名，但對用徐也會持反對態度。對於段交給他這件費力不討好的事，他明知是沒法達成任務，但他又不好意思當面推脫。不過，他轉面一想，黎是出了名的好好先生，也許不會像袁那樣當面發火，他特別找了一個機會，把段的意思對黎說了出來。不料黎也把面孔一扳，非常嚴肅的請張對段轉告：「總理的一萬件事，我依他一萬件，唯有這件事，我斷斷的不能答應他。」

張知道把這番話轉達給段，又是一場氣惱，他只好私自去找大徐（世昌），求他從中轉圜。徐是一位老於世故的人，他知道黎不答應段用小徐，一定會引起府院的磨擦，為了大局着想，他便找了一個機會，以輕描淡寫的態度對黎說：

「總統怕樹錚拔扈嗎？芝泉已夠拔扈了，多一個拔扈的人又有什麼關係？我以為總統一萬件事可不依他，惟有這件事非依他不可。」

大徐是黎最敬重的人，他想了一想，覺得徐說的話很有道理。果然改變了初衷，於民國五年六月十三日發表了徐樹錚任國務院秘書長的命令，算是了結這層公案。

不過，黎在發表命令以前，卻提出了一個交換條件，他告訴大徐：「院秘書長因公晉謁總統時，府秘書長必須陪同前來。」段聽了之後，自無不允之理。

對於約法問題，段是師袁氏的故智，不想恢復舊約法，他一方面徵求各省對約法的意見，一方面授意他的親信表示意見如下：

「約法行之已有三年，若一語抹煞，則中國一切法令均為之動搖。」

段的主要用意，是想要召集御用約法會議，這也是他從袁那裡偷學來的把戲。到了六月廿五日，海軍總司令李鼎新突然加入了西南護國軍，宣稱擁護舊約法，段這才慌了手腳，不得已於六月廿九日用總統名義，下令恢復舊約法，並宣佈於八月一日召集舊國會。然而，自從段就任總理之後，對於所有的國家大事，無論那一件他都獨斷獨行，對總統向不請示。遇着某項問題黎稍稍的詢問一下，段即以「西山養疴」作為抵制的武器，嚇得黎不敢再有所過問。

就在這個時候，震動全世界的歐洲大戰，已在馬爾奴河成膠着狀態。段認為有機可乘，他打算利用西方列強無暇東顧的時期，來完成他：國內武力統一的政策。

他想來想去，在東方只有日本可以利用，透過外交的關係，他遂與日本公使林權助進行談判，以中國鳳凰山的鐵路作為担保品，成立了所謂「阪西借款協定」，以作為平定西南之用。後來又以水口山鉛礦及太平山鐵礦作為抵押，再借款八千萬元。協定簽約之後，先由日本銀行墊借五百萬元，亦即所謂「興亞借款」，以作為征討李（烈鈞）的戰費，後人通電激烈的反對，始告取消。

七月六日段下令各省長官一律更名為「督軍」、「省長」，新命的內容如左：

一、任命張作霖為奉天督軍。
二、任命孟恩遠為吉林督軍。
三、任命張懷芝為山東督軍。
四、任命趙倜為河南督軍。
五、任命閻錫山為山西督軍。
六、任命馮國璋為江蘇督軍。
七、任命張勳為安徽督軍。
八、任命李純為江蘇督軍。
九、任命李厚基為福建督軍。
十、任命呂公望為廣西督軍。
十一、任命王占元為湖北督軍。
十二、任命陳宧為湖南督軍。
十三、任命陳樹藩為陝西督軍。

十四、任命蔡鍔為四川督軍。
十五、任命陸榮廷為廣東督軍。
十六、任命陳炳焜為廣西督軍。
十七、任命唐繼堯為雲南督軍。
十八、任命劉顯世為貴州督軍。

除此之外，還有一批任命是張冠李戴：一是於陳宧未到任以前，着以陸榮廷署理湘；陸未到任以前，着以龍濟光署理粵督。二、命烈鈞來京聽候任用。三、特派湯薌銘為廣東查辦使等。

另外還有一批補充命令，其內容如左：
一、任命朱家寶兼署直隸督軍。
二、任命華桂芳兼署黑龍江督軍。
三、任命張廣建署理甘肅督軍。
四、任命楊增新署理新疆督軍。
五、任命龍繼光督辦兩廣礦物。（着所部改編為礦警，尤屬一件奇聞。）

對於過去袁政府時代所頒的爵位條例，懲辦國賊條件，附亂自首法、特赦法、糾彈法等，一律予以廢止；對於褫奪的國民黨人勛位，一律予以發還。

同時，段也遷就黎的意見，任命了孫發緒署理山東省長。孫是安徽桐城人，是辛亥革命加入革命陣營的，他在河北定縣做模範縣長，黎就任大總統後他入京親見，黎由於是革命老同志的關係，對他特別另眼相看，遂委了他山東省長的重任。

八月一日段又任命張國淦為黑龍江省長（未到任），任命谷鍾秀繼任農商總長。張辭去府秘書長改放為黑龍江省長，據說中間曾有這樣的一段波折：有一天，徐樹錚送公文入府蓋印，其中有任命福建三廳長一案，黎偶然問及這三人履歷。徐說：「總統何必多問，我很忙，請快點蓋印吧！」黎賭氣蓋了印，徐走後，黎即對張牢騷的說：「我本來不想用他，都是你們攪的，他眼中那有我？」

張是一位和氣老，最怕受閒氣，回來之後，便向黎、段提出辭呈。繼任府秘書長的人是辛亥革命老同志丁世嶧，他的脾氣不像張那樣柔和，他到任以後便想提高總統的職權。他痛論府院制度之不當說：

「國務會議事前既無議事日程，事後又無議事紀錄。總理不見總統，但憑秘書長跑來跑去，持公文送請總統蓋印。發一令而總統不知其意，用一人而總統不知其來歷。總統偶詢一二語，院秘書長即以內閣制以為對答，使總統無法開口，而且用人行事，往往有未經閣議即請總統蓋印者。」

丁建議大總統得出席閣議，發表意見，但不得參加表決。大總統對國務得自由行使職權，否則總統得拒絕蓋印。

丁就任後這一採取攻勢，反而把段的氣燄低了下來，經過數度磋商，府院雙方遂擬定了一項妥協條件，其內容如左：

一、對國務會議議事召程，先期呈閱。

二、國務會議議事紀錄，隨時呈閱。

三、國務會議散會後，推國務員一人，入府向總統報告。

四、每逢星期五，府院召開一次聯席會議。

五、總統對國務會議決議案，如認為不當者，得命總理及主管閣員說明理由；說明後如仍認為不當，得交覆議一次。

六、未經國務會議議決的命令，總統得拒絕蓋章。

以上這些辦法經府院議定之後，為了表示府院的融洽一致，段還入公府與黎會談一次。但好景不常，不久之後，府院之間又發生了小徐（樹錚）和小孫（洪伊）之爭。

照例院秘書長在國務會議席上沒有發言權，一天徐提議由四省會劉李（烈鈞）案，內務總長孫洪伊表示反對。徐不待國務會議通過即將會劉電報發表，孫氣得辭職後，府秘書長丁世嶧也表示辭職不幹。

這件事尚未解決，孫在公報上又看見政府答覆國會關於查辦福建省長胡瑞霖一案，未經他的副署，（歸內務部主管）於是又罵院秘書長違法包辦。

段一向火氣很旺，對於此事他倒也心平氣和，限令小徐到孫宅致賀國會通過孫就任內長案，等於向孫讓了一步。後來，經過磋商，又補充了數項辦事辦法如左：

一、凡答覆議會的質問書，須由主管部起草，其他方面不得越俎代庖。

二、須布命令須由國務員副署。

三、院令須經國務會議通過。

四、國務會議通過者秘書處不得擅改。

五、各項法令，非經總理及主管部總長副署，不得發行。

府院問題剛剛告了一落，接連發生的是湖南問題，湖南問題是段內閣向西南採取攻勢的開端，南北戰爭再起，亦由湖南易帥開其契機。從此以後，湖南遂成了南北之爭的戰場，在歷年的內戰中，亦以湖南人受禍最烈。

段內閣為使湖南地盤不落入南軍之手，不得已乃遷就黎的意見，任命陳宧為湖南督軍，雖知這命令下達之後，即會引起湖南省內外人士的一致反對，僉主由蔡鍔或黃興督湘。在當時情況之下，黃不願回，蔡已赴東京就醫，陳又不能到差，只好由黃推薦譚延闓督湘。

譚的背景是國民黨，但他本人卻是接近進步黨的文人，他在國民黨和段之間，周旋得都非常妥貼。但段卻始終不相信他，因「湘人治湘」之說的關係，遂由他坐上了湖南督軍的椅子。五年十一月六日譚太夫人病歿上海，段只等譚丁憂電一到，馬上就批准了他的辭職，發表了吳光新繼任湘督。但不料吳的督湘令，也馬上遭受到湘省內外人士的反對，段才把這件事暫時壓了下來，只等後來他暗中與湘軍第二師師長陳復初有了聯絡，才下令以陸軍次長傅良佐繼任湘督，傅的督湘在表面上是符合了「湘人督湘」的要求，在暗中符合了移花接木的企圖。

這裡面最倒霉的是陳宧將軍，在袁帝制自為的時候，他對袁的宣佈獨立，有「與袁個人斷絕關係」一語。陳是心思細密的人，他以為袁已不能為力，他表示僅與袁個人斷絕關係，即表示他仍與北洋派保持關係之意。不料他弄巧成拙，恰恰摸錯了段的脾氣，段以為袁待你這樣好，你今天居然乘人之危，將來我用你，你還不是用對袁的手段，來對付我嗎？

袁下臺以後，陳又摸錯了北方的局勢，他以為新總統（黎）是他的湖北同鄉，又是他本人從前的直接上司，只要服從新總統的命令，個人的出路絕不成問題。誰知袁死了之後，一切軍政大權，均由總統移於總理之手，那時正鬧府院之爭，他服從了總統的命令；就等於是違反了總理的意旨。

黎上臺之初，曾發表了一連串的施政方針，但苦於曲高和寡，自覺難於下臺。黎手下的謀士哈漢章看到陳頗能服從總統的命令，曾秘密以電報示意陳宧，叫他取消獨立以為各省之倡。陳得了這個暗示，遂於六月九日通電解除了四川獨立狀態。那個時候由於護國軍蔡鍔的先聲奪人，段內閣在迫不得已情形下，只好發表了蔡的督川命令。

陳宧下臺以後，便率領兩旅一團部隊退出了成都，他的這一行動，剛剛又和段不欲北洋勢力退出四川的心理相反。

陳宧退出成都以後，本欲循川北古道北上，後因避免攀越山道之苦，遂又改道回師重慶，直下宜昌，他手下的一位旅長馮玉祥，看到陳的舉棋不定，不像一個有所作為的人，乃單獨取道川北入陝，到後來總算是保存了這部武力。

陳到宜昌之後，恰好接到督湘的命令，由於湘人的一致反對，陳遂通電辭謝督湘新命，這又違反了段叫他「戴罪圖功」的心理。

黎發表的新政，其中一項是裁減軍隊，在軍閥的時代，黎的這項計劃，根本是一項無法獲得軍人支持的主張，在黎無法下臺之際，黎的左右又看中了陳的服從性，勸他首先裁兵以為提倡。陳得了這個暗示，於是又在宜昌把他所率領的僅有一旅一團（馮旅已北上）隊伍，予以遣散，這更違反了段的意思。段想你所帶隊伍，原屬北洋本錢之一，你在未得到「北洋新領袖」（段自己）的同意以前，就擅自解散軍隊，這明明是目無長上的表現。從此以後，在對陳的不快中又加上了一種不快。

按照段的意思，只要陳一進京，就立刻把他扣了起來，組織軍事法庭，訊問他一個「擅離職守，違反命令」的罪名。但後來由於陳派人進京走了段的內線，和因為他是黎的同鄉，段對他未免存有投鼠忌器的顧慮，等到十月六日陳宧到京以後，段不但未把他拘禁起來，反而發表他為毅威將軍的命令。

把陳的事作了一個交代之後，再說黎上臺之後，原本欲所作為。但段所需要的卻是一位「高拱無為」的總統，不但段對他存有目空一切的氣燄，就是院秘書長徐樹錚，也絕對不把黎放在眼下。黎時常對左右發牢騷說：

「現在，既非總統制，也不是總理制，乃是院秘書長制。」

也許有人要問，黎既然查覺徐這樣跋扈，為什麼還不把他免職呢？說起來，這與段對徐的支持有關。黎記得，袁當初也想免徐的職，曾徵求段的同意，段說：

「這件事很容易，要走我和他一起走！」黎的魄力不及袁，只好把悶氣存在肚內。府秘書長丁世嶧和院秘書長徐樹錚是直接相敵對的人，徐的另一敵人內務總長孫洪伊，曾因四省會剿李烈鈞問題與徐發生過口角，不久又因政院組織法案，孫拒絕簽署。雙方面鬧到這個地步，段內閣是非去孫不可，但孫卻對人公開表示：「我決不自動辭職，看他們把我怎麼樣？」

段聽了大動肝火，馬上擬了一道罷免內務總長孫洪伊的命令，請黎蓋印發表，黎斷然予以拒絕。段命小徐入府催了好多次，最後對黎表示：

「總統如不肯免孫洪伊的職，就請免我的職好了。」

但黎仍不肯蓋印，並且對段表示，叫孫洪伊自動辭職則可，免職決不可以。段只氣得一連請了幾天的病假。

一個非去他不可，一個決不自動辭職，事情鬧僵了，人們做好做歹，勸孫另就一個名義，或出洋去考察。孫對人堅決的表示說：

「我除內務總長外，決不就任何官吏。」

大徐也向人表示：「只要孫答應出閣，維持總理的威信，他要什麼官都可以。」孫回答說：「我什麼官都不要，只要維持我個人的人格。」事情鬧的很僵，一點也沒有轉圜的餘地。不久以後，孫派也發動「倒閣攻勢」，由國會議員呂復、褚輔成提案，彈劾院秘書長徐樹錚。時局卻愈鬧愈糟？由徐、孫個人的進退問題，而擴大為府院的進退問題。

此時府方卻主張硬幹，請徐世昌、王世珍，或李經義出來組閣。黎覺得他的總統職位，與其俯仰由人，不如痛痛快快的幹它一場，乃命王士珍赴衛輝請徐世昌來京一行。

大徐在政治中是一位「老狐狸」，他閱世太深，對於任何事都不露聲色。他知道他自己與北洋團體的淵源太淺，又加本人是個文人出身，不能與段的武力對抗，但他又不願意放棄這宗送上門來的好生意，所以對他來人輕輕的說：

「只要總統不叫我做官，我隨時可以入京替總統效勞。」

大徐組閣的消息傳到了張勳的耳內，他馬上表示擁護的意思，並派萬繩拭赴衛輝勸駕。黎向來深惡武人干政，尤不喜張的為人，但因為一時意氣蒙蔽了理智，聽到這個消息，馬上同意了張勳擁徐制段的辦法。

五年十一月十六日徐到北京，黎迫不及待的親自去拜會徐，不料徐說出來的是一派不着邊際的話，叫黎一點也摸不着頭腦。

後來，黎打電報給馮國璋，向他徵求意見，不料馮當了副總統之後，為了拉攏段，覆電居然表示：「時局樞紐以仍維持段內閣為宜。」

這樣一來，大徐更順水推舟，也高唱維持現內閣之說，並且由他做和事老，提出來維持府院雙方威信的折衷方案：孫洪伊、徐樹錚同時去職。黎本是一個沒有主張的人，聽了大徐的話，也表示無可無不可的意向，接受了大徐提出來的意見，同時罷免了孫洪伊和徐錚的職務。孫下臺以後，他不甘以失敗者自居，他在國會中有一個團體頗有勢力，第一次否決了任可澄繼任內長案；第二次否決了新任院秘書長兼任內長案，這些都是針對段的報復手段。演變到最後，國會更發動彈劾段的風波，使段與國會的感情一天比一天的惡化，到了後來，終於促成他解散國會的決心。

當段與國會正鬧分裂聲中，民國六年元旦，二十二行省及三特別區（熱、察、綏）首長們聯名發表擁段長電，領銜的人是江蘇督軍馮國璋，電文的大意如左：

「深信我總理之德量威望，若竟其用，必能為國宣勞。」對於國會，電文中則公然斥責其：「紛呶爭競，較勝於前，既無成績可言，更絕進行之望。近則侵越司法，干涉行政，覆議之案，不依法定人數即擅行表決。」

六年一月五日梁啟超奉召入京，解散國會之聲大盛，這位「溫和派」的梁先生，此時已與北洋派實行攜手。

丁世嶧於辭去府秘書長之前，曾對梁表示：「府中無事可做，一切國務都由院方作主，我不能吃這碗吃糧不管事的閒飯，而終日無所事。」梁只有一笑置之。

民國六年二月五日，我駐美公使顧維鈞電告：「美國因反對德國的潛艇政策，已於二月四日實行對德宣戰，希我國採取一致行動。」

這一個大問題吹到東方來，除了在我國內引起多方的爭論外，美國駐華公使芮恩，和德國駐華公使辛慈，都對我國展開外交活動，希望把這個東方大國，拉到自己陣營裡去。現任院秘書長張國淦極力主張與德絕交。每次都握不利於德國的情報呈給段閱看。

對這件事，府院都有討論，院方所召集的「國際政治討論會」，主持人為院秘書長張國淦，參加的人有名流、學者、外交家、言論界人士等。府方在討論中原本主張與德絕交，但聞院方亦作如是主張，遂改而採取反對態度。那時黎恨段到了極點，對於段的政策，黎沒有一樣認為是對的，段說東他就說西，他決不與段走同一路線。黎在歷史上，不失為一好好先生，但對於國家安危的大事，卻受着個人意氣的支配，說起來未免令人惋惜！

三月四日段親自把對德絕交案送到公府，黎還是不肯蓋印，段一言不發，一鞠躬退出公府，當晚即掛專車出京，住在天津義租界段芝貴的家中，表示倦勤之意。

段拂袖而去之後，黎即命大徐組閣，但徐認為時機尚未成熟，再三辭謝不就；隨後他又命王士珍擔任組閣的使命，王也表示不便接受；最後他又找到李經羲，李也吞吞吐吐的，不敢嘗試。

此時，副總統兼江蘇督軍馮國璋，恰因事來京，他除勸黎慎重從事外，並自告奮勇願赴津擔任疏通的使命，黎雖不以為然，但他也未便得罪馮，最後只好同意由馮前往一試。

馮疏通的結果，是段、馮六日同車回京，馮入府報告段返私邸休息。七日馮陪段入府謁黎，八日對德絕交案咨送兩院，十一日馮即離京南下。

段的另一項隱憂，是督軍團對於參戰的態度問題。他為了師法袁的故智，特別電召各省督軍來京，共同表決參戰問題，而開啟了軍人干政的門戶。各省督軍到京以後，他即秘密的向他們表示：「對外宣而不戰，對內戰而不宣」的要訣，以安各督軍之心。各督軍恍然於段的妙計以後，才由極端反戰派而轉變為主戰派。

四月二十九日召開軍事會議的時候，段親任主席，會議中也不經過什麼討論程序，即由主席發下一紙預先準備好的簽名單，上書寫着：「贊成總理外交政策」八個大字，命各督軍輪流簽字。第一個簽了名的人是反戰最力的李純，接下去，有好多先前反戰的人都簽了字，這件大事通過以後，會議中所討論的其他問題都是閒文，段也懶得出席，命陸軍次長傅良佐代為主持，草草了事。

五月三日段召宴上下兩院議員，態度極為閒散，語意則甚明朗，他在聲音中要求兩院議員支持政府的參戰主張。四日，更由督軍團推舉四位代表——李厚基、張懷芝、倪嗣冲、孟孟遠——大宴國會議員，在語意之間，由督軍團代表微微露出來：「國會如不通過參戰案，便會被解散的命運。」可謂威脅利誘，雙管齊下。

國會的大多數同仁，原本是贊成參戰案的，但由於段的不尊重民意作風，和督軍團的興風作浪，又而提出來對段留難的交換條件，因之，使督軍團在一怒之下，把「解散國會」的呼聲，喊的更加響亮。

黎聽見了這個風聲，把法律專家張耀曾找到公府來問：「如果國會不通過參戰案，他們怎麼樣？他們能不能解散國會？」

張答：「縱令解散了國會，也得要召集新國會，再提出宣戰案，必須獲得國會通過後，方能執行。若按現行的法律來說，政府是無解散國會之權，解散便是違法，違法便是造反。」

黎說：「對！違法便是謀反。」

國會代表是民意，段此時也授意各省督軍，叫他們授意各省人民團體發表請願參戰的通電，以表示民意。

筆戰家梁任公比洪憲時的筆戰更忙，他的好友丁世嶧變成了他的交戰團體的一員。丁所發表的反戰理由，頗為幼稚。他說：「老實說，我本來是贊成參戰的，但是，段內閣主張參戰，我一定反對到底。」

本來，國會通過參戰案不難，且有若干議員明知參戰與中國有利，他們也不願因府院之爭，牽連到國家外交方面去。但由於段派的人過度採取高壓手段，惹起了國會議員們的反感，反而把這樣事鬧到國會與國務院意氣之爭上去，遂一發而不可收拾。

當國會開會那一天，也不知道從那裡鑽出來的民意代表，包圍了國會，聲稱：「非通過參戰案，不許議員們離院。」此時，院外有公民團體的叫囂，院內有議員們的拍案叫罵。一直遲至下午七點三十分，段始姍姍到來，到了夜十一時三十分，才由江朝宗的馬隊把外面包圍國會的民眾代表，予以驅散。

事情糟到這個地步，段只好在府學胡同召集緊急會議，討論善後事宜。大家面面相覷，誰也想不出來一個絕處逢生的辦法出來。張國淦說：「總理不妨暫時引退，不久仍可上臺。」

張這句話剛剛說完，有人拍案大罵說：「你要總理辭職，以後的事唯你是問。」大家回頭一看，說這個話的人原來是回國不久的徐樹錚。張本是府院之間的一道橋樑，而段派的人卻把他視為親近府方之人。

等到後來，張知道黎真正有了去段的决心，他又忍不住跑到黎那裡去，盡最後的忠告。他說：「總統切勿意氣用事，一切以大局為重。」此時黎的旁邊也有人大吼一聲，說他是段的奸細。張此時才知做人之難，幸虧知道張的為人，把發言的金永炎申斥了一下，向張陪了一個笑臉，算是給了張一個面子。

五月二十三日黎終於免了段國務總理之職，段即日出京，到天津後即以「國務總理段祺瑞」的名義通電各省，表示免職非經本人同意，不能發生效力，將來地方有事，本人概不負責，把府院之爭發展到破裂的程度。

段去職以後，給黎留下來的難題，是繼任國務總理人選問題，大徐不肯就，王士珍不願就，李經羲不敢就。最後只好請伍廷芳以外交總長暫代總理，算是避免了無政府狀態。

黎為了制段，只有利用督軍團的領袖張勳，誰知後來竟招致了復辟的醜劇，給了段一個再起的機會。段往往自言曰：「本上將軍有再造共和之功。」其實，段第一次通電的促進共和，是奉了袁的密令；第二次的推翻復辟，那只是一個兒戲。至於參戰，更是利用「對外宣而不戰」，以達成「對內戰而不宣」的目的而已。

十六、民國六年的府院政潮

民國六年的大政潮，先後都是由兩個人的意氣之爭鬧了出來的。如果沒有黎段的府院之爭，就不會有對德宣戰案的種種波折，國會也不會被解散，更不會有復辟醜劇的發生。這許多事件的演變，只造成了黎的去職，馮國璋的繼承總統地位。由副總統繼承總統，在民國初年幾乎已成了法定的公式。

復辟案的後果，張勳逃到了荷蘭公使館，黎則躲到了日本公使館，黎的第一策士金永炎，在上海用黎的名義，發了個「矯詔討賊」的通電，似乎表示黎尚未有放棄繼任總統的企圖。段討伐張勳以後，七月七日馮已在南京就任代理總統職務，七月十四段偕新任閣員湯化龍、張國淦等入京。張勸段迎黎復職，段的臉色馬上沉下來說：

「什麼話！我還能和他共事嗎？」

張知道段萬難迎黎復職，所以馬上改口勸段在禮貌上作文章，委婉的向段建議說：

「你的復任總理，是他的命令中產生出來的，在禮貌上你應該從日本公使館中把他接了出來，其餘的事，留待以後再談。」

段聽了以後覺得有理，遂馬上前往日本公使館迎黎，並對日本公使面謝他們保護總統之意。黎回到了東廠胡同私宅後，即發表「寒電」，指天為誓，表示：「願赴津宅養疴，息影家園，不聞政治。」那位專替黎作駢體文的饒漢祥，此時又大顯身手，替黎擬了一通「引咎下野」的通電，以五大罪名自劾。

過去黎被袁軟禁起來，曾一再宣稱要與他「朝夕商量時政」，不放他南行。現在他宣佈下野，段雖不願與他「朝夕共商時政」，但同樣願意他留在北京，以便朝夕相見。

黎已下野，段為什麼要軟禁他呢？原來，段認為此公雖然下野，卻仍不失其偶像作用，一旦破壁飛去，西南各省奉他為合法總統，恐又有新的題目好做之故。

七月十七日西南唐繼堯放了一砲，痛斥再造共和的段總理，電文的大意如左：

「叛變乃由閣下所造成，安能再居總理之位？黎總統誤引張勳入京，及非法解散國會，業已誤法失職，且在顛沛流離之際，下命任命總理，在法理上尤難認其有效。」

唐這封電報，不但不承認段的總理地位為合法，連黎的總統地位也不承認。

接着，放第二砲的人是海軍司令程璧光，七月二十三日他率領海軍第一艦隊到了廣東，倡言護法，並提出「迎黎復職」，及「恢復國會」兩大主張。

七月三十日馮專車北上，八月一日抵達北京，文武百官一體到車站迎候。馮一到北京，即去東廠胡同謁黎，完成禮貌上的訪問。

馮就任後的第一件事，即發表公府人員的名單，其職務的分配如左：

一、公府秘書長張一麐。

二、侍從武官兼軍事辦公處處長師景雲。

三、侍從武官兼參謀長熊炳琦。

四、侍從武官兼副官長張宗昌。

五、侍從武官兼執法處長殷鴻壽。

六、侍從武官長蔭昌。

七、公府指揮使徐邦傑。

第二件事是調和「北洋三傑」的感情，他向人表示：「從此府院一體，再也不會有府院之爭了。」他握着段、王的手，親切的說：

「以後芝泉、聘卿你我三個人，不要分什麼總統、總理、總長，只求同心協力辦事。」

黎前總統藉着新官上任機會，才達到了赴津養疴的目的。黎臨走以前，密囑湯化龍轉段：「你不放心我，可囑曹錕監視我，我是不會離開天津的。」後來，西南發生了段潮，段躭心黎受西南的利用，三番兩次派人接黎回京，黎以四不主義作答：「一不活動、二不回京、三不見客、四不離津。」

段的野心和脾氣都特別大，他自居責任內閣，把總統看成是一個活動的蓋印機器，黎是一位有涵養的總統，還忍受不住，馮的涵養不及黎，何況他的背景尚有長江三督在幕後支持他，對段不需要十分賣賬，因此，新的府院之爭，在所難免。

對西南問題，是馮段意見分歧的開端，段主戰馮就主和。馮當初也未嘗不想遷就段的意見，但他覺得越容忍段的脾氣越大，最後終於走到了無可忍受的盡頭。

馮的第一道本錢，是江蘇督軍李純，李純向大徐拜過門，他是陸軍將備學堂出身，民國紀元前十年他加入的第六鎮，駐防京保一帶，是一個好名不務實的人物。

馮要北上做總統，但又捨不得江蘇的地盤，遂把李純由江西調到南京來，隱然形成了長江三督的領袖，成了馮背後的勢力派。

適馮到北京做總統，李到江蘇做督軍的時候，正是段剛剛削平復辟，趾高氣揚的時期。復辟派裡多有袁、段的舊部在內，昔日的督軍團都搖身一變成為討逆軍之後，早年的老弟兄，凡追隨張勳的人，一個個都變成了階下囚。他們心中着實的難過，所以他們都紛紛的出面，向段要求保釋「洪憲帝制犯」，和「復辟戰犯」。

由東西兩路軍總司令段芝貴、曹錕出面，以人才難得做為理由，呈請特赦梁士詒、朱啟鈐、周自齊。段芝貴更以「項城骨肉未寒，何忍令其戚久羈囹圄」為由，呈請特赦張鎮芳、姜桂題。此外並以「略迹原情」為由，呈請特赦了馮德麟。

本來，中國是一個最講人情的國家，梁士詒等三名帝制犯，雖有通而不緝的官樣文章，此時始能拋頭露面，而且有了待機出山的機會。雷震春等三名復辟犯，雷、張已被判處了八年徒刑，此時也以「勒令戒烟」為由，與馮德麟同時出獄。

原本是段利用復辟派造成了他東山再起的機會，事後對復辟派人們的矜全，也是應該的。但從國家立場看，段的組織討逆軍未免是一場兒戲，討逆軍結束後，不但復辟派未受國法的制裁，連以前的帝制派，也蒙恩一併獲得特赦。

八月十日閣議討論四川問題，研究系閣員與段又發生了意見上的衝突。那是為了四川代督戴戡被四川師長劉存厚所殺一案引起的，戴是研究系要角，劉是與段勾結的地方軍人。梁啟超主張嚴辦劉存厚，段則主張交四川查辦使吳光新查辦。戴故被殺原本是千真萬確的事，又何待查而後辦呢？梁深知這是段袒護劉的一道過門，這位媾和派的研究系領袖，平日最富妥協性，此時也氣的面色鐵青，賭氣拂袖而去，而由與段的合作轉入分離狀態。

八月十一日段內閣，授段芝貴為輔威上將軍、陸建章為炳威將軍、江朝宗為迪威將軍、李長泰為步兵統領、王汝賢為第八師師長。

第八師是段馬廠起義時的基本隊伍，也是段賴以討伐復辟的最大資本，當時下了很大功夫才說服了李，現在段把李調為步兵統領，表面上是酬庸他，在暗中卻是削了他的兵權。

此後西南方面的風聲漸緊，重慶鎮守使熊克武卻拒絕北軍入川，廣東也有組織軍政府，派鎮軍張開儒援湘或攻閩之說。閩督李厚基不敢向北政府請援，他深知北兵一到，不但不肯開往前線作戰，反而會先搶去他的地盤。

九月一日廣東召開非常國會，選舉國父孫中山先生為大元帥，陸榮廷、唐繼堯等為元帥，開始組織西南政府，並發表如左的任命：

一、任命伍廷芳為外交總長。

二、任命唐紹儀為財政總長。

三、任命張開儒為陸軍總長。

四、任命程壁光為海軍總長。

五、任命孫洪伊為內務總長。

六、任命胡漢民為交通總長。

七、任命李烈鈞為參謀總長。

八、任命方聲濤為衛戍總司令。

九、任命章炳麟為大元帥府秘書長。

十、任命許崇智為參軍長。

十一、任命李福林為大元帥府親軍總司令。

段知道中山先生手中並未掌握軍事實力，是以對中山先生的組府不甚介意。他曉得中山先生出山以後，西南軍閥必出而反對，果然不久的時間以後，陸、唐二人均電辭元帥職不就，陳炳焜亦通電聲明，對非常國會概不負責。

六年雙十節，段內閣又發表了曹錕的陸軍上將，吳佩孚、馮玉祥各得勳王位。同日，廣東大元帥下令，指名段為罪魁，倪為附犯，梁、湯皆為同謀，朱琛假藉檢察職權公然附逆，着各省一律通緝，以便歸案究辦。

旅京湘紳陳嘉言等，目覩時局發生劇變，北政府有了對西南用兵的表示，立即入府請願息爭，馮說：「現在是責任內閣，你們問段總理去。」

對南砲聲一響，馮馬上密派侍從武官崔維堪南下，授長江三督錦囊妙計曰：如此如此，這般這般。湖南的消息一天比一天緊急，段天天催馮下討伐令，馮始終抱的是拖字訣，並且對段表示：「不妨慢慢來，看看形勢再說。」

段這時才覺得張國淦所說：「對付黎易，對付馮難。」這兩句話，是至理明言。但因馮有長江三督做他的背景，段又不敢對他冒火，他雖然每天派閣員一人入府向馮報告情況，意在消除府院間的隔閡，但不料新的府院之爭，依然無法避免。

段內心雖然感到痛苦，但不肯懸崖勒馬，其間最使他感到興奮的，是「西原借款」已告成功，可以作為對南用兵之用。但不料到了簽字那一天，農商總長張國淦卻不肯簽字，十一月一日，日本公使林權助對張說了很多威脅的話，張說：

「你代表商人呢，還是代表政府？如果代表商人，請依照敝國礦務條例辦理；如代表貴國政府呢？請找敝國的外交部。」

那位中國通的林公使想，或許張想要錢，於是託人給他送了一百萬元，不料張如數退回。林不禁咄咄稱奇，馬上又加送為二百萬元，張勸來人息掉麻煩為宜，依舊退了回去。

日本人看看沒有辦法，立即主張把這個交涉，移交到陸軍部去辦，假口鐵為軍火原料，應由軍部管理為由，段則不以為然，仍派人授意張說：

「你不肯簽字，我不強你簽字，你可以往各省去考察實業，由次長代理部務，由他簽了字，你再回來。」

張答：「我有三不主義：不出京，不簽字，不辭職。」

段被迫無奈，只好改組內閣，由田文烈繼任農商總長。田有一天跑去看張，問他為什麼不肯簽字？張答：

「津浦路終點的浦口，是南北交通的要道，如果我們在那裡建立了一個以中日合辦為名，由日本主辦其實的大鐵礦，從火車上望着烟囪冒出來的烟，都幻化成為張國淦三個字，我當然不肯簽了。」

田想了一想笑着說：「你張國淦怕留下臭名不敢簽字，我當然也不簽了。」

這件事既然不能成功，段又與林公使商定以吉長鐵路任用日本技術人員作為交換條件，向日本借了日金六百五十萬元，是假借的對德宣戰的題目，實際上是密令各地兵工廠趕製軍火，以作為征南之用。此後北軍即源源入湘，陸榮廷在唇亡齒寒的情勢之下，一面派武衛軍總司令馬濟佈防湘桂邊境；一面勸段撤回北軍，並擔保西南決無北伐之意。

段提出的條件，是要求西南解散國會，驅逐軍政府，勸海軍取消獨立。陸知空言無可挽救，乃派譚浩明為「兩廣護國軍總司令令」，以桂軍韋榮昌、林俊廷、陸裕光三人分任一、二、三路同令，以武力實行對抗。

馮對西南問題，堅特不下討伐令，他的確盡了最後努力；段則允許北方軍人擴充地盤，令北方各省抽兵力入湘，及召集督軍團代表在北京舉行軍事會議，督軍團見有利可圖，乃一致對段表示擁護。段聲勢大振之後，便以高壓手段對馮，馮如不就範，便有蹈黎覆轍的可能，不得已乃於十月廿二日下了對劉建藩、林修梅等的討伐令，初步尚未涉及西南，但粵桂則請馮當機立斷，罷免甘為戎首的段內閣。

段也不客氣，逼馮於十月廿七日下令免了粵督陳炳焜的職，派李耀漢繼任粵督。

十月三十一日段內閣下令伐滇軍顧品珍、趙又新、高毓成等，但對粵事未涉及陸榮廷，對滇事未涉及唐繼堯，似尚對陸、唐保留有若干轉圜餘地。

馮是一位無決心而又缺乏勇氣的人，眼看段的氣燄一天比一天的高漲，於萬不得已的情形之下，乃於十一月八日下令任陸為寧威上將軍，着令來京供職；任龍濟光為兩廣巡閱使，並責成新任粵督李耀漢令駐粵桂軍撤回本省。

馮雖懦弱，但他究不失為有力人物，有力就不能不抵抗到底。那時擁段最力的是倪嗣冲、張敬堯兩個安徽人，但都不是段的基本隊伍。一個是雜牌軍出身，一個是從第六師中分化出來的。

一個晴天霹靂，是在湘作戰的王汝賢、范國璋兩個師，於十一月十四日突在衡陽通電主和。後來，吳佩孚也通電主和，而且電報也是從衡陽發了出來的，開了師長干政的先例。

王、范的停戰是直系對皖系致命的打擊，因為王、范兩個人根本不是段的直系，論淵源與直系還是比較深厚一些。

吳佩孚是曹錕手下一員大將，因征南軍的內鬨，遂令豎子成名，由小小的一個師長居然爬到北洋派末代之雄的地位。

王、范的電報一到北京，馮一疊連聲的說：「快快送院，快快送院。」

王、范兩個人退到了長沙，傅良佐已聞風而逃，王、范便在長沙，組織了一個所謂「軍政辦公處」。以代替湘省政務，再也不提北撤的事。顯然的他們是向段挑戰，想要取得湖南督軍和省長的地盤。但想不到王、范兩人到湖南不久，就被泥腿破軍服的湘軍衝了進來，王、范兩人席未暇暖，也追隨傅良佐之後，作了逃將軍。

北軍退出長沙後，段口頭表示辭職，但卻始終沒有引咎自劾的誠意。馮恐他戀棧，又密令長江三督倡議調停南北之爭，並提出來使段難堪的左列三項條件：

第一、解散臨時參議會。

第二、總理不得兼任陸軍總長。

第三、推唐紹儀為北方議和總代表。

段盛怒之下，於十一月十六日向馮提出辭職，馮表示接受後，乃下令王士珍組織和平內閣，以為接替段職務的準備。

段則授意，彼時所謂擁段派的武人，及皖系將領等，發表主戰的通電，並挽留段內閣。那些通電每天佔滿了報紙的篇幅，壓倒了長江三督主和之聲。

馮一看形勢不對，馬上又擱下了命王組閣的命令，勸段勉為其難。段此時也對馮提出左列三條件，以資對抗：

第一、嚴懲抗命的王、范兩師長。

第二、貫徹武力統一政策。

第三、命張敬堯為湖南督軍兼前敵總司令。

後來經過磋商，算是把嚴懲改為以總統令訓斥將領，段才嚥下了這口氣，照常回院供職。

段此時有「銳電」呼籲北洋派團結，其電文的大意如下：「環顧國內，唯有我北方實力可以救國。……王汝賢為虎作倀，飲酖而甘。……我北方軍人分裂，即為中國分裂的先聲，我北方實力消亡，即為中國消亡的朕兆。」

皖系武人得電後，就像暴雷也似的發出一片「擁段團結北洋派」的電報。

馮也不甘示弱，除長江三督以外，又加入以曹錕為首的四督聯名請求停戰的電報。從此以後，馮、段兩人遂由貌合神離，而到了針鋒相對的階段。

馮加入了一支生力軍，段也找到了一個新的幫手，拉奉天督軍張作霖加入，組織了所謂「秦、晉、皖、奉大聯合」，而等於舊督軍團勢力的復活。

十一月二日，繼段被罷免兼任陸軍總長職務後，次長徐樹錚也呈請辭，亦獲照准。從表面上看，馮段兩人已變成了正面的敵人，至於南北之爭，反而成了次要問題。

那時，直皖兩系還有所謂理論之爭，皖系做了一篇「先戰後和論」的文章，主張先和西南打一仗，以挫折他們的銳氣，然後再與之談和；直系則選擇了「先和後戰論」的題目，主張先與西南進行和談，如果缺乏誠意，再與他們作戰。皖系此時又以「能戰而後能和論」，駁倒了對方「先和後戰」的理論。

十一月二十三日馮毅然下了免段的命令，以外交總長汪大燮代理國務總理，汪用瘦骨支離的手簽了字，再簽署一紙空白命令，請馮把未來總理的名字，填在上面。

馮雖罷免了段，但仍無勇氣硬幹到底，又於段離職後發表漾電如下：

「以段總理關係民國之深，鄙人與總理相知之深，斷不想其恝然高蹈。但總理堅欲息肩，自商汪總長代理總理，不得已於廿三日准免本職。但此後內閣組織，仍商段公舉其所知，俾國璋得收指臂之效。段總理雖暫去職，而國璋依重之殷，與段公扶持之雅，不異疇昔。」

這封電報呼段曰「總理」，曰「段公」，而自稱曰「鄙人」，曰「國璋」，文字的謙和是馮就任總統後的第一次。

但不久以後，曹錕和張懷芝兩個人督軍先後到北京來。張勸馮莫學黎黃陂的榜樣，等於替段說話。段躲在幕後不說話，但隨後即有所謂「天津四巨頭」會議，由曹錕、張懷芝、倪嗣冲、張作霖四督聯名主戰，而顯示新的府院之爭，並未因段的去職，而宣告終止。而擁馮的督軍曹錕，又有了新的轉變。

十七、地獄內閣

民國六年六月，張勳以督軍團盟主地位，偕其老長官李經羲（仲仙）入京組閣。詎消息發表後，張作霖、曹錕、閻錫山、王占元、倪嗣沖等通電反對。李恐內閣流產，乃轉推王士珍出而替任，王對此素不感興趣，拒之。李無奈，決心一試，自曰：「我不入地獄，誰入地獄？」因於六月廿三日宣佈就職，除發表王士珍為參謀總長兼任陸軍總長，薩鎮冰為海軍總長外，並欲羅致第一流人物，組織人才內閣，是辟趙爾巽為內務總長，嚴復為教育總長，汪大燮為交通總長，張謇為農商總長，湯化龍為司法總長。顧是時復辟謠言，已傳遍京津，僉不欲踞此火爐之上，同歸於盡，故紛紛覆電謝絕。而張謇覆電，尤幽默有致，因李原電有「佛入地獄」一語，張回電則謂：「果佛也，然後可入地獄，公奈何預約短期作佛，而又強非佛者同入地獄？地獄沉沉，願入者多，謇薄劣衰退，無此宏願。」故當時稱為地獄內閣，果不兼旬而有復辟之變，李殆真入地獄矣。

十八、中日馬關議和秘辛

光緒廿年，甲午，一八九四年中國和日本因為朝鮮問題開戰，慈禧太后修頤和園剩下來的一點錢所建立的中國海軍，一戰而敗。清廷派李鴻章前往日本與伊藤博文議和，費時一月，會談五次，其間還靠李鴻章冤冤枉枉地挨了一槍，才在極端屈辱的情況下，訂立了割讓臺灣、澎湖、賠款銀子三萬萬兩的「馬關和約」。

由於日本冀圖併吞朝鮮，蓄意挑釁，掀起了甲午戰爭。當日滿清大員迷信「以夷制夷」的辦法，希望英、俄、法、德、美等國出面干涉，壓迫日本撤兵，對備戰工作做得不夠積極，在「以夷制夷」的希望幻滅後，倉惶應戰。因為準備不足，無法抵禦日本蓄意已久的一擊，海戰陸戰先後失利，形勢危急，清廷乃急於謀和。最初李鴻章因日本正在志得意滿，趾高氣揚的時候，恐怕派大員赴日，被其輕視，有失面子，乃想出一套試探辦法，命天津海關稅務司德人德璀琳東渡，帶了李鴻章給伊藤博文的私信，十月三十日到達神戶，被日本以德璀琳並非中國大員，無代表資格，拒絕和他商談。德璀琳無功而還。日本方面利在速決，深恐像這樣往返探詢，遷延不決，招致第三國的干涉，遂透過美國公使，促請清廷正式派遣全權大員，前往議和。清廷也派戶部侍郎張蔭桓、湖南巡撫邵友濂為全權大臣，赴日議和。日本則派內閣總理伊藤博文、外務大臣陸奧宗光為全權大臣。張蔭桓等於光緒二十一年正月初六日抵廣島，互相校閱勅書於廣島縣廳。中國勅書全文是：「皇帝特命戶部侍郎張蔭桓、湖南巡撫邵友濂為出使日本議和大臣。即着前赴日本，與日本所派議和全權大臣妥商一切事件，電達總理衙門轉奏裁決。所有隨往人員均歸節制。此去務宜保全國體，輯睦邦交。竭力盡心，速成和局。無負朕之委任！欽此。」日本勅書全文：「朕帝國為維持東洋全局和平，回復大清國重結和好，茲以最信任之內閣總理大臣從二位勳一等伯爵伊藤博文，外務大臣從二位勳一等子爵陸奧宗光皆才能明敏，爰命為全權辦理大臣，與大清國全權委員會同協議，便宜行事。締結媾和預定條約，並予以記名調印全權。其所議定各條項，候朕親加檢閱，果真妥善後即批准。」

校閱後，日方以我勅書中有「一切事件，電達總理衙門轉奏裁決」，認為我使臣全權不足，非列國議和通例，拒絕談判。雖經蔭桓、友濂函覆陸奧宗允，說明實有全權，日人終不同意。伊藤且以書絕蔭桓、友濂。原書略云：「清國常以孤立不羈，猜疑刻薄為政，故於敦睦隣邦之道，公明以信實二者蓋闕如也。由此而觀，足徵當日清廷意中並無誠實修睦之心。我政府有鑑於茲，故於清國欲來議和時，曾聲明『所來使臣若無定議全權及一切便宜行事者，斷不開議，免勞往返，故有清國欽差不可不加以定議和局，簽名捺印之權』一款。而清國已允恪遵此款，乃兩閣下委任之權，殊不完全，足見清廷之意，尚未切於求和。兩閣下攜帶之敕任諭旨，敗閣下等所應陳、應爭之條款，亦不明載，又不與以『立草約簽名捺印』之權，清國皇帝於事後批准，亦未提及一語，然則所委閣下等之職權，不過探聽本大臣與陸奧大臣陳述之言，歸報貴國政府而已。今易干戈為玉帛，乃至重至大之事；若徒空談，止成虛約之議，本大臣再不敢聞命。清國果切實求和，其使臣必須委以實在全權；且須擇素有碩望之大員當斯重任，與所訂之約章確能久保其實踐無詐；則我帝國自可允其議和，再不堅卻矣。」並以廣島為屯兵要地，不宜久留為詞，將張等送往長崎，蔭桓等只有回國。日本先後兩次拒絕來使；第一次由於李鴻章不照國際慣例，用外人持私函前往，被打回票，咎由自取，無話可說。第二次拒使，實在違反外交禮貌。伊藤所藉口的是敕書授權不足，其實是別有私心。我們試再看一遍雙方敕書全文，不難發現僅在文字上有繁簡的分別，其他出入並不太大。固然日本敕書上有「便宜行事」的話；但後面還有「所議定各條款，候朕親加檢閱，果真妥善後即批准。」一段，事實上與「電達總理衙門轉奏裁決。」同樣是保留最後決定權。所不同的，只是一個「批准」於簽約之後，一個是「裁決」於簽約之前而已。外交上的一般習慣，即使是全權代表，他所談判的範圍，仍以所奉訓令為限，問題超出了訓令範圍，即須暫停討論，候向本國政府請訓後再談。這種習慣，到今天仍為國際間所普遍尊重。伊藤博文完全抹殺一切，蠻不講理，實在是因為張蔭桓和邵友濂份量均不夠，不能達到他速戰速決的希望，和敲詐勒索的目的，希望能藉此更換代表而已。那一次日接待張、邵，不但態度傲慢，而且禁發華文密碼電報，像這種無理措施，不知他們又能作何解釋。

上面所說伊藤的真正意圖，從兩件事體上完全表露出來。第一、在拒絕和張蔭桓談判的那天，伊藤曾私約張的隨員伍廷芳談話，兩人對白如下：

伊：「何不遣重臣來？因為本大臣願與貴道為朋友閒談，請問恭邸何以不可來敝國？」

伍：「親王位重，向不出都門，安能渡海來？」

伊：「然則中堂大可主持和議，貴國何不遣之？」

伍：「本道今願與貴大臣作朋友之閒談，試問中堂如果銜命而來，貴大臣樂與訂議否？」

伊：「中堂如果來，敝國自樂與晉接，惟必須合例之勅書耳。」

伍：「然則中堂亦須來廣島乎？」

伊：「中堂年邁，似未便遠適異國；以愚見論，其旅順口乎？……」

第二、日本曾照會駐華及駐日美使，謂「中國誠派有位望大員，畀以全權，仍可隨時開議。」這兩件事不僅表明日本急於和議成功，且希望以李鴻章作交涉對手。所謂「恭邸何以不可來敝國？」其實只是烟幕，在烟霧迷濛中再把李鴻章提出來。因為恭親王不僅向來不出都門，且對「辦洋務」沒有經驗，根本不是合適人選。絃外之音，自然是希望「中堂」枉駕了。

清廷迫於無奈，乃於正月十九日任命李鴻章為「頭等全權大臣」，與日本商訂和約。鴻章偕其子經方和美籍隨員福世德，參贊羅豐祿、馬建忠、伍廷芳等於二月十九日由天津乘輪東渡，二十三日到馬關，日本仍以伊藤博文及陸奧宗光為全權大臣，於馬關春帆樓舉行和談。二十四日舉行首次會議，互校勅書後，鴻章將擬請停戰節略面交伊藤。二十五日復會，伊藤提出覆文，要求以大沽、天津、山海關三處駐守日軍，作為擔保，始允停戰。舌戰竟日，伊、陸毫不讓步，鴻章不得已，請暫緩談停戰，先議和款。會議停止三天，到二十八日復會，鴻章將擬請停戰節略撤回，要求日方提出議和條款。伊藤答應將義和條款於第二天交閱。散會時，鴻章從春帆樓回行館途中，被日本暴徒小山豐太郎用手槍狙擊，彈中面頰，鴻章暈倒。日廷聞訊，派醫救治。消息傳出，各國輿論譁然。日本自知理屈，深恐引起非難，乃自動同意停戰。三月初五日訂停戰條約六款，奉天、直隸、山東暫停戰，（南洋各省不在內）以二十五日為限。初七日，博文、宗光面交鴻章締和條約凡十款，內容重要者為：一、承認朝鮮為獨立自主國。二、割讓奉天省內南部地方及臺灣省、澎湖。三、賠償軍費庫平銀三萬萬兩，分五期於三年內交清，未交付款按年加息百分之五。四、中國割讓地方人民准變賣田產，遷出界外，逾期不遷，即為日本人民。五、北京、沙市、湘潭、重慶、梧州、蘇州、杭州等闢為通商口岸，設領事，日人往來僑居，準日輪通航，並減轉口稅為值百抽二，其餘公私各捐全免。六、負擔佔守軍經費等。

在馬關條約春帆樓上，李鴻章與伊藤會談五次，費時一月，其間還冤冤枉枉挨了一槍，而最後訂約與當初伊藤、陸奧面交鴻章的草稿幾乎完全相同，究竟他們談些什麼呢？在這裡把伊、李二人比較重要的談話，摘錄如次，可見其大略：

伊：中堂奉派之事，責成甚大；兩國停爭，重修睦誼，所繫匪輕。中堂閱歷已久，更事甚多，所議之事甚望有成。將來彼此訂立永好和約，必能有裨兩國。

李：亞細亞洲，我中、日兩國最為隣近，且係同文，詎可尋仇？今暫時相爭，總以永好為事。如尋仇不已，則有害於華者，未必於日有益也。試觀歐洲各國，練兵雖強，不輕起釁。我中、日既在同洲，亦當效法歐洲。如我兩國使臣彼此深知此意，應力維亞洲大局，永結和好，庶我亞洲黃種之民，不為歐洲白種之民所侵蝕也。

伊：中堂之論，甚愜我心。十年前我在津時，已與中堂談及；何至今一無變更？本大臣深為抱歉！

李：維時聞貴大臣談論及此，不勝欽佩，且深佩貴大臣力為變革俗尚，以至於此。我國之事囿的習俗，未能如願以償。當時貴大臣相勸，云中國地廣人眾，變革諸政應由漸而來。今轉瞬十年，依然如故；本大臣更為抱歉！自慚心有餘，力不足而已。貴國兵將悉照西法訓練，甚精；各項政治，日新月盛；此次本大臣進京與士大夫相論，亦有深知我國必宜改變方能自立者。

伊：天道無親。貴國如願振作，皇天在上，必能扶助貴國如願以償。蓋天之待下民也，無所偏倚：要在各國自為耳。……

（按：兩國議和，不談外交，先談內政，一奇；談內政還要揭自己的底牌，壓低自己，似討好對方，二奇；至於平日最恨別人「內政干涉」的傲慢的日本民族，卻有如此濃厚的干涉友邦內政的興趣，而且在正式的外交會議中提出來，不僅稀奇，簡直是荒謬了！）

李：現在日軍並未至大沽、天津、山海關等處，何以所擬停戰條款內竟欲佔據。

伊：凡議停戰，兩國應均沾利益，華軍以停戰為有益，故我軍應據此三處為質。

李：三處華軍甚多，日軍往據，彼將何往？

伊：任往何處，兩軍惟須先定相距之界。

李：兩軍相近，易生衅端；天津衙門甚多？官又將何為？

伊：此係停戰約內之細目，不便先議；試問所開各款，可照辦否？

李：雖為細目，亦須問明；且所關甚重要，話不可不先說。

伊：請中堂仔細推敲，再行作覆。

李：天津係通商口岸，日本亦將管轄否？

伊：可暫歸日本管理。

李：日兵到津，將住何處？

伊：俟華兵退出，即住華兵營盤；如不敷住，可添蓋兵房。

李：如此，豈非久踞乎？

伊：視停戰之久暫而定。

（按：停戰談和，都是就雙方軍隊現在的地點停止進攻；或者各後退若干里，劃出緩衝地帶，防止衝突。從未聽說由某方交出若干重要據點，由對方佔領的話。日方如此無理要求，應該立即駁覆才是，我們的「中堂」卻反而問伊藤，華軍何往，以及天津衙門的官又將何為。甚至於還要關心日軍住的問題。好像原則上已經同意，只不過磋商細節一樣。可是下面卻說——）

李：所踞不久，三處何必讓出？且三處皆係險要之地：若停戰期滿，和議不成，則日軍已先據此，豈非反客為主？

伊：停戰期滿，和議已成，當即退還。

（按：這一下，倒是擊中了要害，伊藤只有答非所問了。）

李：前承貴國請余來此議和，我之來，實係誠心講和，我國家亦同此心。乃甫議停戰，貴國先要踞有三處險要之地，我為直隸總督，三處皆係直隸所轄，如此，於我臉面有關。試問伊藤大人設身處地，將何以為情？

（按：哀哀上告，其情可憫。但如此場合出此等言詞，可惱呀，可惱！」）

伊：中堂來此，兩國尚未息兵。中堂為貴國計，故議停戰，我為本國計，停戰只有如此辦法。

李：務請再想一辦法，以見貴國真心願和。

伊：我實在別無辦法。兩國相爭，各為其主。國事與交情不相涉。停戰係在用兵之時，應照停戰公例。

（按：明明違反停戰公例，卻還要大言不慚，真把「中堂」當鄉下人欺負！）

伊：中堂先議停戰，故擬此覆款；如不停戰，何妨先議和款？

李：我兩人忠心為國，亦須籌顧大局。中國素未準備與外國交爭，所招新兵未經訓練。今既到如此地步，中、日係切近隣邦，豈能如此相爭，久後必須和好。但欲和好，必須為中國預留體面地步；否則我國上下傷心，即和亦難久持。如天津、山海關係北京門戶，請貴國之兵不必往攻此處；否則，京師震動，我國難堪，本大臣亦難以為情。且此次爭端，實為朝鮮起見；今華兵業已退至奉天，貴國之兵惟尚未到直隸耳。如貴國之兵不即往攻天津、山海關直隸地面，則可不必議及停戰，專議和款。

（按：要敵軍不進攻山海關，何異與虎謀皮，讀之更令人心酸！）

伊：應請中堂將所呈停戰之款仔細商量或節略抽回不提，然後再商量和款。惟本大臣不願貴大臣已將停戰之議擱起，於議和時又復提及。

李：和款一定，戰即不議自停。

伊：貴大臣究竟幾日答覆？

李：四日後答覆。

伊：三日須覆，愈速愈妙。

（按：伊藤急不可待，情見乎辭。）

伊：……本大臣因此事所關至重，故一切國務暫由他人代辦；此地實未便久居。

李：且待貴大臣所議和款如何，倘易於遵行，和議即可速成；否則，仍須細商，需時必多，惟望恕罪！

伊：和款一事，兩國人民盼望甚殷，愈速愈妙，萬不能如平時議事延宕。且兩軍對壘，多一日則多傷生命矣。

伊：……停戰多日，期限甚促，和款應速定奪。我已準備有改定條款節略，以免彼此辯論，空過時光。……中堂見我此次節略，但有「允」、「不允」兩句話而已。

李：難道不准分辯？

伊：只管辯論，但不能減少。

（按：只有「允」與「不允」的選擇，根本就說不上「談」。伊藤一副勝利者的驕傲面孔，咄咄逼人；其實完全是怕「夜長夢多」，別國出面干涉，希望迫訂城下之盟，速戰速决而已。）

李：……賠款三萬萬兩為數甚鉅，不能擔當。

伊：減到如此，不能再減，再戰，則更鉅矣。

李：賠款如此，固不能給，更鉅更不能給，還請少減。

伊：萬難再減。……

李：不能還，則如之何？

伊：已深知貴國情形為難，故減至此數，萬難再減。

李：總請再減！

伊：無可再減。

李：第一次款交清後，餘款認息五厘，德之於法，固然如此。但中國自道、咸以來，三次償給英、法軍費，皆未加息，不過到期未還，始行認息，貴國豈能以西國之事來比。

伊：如可全還，自不計息。

李：息不能認。日本雖勝，總不能強於英、法；英、法之於中國，戰後尚未強以認息，今日認息，華人聞之必大駭異，且為數甚鉅，加息不更重乎？

（按：此類談話，散見於各次會議，李反覆要求減少，伊堅不讓步，最後僅將還款年限稍稍延長而已。）

李：再講讓地一節，歷觀泰西各國交兵，未有將已據之地全行請讓者。以德國兵威之盛，直至法國巴黎都城，後將侵地讓出，惟留兩縣之地。今約內所定奉天南部之界，欲將所據之地全得，豈非已甚，恐為泰西各國所訾笑！

伊：如論西國戰史，不但德、法戰事而已。

李：英、法亦曾佔據中國城池，但未請割寸尺土地。

（按：這一段話，可圈可點，是整個談話中最有力的一段。伊藤只有含糊過去。）

伊：彼另有意在，不能以彼此。

李：臺灣全島日兵尚未侵犯，何故強讓。

伊：此係彼此定約商議之事，不論兵力到否。

李：我不肯讓，又將如何？

伊：如所讓之地必須兵力所到之地，我兵若深入山東各省，將如之何？

李：此事日本新創辦法。兵力所已到者，西國從未全據；日本如此豈不貽誚西國？

伊：中國吉林、黑龍江一帶，何以讓與俄國？

李：此非因戰而讓者。

伊：臺灣亦然，此理更說得過去。

李：中國前讓與俄之地實係甌脫，荒寒實甚，人烟稀少；臺灣則已立行省，人烟稠密，不能比也。

伊：尺土皆王家之地，無分荒涼與繁盛。

李：臺地瘴氣甚大，前日兵在臺傷亡甚多；所以臺民大都吸食鴉片烟，以避瘴氣。

伊：但看我日後據臺，必禁鴉片。

李：臺民吸烟，由來久矣。

伊：鴉片未出，臺灣有居民；日本鴉片進口，禁令甚嚴，故無吸烟之人。

李：至為佩服！

李：我接臺灣巡撫來電，聞將讓臺灣，臺民鼓噪，誓不肯為日民

伊：聽彼鼓噪，我自有法。

李：此話並非恫嚇，乃好意直言相告。

伊：我亦聞此事。

李：臺民戕官聚眾常事，他日不可怪我。

伊：中國一將治權讓出，即是日本政府之責。

李：不得不聲明在先。

伊：中國政府只將官調回，兵撤回而已。

（按：日本欲掠奪臺灣，蓄意已久，現在戰勝提出，志在必得，自非逞口舌之能可以使其打消。不

過使於四方，折衝樽俎，所貴的是洞明敵我情形，作最有利的爭取。明知事不可免，亦只能據理力爭；絕不可說於事無補的廢話。今一則曰：臺民吸食鴉片，再則曰：臺民戕官聚眾常事。欲以此等微末問題，來嚇阻其慾逐逐的日本，直似頑童相互嬉戲時「別進去，裡面有鬼！」的聲口，那裡有半點「特命全權大臣」的身份。）

伊藤利在速決，對鴻章一再支吾，已感不耐，為求迅速解決，乃約請李經方至其寓所談話，以大軍進攻為威脅，鴻章不得已，向總理衙門請示，總署也不能堅持，傳旨允許，乃於三月二十三日互簽約稿，並約定在烟臺互換正約。這就是著名的「中日馬關條約」。全約共十一款，其內容與三月初七日伊藤交鴻章之締和條大致相同，僅賠款減為二萬萬兩，期限延長為七年。通商口岸改為沙市、重慶、蘇州、杭州等四處而已。

馬關條約訂立後，俄、法、德三國忽出面干涉，以維護遠東為理由，強迫日本退還遼東半島。此事實由俄國主動，因當時俄國正趕修西伯利亞鐵路，對東北及朝鮮垂涎已久，眼看日本勢力伸入大陸，實不甘心；法國正在經營安南，對日本的強盛也有顧忌；法、俄本屬同盟國，所以聯合行動；德法雖為世仇，為了示好於俄，不得不參加干涉之列。日本經過召開御前會議慎重考慮，最初決定把遼東問題付列國公議，但陸奧宗光認為不妥，因為一方面恐怕多費時日，徒然增加時局的困難，更怕各國基於自我利益的立場，橫生枝節，擴大公議範圍，把馬關條約破壞，到手利益，付諸流水。乃接受三國的勸告和主張，由中國賠償日本三千萬兩贖回遼東。由李鴻章與日使林薰於九月二十三日訂立中日遼南條約六款，十月日本撤兵，交還遼東半島，中日戰爭乃告終結。然而臺灣、澎湖卻因馬關條約割讓日本，先後歷五十年，直至民國三十四年我國抗戰勝利，才復歸祖國懷抱！

七十餘年前，李鴻章在清廷積弱，戰事失利的情況下，銜命赴日談和，當時中國既沒有力量抵抗日本的侵略，被迫割地賠款，實在是無法避免的事實，不能歸咎於李鴻章交涉不力。值得檢討的事，未能把握住伊藤畏懼外國干涉，希望速決的心情，在國際方面設法運用，是一大失策。這一切從伊藤談話中既可以體會出來；同時三國干涉退還遼東半島也可作一證明。

十九、陸徵祥述簽訂辱國二十一條條約痛史

民國三年冬，第一次世界大戰方在酷烈進行之際，日本駐華公使日置益，於是年十一月上旬突然奉召返回東京，與日外相加藤作密議，將對我國採取激烈外交行動。日置益於返國前夕，在北京曾入見袁世凱總統辭行，並說：「總統在敝國友好甚多，可否由我代為問候？」袁總統當時欣然托他返國後代候各友好，並盼他早日返任。殊不料日置益回國一月，於十二月中旬由日本返抵北京時，竟帶來了日方的廿一條件，我國近代外交上的一頁痛史，於焉開始！

日本當時所以敢公然向我國提出二十一條，是想乘歐戰方酣，英、法、俄、德諸國無暇東顧之際，在混水摸魚中，脅迫北洋政府，許日本在中國享有政治及經濟的種種特權。因為日本於清末民初那年，對我國所處心積慮以謀的，在攫取東三省與蒙古，然因當時俄國人在旁妬視，時予制肘，終未能逞其野心。迨日俄交戰後，日本大勝，不但奪得了中東、南滿鐵路權，又覇取旅順、大連兩港。雖然如此，而日本意猶未足，因為鐵路與海港，皆屬租借性質，而且租期不長，日本則一心一意圖長歸己有。其次，我國山東半島遙對日本三島，在第一次世界大戰前，德國曾圖山東，日本又乘德國戰敗之機，要繼承德國在山東的一切權利。再其次，福建與臺灣一水之隔，日本為謀鞏固對臺灣的統治，立意要排除他國在

福建的勢力，漢冶萍煤礦公司居我國之中心，列強對之無不垂涎，日本在漢冶萍原已有投資，當時又想進一步的由日本總攬該公司大權。

總之，在第一次世界大戰中，因參戰各國都自顧不暇，積弱的中國，可謂已成為沒有褓姆的嬰兒。日本抓住機會想來單獨作中國的「保人」，以中國作其保護國，於是便提出了這個二十一條的要求。

且說日駐華公使日置益，於民國三年十二月杪，返北京後，遲致民國四年一月十八日，始晉見袁世凱總統，照例先說些寒喧語，隨即謂：「奉敝國政府命令，有一文書上呈。」袁氏是精於外交門檻的，早知其中必有蹊蹺，豈肯上當？立即答道：「貴國如有文書，請依照外交慣例，先送達外交部，外交部事，本人不能直接干涉。」日置益見袁氏如是作答，卻轉言道：「明天便遞送外交部，現在呈上總統，不過願總統先翻閱一下。」袁氏乃推辭道：「這是外交部的事啊！」此時該項文書已經放在袁氏桌上，袁氏雖未正式接受，但亦沒有硬要日使帶回，免得過傷面子。

日置益匆匆告辭後，袁氏翻開文書一看，乃是駭人聽聞的二十一條要求，為之大驚失色。是日午後四時，袁氏即打電話召我（陸徵祥自稱，下仿此）入公府，說有要事要面談（我那時剛從端士返國，尚下榻於迎賓館）。我走進總統府時，傳達人員迎着道：「請少待，因徐世昌剛才進府去哩。」世昌那時本在青島，大約他已風聞日使返任，帶有文書，特星夜趕回北京謁袁，立即入府請見。不料傳達人員走進去向袁氏報告我已入府，袁氏便立刻送走徐世昌（袁、徐二人為同學好友），隨即請我入內，剛一坐下，袁總統便問道：「你已聞悉日使所遞的二十一條嗎？」我答道：「還不知道哩！」袁氏愁眉深鎖的隨手取出了那份文書，先教我讀一遍，我一面看文書，袁氏卻一面說道：「你今晚便召集孫寶琦（外交總長），曹汝霖（外交次長），梁士詒（交通總長）舉行一次密議，商討對策吧！」我攏回文書，那敢怠慢，向袁氏辭別返寓所後，馬上打電話給孫、曹、梁三位，告知因總統有命，須討論要事，請於晚飯後趕來賓館面談。

孫、曹、梁三位到齊後，我們即舉行秘密會議，由孫寶琦任主席，先由我說明召集此會的原因，我說完，便請孫總長發表意見。孫氏即席發言道：「日本公使還會到外交部遞送文書，不過他已先和曹次長討論過幾個鐘頭。本人認為，日本這次是找到了一個天造地設的好機會了，如今歐戰正打得厲害，各國自顧不暇，我們國內各黨派又鬧得亂烘烘的，全國又不能擁護中央政府，這次日方來勢兇猛，居然向大總統直接遞送要求書，藐視我國已達極點，我看他必定會用武力來逼我們的！」

孫寶琦發言，我繼請各人表示態度，對這問題究竟怎樣答覆，大家談來談去，議論良久，都認為只有兩條路可走：一是立刻接受；另一開會與日方舉行談判作討價還價。至於拒絕接受那條路，卻是走不通的。此時孫寶琦忽又發言道：「按我私人意見，問題已沒有談判的餘地，只有接受。」外次曹汝霖亦附和孫氏意思，主張接受。梁士詒則持反對態度，以沉重的聲調說道：「不談就接受，在外交上沒有這種成例，我們應與日本開會討論，至於能討論到什麼地步，以後再看。」最後我表示梁士詒所見極是，應該談判，所以是夕之會，四個人中有兩個主張談判，兩個主張不談判。

次日孫寶琦進總統府向袁氏報告昨日會議結果，袁氏聽罷卻向孫道：「很好，讓我再考慮一下，再作最後決定。」孫氏辭出不久，袁總統又用電話召我進府面議，我入府後，袁氏即對我道：「剛才孫總長來過，我已經慎重考慮，也主張和日方談判，並且希望你能出任主席，主持這一談判才行。」我答道：「這件事太為難，我的精力又不足，總統最好另行選擇適當人選。」袁氏道：「精力不足，無關重要，你儘可在會議席上睡覺，我可以告訴曹處長，在開會時遇你睡覺，預告日使不必見怪，因陸先生精力素弱，不休息不行，其餘由我本人幫你的忙，你放心去談判好了。」我見袁氏如此推誠相託，只得答允出任主席，略談片刻始行辭出。

孫寶琦是日再往見袁氏請示時，袁即表示自己亦主張與日方談判。當夜孫寶琦即上辭呈，並向袁氏推我繼任外交總長。

日本公使日置益，獲悉孫寶琦辭職消息，頗感不安，並往總統府向袁氏提出口頭抗議。日使表示：「敝國剛遞要求書，中國便換外長，分明是無誠意，日本政府不能承此種舉動。」袁氏卻答得更妙，他說：「貴公使的看法適得其反，中國換外長，正是表示誠心，新任外長陸徵祥，作事素有耐心，必能一心一意與貴國談判，如不相信，請你去問問別國公使吧。」

日置益出府，果然往詢駐北京使團領袖英國公使朱爾典，英使的答覆，確如袁氏所說。日置益只得電告東京，謂中國換外長，實為好意的表示，此舉總算未引起麻煩。

我匆匆接任外長後，越一日，日置益即來訪，彼此對話如下：

日使道：「久聞總長大名，知道總長為著名的外交家，這次能與總長開會討論，深感榮幸。」

我答道：「本人並無長處，只是政府有命，不得不遵。我想問問貴公使願意何時開始舉行討論，請當面定下日期如何？」

日使道：「我看還是由總長定期好了。」

我答道：「貴公使既奉有政府命令，大約以早開談判為好，那麼明天就開始吧！」

日使道：「可否容許我提出一點意見？」

我答道：「凡是意見都可以提出的。」

日使道：「談判必須每天開會，星期日也要照樣開，以趕快解決為原則。」

我答道：「每天開會，我無異議，但星期天也要開，外交習慣上無此成例，似可不必。再者，雖然每天開會，但我身為外長，不能打消別國使節的會談，我每天上午必得騰出時間，接見賓客，會議只能在每天下午舉行了。」

日使道：「可以。」

我答道：「每天規定午後五時起開會。」

日使道：「那太晚了，最好下午兩點鐘開始，夜間必須也繼續開下去。」

我答道：「兩點鐘開始不成問題，但夜間繼續開會，我的精力不足，一星期後我必須辭職了。」

這次對話到此為止，並與日置益約定二月二日雙方開始舉行會談。

二月二日下午三時，在外交部開第一次會議，我方出席人員為：我與曹汝霖次長，施履本秘書。日方出席人員為：公使日置益，參贊小幡西吉，高尾亨。開會後，日置益居然大言不慚的說道：「敝國政府向貴國提出二十一條，用意為敦睦中日兩國的親善。」

我此時即發言道：「貴公使所說，我很瞭解，貴國政府所持親善主義，本總長極表贊同，但以我個人的意見來作研究或觀察，此種條件，無論貴國是否因歐戰，或因國內總選而向敝國提出，在本總長不能無所感觸！親善一語，本總長素所主張，且極希望，我在歐洲二十多年，早認為中日兩國，實為遠東兄弟之邦，我國內政等事，俱思仿效，故親善二字，在我國政府及國民實無不贊同，處處可講親善，事事可講親善，不必於此時提出條件，不得謂之親善。且條件之中，有懸案，有新案，如懸而未解之案，貴我兩國為鄰近之邦，無論何時皆可商辦。當貴國伊其公使駐華時代，所有長崎至上海底電線問題，及南滿鐵路通過敝國國境三分減一納稅問題，本總長過去悉本親善之意，與之解決。而本人前在國務總理任內，曾聘請貴國有何博士為顧問，交通部亦聘請平井博士為顧問。若細加研究，在貴國政府，實無不可以達到目的，在中國政府亦未過於拒絕，隨時均可商辦，初非待提出許多條件，始得達到貴公使所說的親善之目的也。」

按日本當時給日置益的訓令，重在從速討論，每日開會逐號商議；我則主張逐條討論，一星期只開會兩次（二十一條共分五號，詳下文）。拆穿來說，日方當時意圖速談速決，免得夜長夢多，徒生國際枝節；我方則希望遷延時日，在會外尋求轉機。因此，在首次會議中，雙方即爭持不下，我提出第一號第一條修正案，堅持要加以討論，日使請中國政府對全部要求立即發表意見。

至此，我卻說道：「關於第一條的討論，貴公使如果同意，再逐次討論下條，否則一條未了，又提一條，或因次條意見不合，牽及前條，反於進行有礙。」

日使道：「我主張按號條先詢問貴國之意見，然後再行逐條商議。」

我答道：「此點應請貴公使原諒，本總長於一月廿八日到任，廿九日回拜外交團，卅日始行視事，時間如此匆迫，對於二十一條內容未能詳加研究。如可再緩一星期，待我全部研究後再行奉告，可否緩至下星期二再開會？」

日使道：「此事之內容，貴總長早已研究過，本人奉政府訓令，須每日開會，惟貴總長到任未久，亦是實在情形，仍盼閣下從速研究，俾能加速進行。」

日使又道：「今天午後三點鐘起至六點鐘止，耗去了整整三小時，毫未談出什麼結果，本案何時了結，殊難懸揣。貴總長如欲對文書內容詳細加以研究，可否於迅速研究後，决定每日開會。至於開會何時開，則由貴總長自定可也。」

我答道：「每日開會並不反對，但外交部每逢星期三為接見期，外賓紛雜，每日會議，事實上難於照辦。且本人精力不足，惟望原諒。」第一次會議，就此結束。

第一次會議後，我國政府又採用了兩種轉圜手段，第一、派日人有賀長雄赴日本，遊說於元老間。第二、透露消息與中外報界，因為日本元老素不主張武力侵華，國際輿論或亦可使日本政府稍存畏忌，同時我個人已經決意和日置益在會場上咬文嚼字，寸土必爭。

查二十一條共分五號：第一號——要求承認德國人在山東權利由日方繼承。第二號——要求在南滿、東蒙享有優越地位。第三號——要求合辦漢冶萍公司。第四號——要求中國沿岸港灣和島嶼不讓與他國。第五號——要求作中國內政與警察軍事之顧問，並要求在福建投資。

當時袁世凱總統於接到日使這份要求文書後，曾苦心研究，逐條親批討論的辦法，至二月五日開第二次會議時，我在議席上即發表了對二十一條意見，以第一、二號可以討論，以第三、四、五號無法談判。嗣因日使一再催促，乃於二月九日我方又提出第一、二、三、四號修正案，對於第五號則堅持「礙難商議」。而日方則志在必得，決不放鬆半步。

雙方雖不斷會談，但一直延至三月八日仍無結果。日置益遂於是日往見曹汝霖次長，帶着恫嚇的聲明道：「會議遷延，使日本國軍民，勢難再忍耐，若於數日內對於重要各條無滿意之承認，恐生不測之事！」等語，但彼時我方派赴日本遊說之有賀長雄，正奔走於元老之間，日本內閣之兇燄似已稍戢，事態持續到四月廿六日，日置益提出了日方最後條正案廿四條，務請我方同意。同時日本於山東、奉天增兵，在渤海沿岸亦派軍艦游弋，關東宣佈戒嚴，日僑準備撤退，一時空氣緊張，人心惶惶。我方在此最後關頭，亦於五月一日提出了一項最後修正案，靜待日方答覆。不料到了五月七日，日置益終於向外交部遞送最後通諜，內容如下：

「帝國政府因鑒於中國政府如此之態度，雖深惜幾無繼續協商之餘地，然後眷眷於維持極東和平之局面，務冀圓滿結此交涉，以避時局之糾紛。於忍無可忍之中，更酌量鄰邦政府之情意，將帝國政府前次提出之修正案中之第五號各項，除關於福建省互換公文一事，業經兩國政府代表協定外，其他五項可承認與此交涉脫離，日後另行協商。因此中國政府亦應諒帝國政府之誼，將其他各項，即第一號、第二號、第三號、第四號之各項，及至第五項關於福建省公文互換之件，照四月二十六日提出之修正案所記載者，不加以任何之更改，速行應諾。帝國政府茲再重行勸告，期望中國政府至五月九日午後六時為止，為滿足之答覆，如到期不受到滿足之答覆，則帝國政府將執行認為必要之手段，合併聲明。……（下略）」

翌日，袁世凱召集會議，副總統、國務卿、左右丞、參謀總長、各部總長、各院院長、參政院長、參政、外交次長、府秘書長、院秘書長等皆列席。會前，英駐華公使朱爾典曾來訪我，勸我最好接受日本之要求，以避免危機，日後整軍修政，埋頭十年，可與日本一算舊帳，我往列席袁總統所召集之會議時，特將英使朱爾典之言面告袁氏，袁氏聆悉後，顯得萬分痛苦，並沉痛地說道：「今日只有忍受奇恥，接受日本要求，誓與國人羣策羣力，不做亡國之民。」

事已至此，外交部乃連夜準備覆文，然以第五號福建一條中「日後另行協商」一句，我方曾與日使館參贊小幡西吉在電話中爭論良久，直到晚上九時還無結果。日本最後通牒之時間已過，日使館則再三再四催送覆文。最後我只得說道：「此次交涉全由我負責，事到如今亦無善法，將來『協商』與否，全視日後之情形，現姑照原文添入，以免另生枝節吧！」我說完這番話，遂往總統府報袁氏，乃定議。

該項覆文，由外交總長、次長、秘書長，送交日本公使。那時已是五月九日午後十一點了。簽罷條約後，五月廿六日參議院開會，由我出席報告這次和日本交涉經過，該報告上段已失去原文，最後一段則謂：

「我政府對此交涉，歷時三月有餘，正式會議凡廿五次，始終尊重鄰邦之意，委曲求全，冀達和平解決之目的，不特我國民所共知，即各友邦亦莫不共諒。惜日本或藉詞要挾，或托故增兵，終為武裝之談判，至不能達此目的，……迨一經決戰，我國必難倖勝，戰後之損失，恐較之現在所要求重加倍屣，而大局糜爛，生靈塗炭，更有不堪設想者。在京友邦駐使，亦多來婉勸，既與中國主權內政無損，不可過為堅執，政府反覆討論，不得不內顧國勢，外察輿情，熟審利害，以為趨避。……」

我在參議院報告後之次日，又往見袁總統，袁氏說道：「陸先生，你累了，可是這事結果很好。」我答道：「精神倒還支持得住，不過我簽字即是簽了我的死案。」袁氏道：「不會的。」我又說道：「三四年後，一輩青年不明白如今的苦衷，只說我陸徵祥簽了喪權辱國的條約，我們要吃他的肉。」袁氏此時也只有報以苦笑，並問我道：「這事在外交上有何補救辦法？」我答道：「只有參戰，到和會時再提出，請各國修改，不過日本能否阻擋，現在尚不可知！」袁氏說：「這句話如今還不可說啊！」

二十、記徐樹錚生平

民國十四年冬，馮玉祥戕徐樹錚於廊坊，經過情形，其公子道鄰已有「廊坊事變紀實」發表，言之詳矣。按樹錚字又錚，江蘇肅縣人，文武兼資，才氣蓋世，幼承段合肥特達之知，保送日本士官學校畢業，故始終追隨合肥，以師事之。樹錚謀斷兼擅，有諸葛之目，下筆萬言，倚馬可待，對政治軍事，尤能高瞻遠矚，合肥亦深倚畀之。袁世凱帝制將傾時，嘗任合肥為國務卿，袁欲用其機要秘書王式通為院秘書長，用以監視合肥，但合肥必欲用樹錚為秘書長，使張國淦請示於袁，袁忽作色曰：「噫！是何言？軍人內閣，軍人秘書長，文人椅子，盡任跨東洋刀人占去矣。」顧袁是時已日暮途窮，頗思用合肥收拾殘局，殊不欲過拂合肥意，因語張曰：「爾為我轉語芝泉，徐樹錚乃軍事人才，命其回陸軍次長任可矣。」張婉告合肥，謂：「總統思以徐樹錚任陸軍次長。」一語未畢，合肥忽擲其烟斗於地，憤然曰：「事至今日，此等小事猶不放鬆耶？」此為合肥第一次欲用樹錚為院秘書長所遭受之挫折。

袁氏既殂，黎元洪繼任大總統，合肥任國務總理，黎以張國淦為農商總長兼府秘書長，合肥又欲以樹錚為院秘書長，仍使張請示於黎，黎亦畏樹錚，囑張轉達合肥：「總理提出任何事，我皆能依，惟此一事，斷斷難行。」張不欲觸合肥怒，乃轉懇徐世昌向黎疏通，俾免府院發生齟齬。徐往謁黎，語及此事，黎仍有難色，徐曰：「公畏又錚跋扈乎？然芝泉已夠跋扈矣，多一跋扈何害？吾以為任何事可不依芝泉，惟此一事，則不能不依。」黎從其言，於五年六月間明令任樹錚為院秘書長。顧樹錚恃才傲物，確屬事實。照例外省疆吏任免，由院會決定後，擬具命令，送呈總統蓋印發表。一日，樹錚送公文入府請黎蓋印，中有任命福建三廳長事，黎偶詢此三人履歷，樹錚遽謂：「總統何必多問，我事冗，請速用印。」黎聞語大惱，語張國淦曰：「彼輩眼中安有我耶？」張知府院必有爭執，殊不欲居間負過，因向黎力辭府秘書長職，由山東參議員丁世嶧繼任。

丁世嶧性情，不若張國淦柔和，就職後，即與樹錚形成對壘敵人，丁主張大總統得出席閣議，發表意見，對國務得自由行使職權，倘用人不當，得拒絕蓋印，此皆為削弱合肥權力而壓抑樹錚氣燄也。然樹錚跋扈如故。照例院秘書長在國務會議席上無發言權。一日，樹錚忽提議四省會剿李烈鈞，內務總長孫洪伊極力反對，樹錚不待閣議通過，竟將會剿電發出。孫氣極擬辭職，丁世嶧亦欲辭職，但均未實現。未幾，又因國務院組織法案，孫拒絕副署，合肥怒甚，即擬就內務總長免職令，請大總統蓋印，黎拒之，曰：「不合法命令我不能蓋印。」樹錚入府催促，無結果，樹錚語黎曰：「總統不免孫職，即免我職可也。」黎不理，合肥遂請病假。旋經多人調停，勸孫自動辭職，出洋游歷，孫又表示願免職，決不辭職。同時國會諸輔成等又提彈劾樹錚。遂致府院意見，愈演愈惡，由孫、徐進退問題，擴展為黎段進退問題，是即當時傳播中外之府院爭潮。後經徐世昌入京調解，以孫、徐同時免職，結束此案。

樹錚雖免職，但仍居合肥幕後，策劃一切，如對德絕交，對德宣戰，樹錚皆躬與其役。合肥因中國參戰，不能無兵，遂於民六年成立模範軍，以樹錚主持其事，並與日本成立西原借款，所有槍械，皆由日本供給。迨民國七年，直皖兩系，因討伐西南問題，漸露裂痕。奉軍忽以聲討馮玉祥為名，開入津京一帶，於軍糧城設奉軍司令都，以樹錚為副司令。時為直系秘密奔走反段者為陸建章，樹錚恨之，於六月十五日，誘殺於天津。十六日政府曾發表一命令云：「陸建章在魯、皖、陝、運動土匪，意圖擾亂，近復在津與亂黨勾結，現經奉軍捕獲正法，應予褫奪官勳，以昭炯戒。」此即樹錚召禍之始因。合肥以陸與馮玉祥為舅甥之親，時馮正尾大不掉，恐因此構怨，乃賻陸家屬五千元。並以馮方攻下常德為由，開復其原官，逾數日，又授以勳四位。但馮口不談此事。直至民十四樹錚經過廊坊時，始戕害之。

樹錚經營西北邊防，確具遠見，民八年六月間北政府派其為籌邊使兼西北邊防總司令，常乘汽車出入北京庫倫之間，道阻且長，車中惟置《漢書》一部，沿途誦讀不輟。是年十一月外蒙取消自治，實樹錚之功，故合肥又畀以督辦外蒙善後事宜頭銜，樹錚即設立殖邊銀行，創辦墾牧公司，並調褚其祥，高在田二旅駐外蒙。惜因庫倫為俄兵佔駐，一切兵防計劃，俱成泡影，樹錚詩文俱佳，文工駢體，極典麗矞皇之致，詩有唐人韻味，如「萬馬無聲秋塞月，一燈有味夜窗書。」「美人顏色千絲髮，大將功名萬馬蹄。」等語，皆為人傳誦。十四年三月國父逝世，樹錚輓云：「百年之政，孰若民先，曷居乎一言而興，一言而喪；十稔以還，使無公在，正不知幾人稱帝，幾人稱王。」尤膾炙人口。遇害時，年僅四十有六，殊可哀已！

二十一、徐樹錚的大膽

徐樹錚才識寬宏有膽量。民國六年奉軍入關，張作霖任總司令，樹錚任副司令，原屬合作，後因事齟齬，樹錚竟欲以殺陸建章之策而殺作霖，白之段祺瑞，段力斥其非。一日作霖至團河謁段，樹錚適在座，段恐樹靜妄為，於作霖去時，親送至門外，而以右手背後頻頻搖擺，以示「不可」，始未致肇禍。時作霖勢傾朝野，無人敢攖其鋒，樹錚獨欲殺之，膽可謂巨矣！此一事也。

民國九年夏直皖戰爭發生後，曹（錕）吳（佩孚）咸欲得樹錚而甘心。及皖系兵敗，直軍逼近都城，是晨樹錚猶衣白夏布長衫，乘敞蓬汽車，出宣武門至其主持之殖邊銀行，提取現款，飯赴琉璃廠舊書店，償還欠賬。時都中均知皖軍已敗，直軍瞬將入城，店主見樹錚猶從容若無其事，頗為驚愕！頻謂：「此小事，何勞督辦大駕。」樹錚笑謂：「此刻不來還，將成倒賬矣。」迨其由琉璃廠轉至東交民巷時，直軍已躡其後矣。其膽大如此，此又一事也。

迄民國十四年冬，樹錚在廊坊遇害，亦實其膽大之過。蓋是日段祺瑞及都中友人，以馮玉祥駐兵廊坊，恐遭暗算，均勸其化裝乘小汽車赴津，樹錚不聽，猶掛專車，張揚其行，卒至殞身。

二十二、北洋軍閥笑話

民國初年，北洋軍閥壟斷了政權，他們頭腦既胡塗，又復任意妄為，故常把政制官職，弄成一團糟，笑話百出。現回顧一下他們當日胡鬧的情形，真是要令人忍俊不住的。試述兩事於下，以博一粲。

民初的副總統，常有兼任地方軍政首長職務的，像黎元洪以副總統兼任湖北督軍，馮國璋以副總統兼任江蘇督軍，這是大家都知道的。可是，副總統不特兼任地方軍政首長，且又再兼任中央軍事機構首長，甚至又再兼任立法機關首長的，這不是滑天下之大稽嗎？但是事實確是如此，並非故意杜撰的！話說當民元清室退位唐紹儀組織內閣時，民黨曾要求以陸軍總長俾予黃興，但袁世凱認為這一席非用自己的心腹不可，只允予黃興以有名無實的參謀總長位置，黃氏不願就任，袁氏為敷衍各方計，力言以參謀總長一席給予南方，擬請徐紹楨出任此缺，無奈徐氏亦表不幹。袁氏遂以之予黎元洪，黎元洪因此，遂以湖北督軍（駐在武昌）遙領副總統和參謀總長兩職，一方面在武昌成立了「中華民國副總統府」，一方面在北京由參謀次長陳宧代行總長職權。民二，黎氏被逼入京，辭去了湖北督軍，仍以副總統兼任參謀總長，但仍不理參謀部事情。民三，袁世凱改訂新約法，毀了國會，設立所謂

「參政院」代行立法職權，特任黎元洪為院長。這樣，黎元洪又以副總統兼參謀總長，且兼任參政院長了！

副總統的設置，本是準備當總統不能行使職權時由他來代理，地位是很崇高的，如要他兼任地方軍政首長或軍事機構首長，經已是不倫不類了，如再以他兼任立法機構首長，即不啻以最高元首來兼任立法機構首長，這不是天大的笑話嗎？（奇怪得很！袁世凱稱帝時，封黎元洪為「武義親王」，黎氏便辭去參謀總長和參政院長，袁氏當時擬用調虎離山計來擺佈馮國璋，調他為參謀總長，馮氏沒有上當，稱病不入京，於是他也像黎元洪一樣，在南京遙領參謀總長。後來黎元洪繼袁氏為總統時，馮氏又以江蘇督軍遙領副總統。前後如出一轍，真是太巧合了！）

更可笑的是，馮國璋於辛亥革命時，曾由袁世凱調他為禁衛軍（清皇族內閣時所訓練，初時名義上由載灃統率，實際上由載濤管轄）總統官，這支軍隊的節制權，於是永遠落在馮國璋手上，甚至他做了總統，做了總統而又下了野的時候，也是一樣！為什麼會這樣呢？其中當然是大有原因的！原來清室當日的禁衛軍，所定軍餉是特別優厚的，普通軍隊每師年餉約一百三十萬左右，禁衛軍卻每師二百萬，這支軍隊共有一師一旅，每年軍餉共三百萬，但實際支出的軍餉是和普通相同，故每年多出了一百萬以上，都是入了統帥的腰包裡去的。這支軍隊入了民國後仍歸馮國璋指揮，民二贛寧之役，馮氏率領着它到南京來，名稱仍為禁衛軍！待遇亦仍舊！直到民國六年，馮國璋繼黎元洪為總統了，才把它擴編為陸軍第十五（師長劉詢），第十六（師長王廷楨）兩師，軍餉比例照舊，且增加餉銀每年六十萬元，即共三百六十萬元，且仍由馮氏直接節制，他特地在總統府軍事處設立了糧餉局。到了七年十月，馮氏下野，該兩師名義雖歸陸軍部直轄，但軍餉仍由馮氏轉發，直到了八年十月，陸軍部才下令要撤銷馮氏這種特權。馮國璋聽了，很是生氣，他特地從天津跑到北京，向徐世昌交涉，要爭回該兩師的管轄權，徐氏也聽從了他的話，下令陸軍部：「十五，十六兩師，仍歸馮前總統節制」。總統親自管轄兩師軍隊，固已是奇聞；下了野的總統，仍是這樣，不是奇之又奇嗎！無他，因為每年有百萬以上的外快罷了！

二十三、軍閥時代的嫖賭

武人好賭，在民國七、八年的一時期，稱之為軍閥時代，賭風頗盛。其實不僅是軍閥好賭，即那班文官，亦以賭為生。因賭而生活不定，今日腰纏百萬，明日可以囊無一文，又越數日，則依然是面團團作富翁了。於是作奸犯科，蕩檢越閑，亦由是而發生。

賭有賭品，賭品有好，也有壞。賭品好的，不過無事喧譁，鎮靜如常而已。當時的文官中，據說：王克敏最鎮定，雖輸至數十萬，而口中所啣的雪茄烟，烟灰長至寸餘而不墜。若張岱杉即差了一級了，若輸在二十萬以內，洋洋如平時，若至三十萬，就要頻頻的皺眉頭了。但他們文官，賭輸了有辦法，他們常駐京內，可以劃賬，也許今日雖輸，明日便贏回來了。而那些武人都是外官，如各省督軍之類，留京不過十天八天，輸了就是「直腳輸」了。

試以賭品而言，這些武人，贏了就是大笑大樂，輸了便是使性罵人，有的贏了笑納，輸了掛賬。有一次，張作霖攤牌九，拿到了一張長二，一張二四，那個副官，給他掀沒了長二下面的一點，喊了一聲：「至尊！統吃！」便把臺面上的籌碼，擄回來了。張勳有一次也來賭了，他命馬弁們，先掮了幾個「釘包」進來（大概每一釘包是現銀一千元），說：「這是咱們大帥的賭本。」試問誰贏了，拿了他的釘包回去呢？他們每賭局必召妓女，張宗昌最惡劣，輸急了，便拉了一個雛妓去「開苞」，他們有這個迷信，事後，贏了，便賞給她們一、二千塊錢，不算稀步，不過有的督軍，本來進京向財政部領餉的，也被他們勾引入了賭局，將餉銀全部輸光，欲歸不得。有的故意輸錢給大軍閥，一面串通他的副官，為了說項，說：「某人輸得很慘，給他一個差使，調劑他一下吧」。

大家玩得高興了，什麼問題好解決，大而至於國家大事，政治上的陰謀鬪爭，無不可相商，此外，賣官鬻爵呀，苞苴授呀，都可在這個時候成交。因此；娼妓成了狡黠者利用為勾結官府的橋樑。

這裡是新聞記者的消息供給站，也是國際間諜的情報搜集所。那些腐化的軍閥官僚們，從來就不知道政治上還有「保密」這個名辭，說起來真令人可哂可恨！

比如「狗肉將軍」張宗昌，就是首屈一指的闊嫖客，他在窰子裡是出盡了風頭，凡是一個妓女見到他的面，他就賞給五十，一百元的盤子錢，滿不在乎，這樣一次的開銷，豈止「窮人半載糧」；恐怕一連至一營的官兵關一次餉都綽有餘裕了。

假如他看中了某一個妓女，就會脫口而出的說：「給咱作姨太太吧」。得了，這妓女就可以另租房子，掛起張公館的牌子來，按月向軍需處領開支。可是張宗昌自己早已忘了這回事，又玩別的妓女去了，所以張宗昌有三不知：「不知錢有多少，軍隊有多少，老婆有多少」之稱號！

張宗昌不過是一個例，軍閥官僚們的生活糜爛，彼此都是差不多的。

民國十六年正是張作霖在北京做大元帥的時候，北京憲兵司令王琦和另外幾個大官員們在石頭胡同的時花館妓院裡打牌，查窰子的大令——即稽查官兵所持的「××司令部或××督察處」那塊長布招——來了，當時副官馬弁們都離開了，所以沒有人上來打招呼，這些稽查老爺們，拿着一枝「大令」，往屋子裡直衝，走進王司令那個房子，大官們看見當然不加睬理。可是稽查不懂風色，還是問他們這幾個人的姓甚，名誰？幹甚麼的？在座的又好笑又好氣，可是又故意不理，稽查還不識相，再問：「你們這些人連話都不會講嗎？」在座的還是一心打牌，這樣一來，帶隊官便發了火，罵道：「肏你奶奶的，難道你們都是啞巴！」當時四圍坐的全是陪侍的妓女，這一下不是大掃司令官的臉子們！這樣目無長官那還了得，王司令也忍不住了，拔出手槍對着那個帶隊的稽查，「拍」的一聲就打死了，其餘的稽查兵正要動手，王司令的副官衛士們一齊趕到，一陣亂槍，把這個「時花館」打得鬼哭神號。王琦在這時間馬上搖個電話到司令部，調了一營人趕來，把八大胡同團團包圍，將所有在胡同裡執行職務的稽查官兵一一拘捕起來。

二十四、曹錕做總統笑史

民國十二年，曹錕賄賂舊國會議員，選為總統，於是年十月入京就職。曹本行伍出身，不甚識字，於各國政治制度，更非所悉。就職後，各國駐京使節，倒須覲賀。外交部預將各國國體及公使名片，按次呈曹閱過，是日置曹座前，囑其見第幾人，應問總統安好，見第幾人，應問君主安好，曹默誌之。詎臨時為侍衛顛倒誤置。曹不知也。及公使趨前握手時，曹仍照名片次序問好，於是大為錯亂，見君主國公使而問總統好，見民主國公使而問君主好，一時傳為笑談。又曹前任直魯豫巡閱使時，其公文俱幕僚代為處理，曹初不核閱，及為總統，有許多重要公文，必須呈閱判行，曹甚引為苦，一日，有其舊友笑問總統風味何如？曹曰：「味兒到不錯，只是天天瞧字，太討厭」！此真所謂沐猴而冠者也。又曹有孌倖李彥青，年輕貌美，曹甚寵之，每夕必彥青為之洗腳，否則不能入睡，彥青亦常傳粉綉鞋，為曹服役，以是人謂曹與彥青，實有斷袖之好，並謂曹之第三妾，亦與彥青有染。是則爾愛其艾豭，彼愛爾婁豬矣。軍閥自作孽，遂遺此笑柄。

二十五、曹錕劫車索印

中國人，也許因為幾千年來都在帝皇統治底下，深信帝皇的玉璽真的就是傳國之寶，得了它便是「受命於天」，既保有之後就不應輕易授人的。這種怪有趣的觀念，到了民國初年仍然存在。民國當然沒有皇帝和玉璽了，但有些人還認為大總統的印信也具有和玉璽的作用一般，以為誰保有了一個總統的印信誰便是合法的元首，得不到它的，縱使事實上已登了臺，也不能算是合法的，因此之故，民國初年，曾發生了兩次總統於被迫下臺時挾帶印信出走，弄到向外國領事提出交涉的怪劇，相信可能是由這個觀念而產生的。

第一次怪劇發生於民國六年。當張勳上演復辟醜劇時，大總統黎元洪，連忙躲進了東交民巷的日本使館裡去，通電請副總統馮國璋代行大總統職權，馮國璋很快就在南京就任了代理總統職，馮氏當時以副總統兼任江蘇督軍），但過不了幾天，復辟醜劇便閉幕了，黎的政敵段祺瑞復入北京，黎氏只好通電下野。可是總統的印信當事變發生時，已由丁槐偷偷的帶了到上海去。馮國璋知道後，派員到上海向丁討印，丁卻不肯交出，因他認為黎氏的下野電可能是別人偽造的，聲言：「除了有黎總統的親筆信。我不能隨便交予任何人。」當時上海報載有人擬實行用武力來奪取印信，嚇得丁氏不敢出店一步。那時中國官方是不能在上海租界捕人的，所以馮國璋於沒法可想之餘，只可命上海護軍使盧永祥向上海領事團交涉，由捕房把丁氏和印信都帶到會審公廨來，這樣，才了結這場追討總統印信的怪劇。

第二次發生於民國十二年，時候是曹錕賄選的前夕。距離第一次剛巧將近六個年頭矣，當時被迫下臺的總統也是黎元洪。原來當第一次奉直戰爭後，曹錕、吳佩孚於逼走徐世昌後，再度捧了黎元洪登臺，但為時還不夠一年，曹錕想自己來過大總統的癮，便授意王懷慶，馮玉祥，薛之珩，來迫黎元洪下野。他們一面向黎氏索軍餉，令警察則藉口索餉無着全體罷崗；一面收買流氓乞丐來組織公民團，手執驅黎的旗幟，包圍黎氏的私宅，甚至把黎宅的電話和自來水管都截斷。結果，黎氏自然不能不出走。黎氏這次在出走前，也像前次一樣，將所有總統的大小印信，統統交給他的部屬，叫他們帶往東交民巷的法國醫院收藏起來。當曹錕的爪牙發覺黎氏已登火車出京時，即往總統府接收，發覺所有印信不在，便立即發電話至天津，令直隸（即河北省）省長王承斌截留黎氏，王氏便帶同軍警，等候黎氏車到，登車向他追查總統印信下落。黎氏不以實告，王氏百端威嚇，不許黎氏出車站，足足把黎氏軟禁在車上度過了一夜。待黎氏告以實情，得到北京方面的電話回覆已將印信索得，然後才把他放行。所以這一幕怪劇有人稱之為「劫車索印」。

這兩齣怪劇的主角都是黎元洪，可見這位由海軍出身的總統，不僅對軍艦有特殊的愛好（武昌革命之役初期，海軍未反正，黎氏曾命民軍的砲隊勿轟擊各軍艦。）並且對總統的印信愛好尤甚。然而，貴為大總統，竟為了區區的印信，致令在火車上吃了一夜苦頭，也是民國的趣話。

二十六、猪仔議員身價

「民七安福國會」既選徐世昌為大總統，段祺瑞復函請選曹錕為副總統，由議長王揖唐主持其事，規定票價每人二千元，已定十月六日開會選舉。詎議會聞曹錕以十萬元納劉喜奎為側室，而議員身價僅二千元，遂大起變化，不肯投票。屆期議員密約遊三貝子花園，王揖唐遍尋無着，遂致流會。旋改期十六日續開選舉會，詎多數議員又於事先往天津，王揖唐遂於十五日派人至天津，分乘汽車多輛，至各旅館搜尋議員，乃一無所獲，最後始探悉議員均被周自齊邀赴南市妓院吃花酒，立即蜂擁至妓院，將議員全部拉出，分乘汽車逕趨車站，搭火車入京。沿途拉扯爭執，天津警察誤以為綁票案，喝令汽車停止檢查，經出示議員證始獲放行。次日開會，由京師警察總監吳炳湘派警察在西城放哨，一面仍以汽車拉議員到會，但結果依然流會。此亦軍閥玩弄議員一趣劇也。

二十七、秀才將軍吳佩孚趣事

吳佩孚山東蓬萊人，少時應登州府試，曾中第二十七名秀才，可是，家裡很窮，又抽上了大烟癮，有一次他到烟館裡去，因普通床位的道友皆滿，就闖進專門招待有錢紳士的「雅座」去想借床抽一口。當時正有一個土豪翁欽生躺着，看見吳佩孚那副寒酸相，公然敢進雅座，就賞了他一記耳光，吳佩孚當時便忍氣吞聲的退出來。

後來一般專門草裡尋蛇的不第秀才要為吳佩孚打個抱不平，趁翁家做喜事的時候，集合前往搗亂，反被翁家一羣豪奴打了一頓，翁家又托知府大人指名捉拿禍首吳佩孚，他因此在家不能安身，才逃出去當兵，走到保定投入巡警營當戈什哈，也就是軍中的聽差，後來叫做勤務兵、馬弁的一角。

有一天文案師爺郭緒棟叫他送公文，他無意中翻開公文來看，發現文裡用錯了典，就拿回去告訴郭師爺，郭緒棟大為驚異，問到他的身世，才知道他是個秀才，馬上就另眼相待。

之後，郭向上司段芝貴吹噓，保送他入開平武備學堂去讀書，這是光緒廿八年間的事。

次年日俄戰爭，該學堂日籍顧問守田從學生中挑選了一批幹員從事間諜工作，他做得很好，任務完成後，派他充第三鎮上尉見習員，第三鎮就是巡警營改編的，這個部隊是吳佩孚的發祥地。

民國成立，鎮改為師，曹錕是第三師師長，吳佩孚是該師的砲兵團長，民國二年二次革命失敗後，湯薌銘任湖南都督，曹錕以長江上游司令的名義率第三師開駐岳州，迄民國五年袁世凱帝制失敗，曹升直隸督軍，次年又調升為湘贛川粵四省經略使，吳才代理第三師師長，這算是他正式露頭角的時候。

以秀才出身，投筆從戈，曾被北政府授為孚威將軍的吳佩孚有幾件有趣的小事：

吳在段祺瑞部下時，曾進保定武備學堂受軍事訓練，靳雲鵬當時在校任教官，讀書人總是曉得尊師重道的，所以他後來掌握軍權後，對於這位老師，另眼相看，事事予以支持。民國十五年北伐軍進至湖北，吳正竭盡全力抗拒，不料奉軍竟借着假道授鄂的名義，實行入豫，吳以大勢已去，事無可為，於是避到鞏縣，把一切軍權交給他的老師靳雲鵬，不再與聞天下大事了。

談吳佩孚的人，少不免提及他的「四不主義」，所謂「四不」，就是不納妾、不積金錢、不出洋、不走租界。這「四不」原是分開兩面看的，前兩「不」指得意時，而後兩「不」卻是指失敗後。因為得意時積財納妾，失敗時避居租界或逕直放洋，是當時一般軍閥政客的不易途徑，但吳卻不那麼做，所以國人都稱許他不愧是個硬漢，他自已也以此自矜，我們且看他在十九年臥病時自作的輓聯，便可以見到他的抱負和「四不」的出處，聯云：

得意時清白乃心，不納妾，不積金錢，飲酒賦詩，猶是書生本色。
失敗後倔強到底，不出洋，不走租界，灌園抱甕，真個解甲歸田。

吳佩孚是梁士詒的死對頭，民國十年梁受總統徐世昌任命為國務總理，在職不到一月，便因借日款贖回膠濟鐵路一案，給吳轟走。吳對於此事，先後曾三發通電，每次都親自執筆，大顯文章身手，其中有警句說：「吾中國何以不幸有梁士詒！梁士詒誠何心而甘為外人作倀！傳曰：『與其有聚斂之臣，寧有盜臣。』梁士詒兼而有之，全國不乏明眼之人，當必羣起義憤，共討奸邪。……」

最有趣的，吳又親擬電稿，直接拍給梁士詒，把梁痛罵一番之後，更應用韓文公祭鱷魚文的筆法，促梁下野，其電文說：「今與公約，其率醜類迅速下野，以避全國之攻擊，三日不能至五日，五日不能至七日。七日不能，是終不肯去位，吾國不乏愛國健兒，竊恐趙家樓之惡劇，復演於今日，公將有折足滅頂之凶矣，其勿悔！」

話越說越來得兇，眼看就要動用武力，梁士詒只好默然下臺。

吳於十六年失敗後，初期依靠于學忠，後來因為曾助楊森經營四川，於是入川作楊森的清客，天天讀書吟詩，並且學繪畫，對於畫蘭，特別感到興趣。他在這個時期所作的詩畫，都愛署上別號，最常用的有「戈馬書生」、「酸秀才」、「失敗英雄」、「醉臥沙場客」及「學圃散人」等，並請四川篆刻名家雲鶴一一刻成圖章多枚，蓋在詩畫上面，引以為樂。

民國廿八年十二月，吳佩孚以牙疾歿於北平，享年五十六歲。

二十八、吳佩孚撤防詩

民國九年吳佩孚由衡陽撤防北歸，遂啟直皖戰爭，為民國史上一重大事蹟。吳當時所部基本隊伍，為第三師，初駐衡陽時，原為防止西南，後吳盱衡時局，不欲輕啟內戰。及上海和會開幕，即屢請撤防。北政府恐吳師一去，南軍乘虛而入，屢電阻止，吳不聽，最後發出撤防電文有「遠戍湘南，瓜期兩屆，三載換防，不可謂速，鬩牆煮豆，何敢言功。既經罷爭議和，南北即屬一家，並非寇仇外患，何須重兵防守，對外不與爭主權，對內寧忍設防線？」等語，最為精彩。此電發出後，吳即於五月廿五日自動撤防，由湘江順流而下，二十七日過長沙，三十一抵漢口，捨舟登陸，由龜山至舟家磯，步步為營，軍容甚盛！吳在漢，曾作「回防途次」長詩一章，頗為瑰瑋，詩云：「行行重行行，曰歸復曰歸；江南草木長，眾鳥亦飛飛。憶昔赴戎機，長途雨雪霏，整旅來湘浦，萬里振天威。孰意輦轂下？奸孽亂京畿，虺蛇思吞象，投鞭欲斷淝。我今定歸期，天下一戎衣，舳艫連千里，旌旗蔽四圍。春滿瀟湘路，楊柳同依依，和風送歸鳥，綠草映晴暉。少年惜春華，勝日鬥芳菲。來路作歸程，風景仍依稀。周公徂山東，憂讒亦畏譏。軍中名將老，江上昔人非。建樹須及時，動靜宜見幾。何日摧狂虜，發揚見國威。不問個人瘦，惟期天下肥，丈夫貴兼濟，功德乃巍巍。江上送歸舟，風急不停揮。得遂擊楫志，青史有光輝。春日雁北歸，萬里動芳徽，鴻慚磐石願，衎衎不謫饑。止戈以為武，烽烟思郊圻，同仇復同仇，歸願莫相違。」此詩不談政治，不露憤激，確有儒將風度。

二十九、吳佩孚罵王揖唐妙文

民國八、九年間，吳佩孚駐防衡陽，隱然繫天下之重，對政府措施，常通電評議，往往一針見血，使當局啼笑皆非。民八上海和平會議，北政府任王揖唐為北方總代表。王為安福系首領，非法國會議長，人皆厭之！命令發表後，西南非常國會，一致反對，謂王為非法國會議長，應受法律制裁。若與賣國者言救國，與毀法者言護法，實屬夢囈。吳佩孚聞是，即於八月二十三日在衡陽發表有名「漾電」，大略謂：「身列國會，安知國會之糾紛，身為黨魁，安得不受黨派之牽掣？其天下本未有斯人不出之希望，而足下竟有舍我其誰之仔肩，足下自命不凡，不計個人安福，欲謀天下安福，其如天下之不諒何！籌安會之覆轍不遠，曹章陸乏公憤猶存，勿謂趙家樓之惡劇，（指學生毆打曹章陸事）不再見於安福俱樂部也！」語甚辛辣，而「任天下本未有斯人出之希望，而足下竟有舍我其誰之仔肩，」兩語，尤似報紙小品文章，刻毒雅謔，真是妙文。

三十、吳佩孚論人物

故將吳佩孚嘗談康有為章太炎事。時北平方有人為康氏舉行紀念會，（民二十六夏事），吳亦遣人往致詞，有人詢以康章與吳氏之關係為問。吳答曰：「皆好友也，兩人之性格甚相似，以年齡與時代之差，致成就不同，南海年較高，出較早，為保皇黨之魁率，太炎年較幼，才氣橫溢，非南海以下之空間所能容，遂激而入於革命，使兩人易地相處，南海可為太炎，太炎亦可為南海也。」予深異其言之別成邏輯，顧不欲辯，吳氏復慨然曰：「兩人逝後，中國不復有文學之士，兩人弟子雖眾，乃無足承其業者」。予欲試探其對於新文學之見解，則挑之曰：「太炎有弟子周樹人筆名魯迅，文學優美，君嘗讀其書乎？」吳氏意頗恍惚，若不知其名者，索筆書魯迅兩字示之，吳益茫然，既乃自掩飾曰：「我不讀民國以後書也！」

吳佩孚字子玉，山東蓬萊人，以第三師師長，崛起衡陽；由直魯豫三省巡閱使，而十八省聯軍總司令，調兵四照堂，再起查家墩，叱咤風雲，身繫天下安危。方其以孚威上將軍，坐鎮洛陽，度其五十大慶時，保洛道上，冠蓋絡釋，賀客盈門。南海康有為特撰一賀聯：云

「牧野鷹揚，百歲勳名纔一半，洛陽虎視，八方風雨會中州。」

二次奉直戰爭，因基督將軍倒戈，曹錕被囚延慶樓，吳氏敗退鷄公山。由黃岡取道岳陽，應湖南省長趙恆惕邀，四次入湘，泛舟洞庭。值吳氏五二壽辰，回首二年前東都熱鬧，判若天淵，趙炎午特撰一聯慶祝：

「生平憂樂關天下，此日神仙醉岳陽。」

以上兩聯，前者充滿了富貴氣，後者卻安閒瀟洒得多了。後來吳氏雖東山再起，以英傑的驍勇，劉玉春的善戰。但時代的巨論，畢竟推進了一步，吳氏也終成了浪淘盡的英雄人物。抗戰期中，獨能富貴不淫，威武不屈，大節凜然，和他的「三不主義」，同樣遺留人間，為後世欽敬。

三十一、吳佩孚伉儷情

吳佩孚自民國十一年擊敗奉軍後，三數年間，權傾朝野，總攬師干，叱咤風雲，固一世之雄也。洎民國十五年，革命軍北伐，佩孚由湘敗退河南。旋奉軍南下。進逼豫中，復由南陽經鄂西入蜀，其夫人朝夕相隨，沿途備嚐辛苦，故其入蜀詩有：「曾統貔貅百萬兵，時衰蜀道苦長征，疏狂竟誤英雄業，患難偏增伉儷情，楚帳悲歌瞧不逝，巫雲凄咽雁孤鳴，匈奴未滅家何在，望斷秋風白帝城！」此詩悲壯雄健，大有項王垓下悲歌之概。佩孚一生無妾媵，與夫人情感綦篤，以視其他軍閥粉黛滿前者，實有薰蕕之別。蘆溝橋事變發生之後，佩孚方居故都，日人屢欲加以利用，始終峻拒，威逼利誘，迄不為動，清風亮節，雅自可敬。二十九年在平逝世，舉國哀之！中樞於重慶舉行追悼大會。

三十二、吳佩孚的新聞政策

昔軍閥執政，不知控制新聞，納言論於正軌，惟知封報館，殺記者，致造成不少寃獄！民十四年冬，孫傳芳既逐奉軍出蘇皖，擁議吳佩孚出山，吳由岳州蒞漢，主持倒段（祺瑞）。吳鑒於軍閥對新聞政策之錯誤，故不採嚴峻主張，僅於福昌旅館設一新聞處，統一軍事消息發佈，由汪崇屏，費覺天等主持其事，漢口各報社及外埠報館駐漢通信員，需要消息，均由該處供給，吳如有政治談話，亦由該處發表，其規範頗似今日之發言人。吳於軍事消息外，其他地方新聞，不甚干涉，亦無檢查措置，故雖在風雲譎變之際，武漢新聞界，尚未發生轇轕。後革命軍入鄂，吳敗退洛陽，新聞處倉皇撤退，費覺天且於信陽車站，為亂軍槍殺。

三十三、倒戈將軍的神話

馮玉祥完全是一個險詐莫測，反覆無常的人。在北洋政府時，就以反來覆去的倒戈起家，對上愚弄，待不奴役，做他的長官倒霉，為他的部下更糟，就是做他的朋友也十分危險，說不定什麼時候借你的頭顱，作為他玩弄權術的道具呢！他又是基督徒，後來人稱基督將軍。

馮的部隊實物沒有辦法補充，他曾使用一套「精神鎮定法」，有一天他內穿狐皮襖，外罩破棉衣，召集他的部隊訓話，臺下官兵冷得打顫，他越講越起勁，連說帶做，手足俱來，週身一運動，頭上的汗就滴下來，他說：「你們看，我也只穿了一件破棉衣，不是我能打起精神來，頭上就冒出汗來嗎！可見精神能戰勝一切，你們愈畏縮，愈覺得寒冷，現在你們打起精神來試試看，還冷不冷？包管我說的話不會錯的。」臺下爆雷一般答應：「不冷！」據說這法子很收效，西北軍中，從此傳說着：「馮總司令的身體是鐵打的。」

馮玉祥在電話裡罰部下立正，然後跑去看他的命令有沒有遵行，等他一下，被罰的人，果然一點不錯，竟像木塑木雕的一般站在電話旁邊，馮玉祥這一下子高興起來，認為部下真是絕對服從他的！

馮的國民軍，又稱為「西北軍」者，就是因為它是在西北駐紮過而得名的。馮部在西北那一段流亡生活，是相當困苦，械彈給養無一不缺，西北地區是天寒地凍的，官兵穿着那一件破舊的棉衣，那能當得住刺骨的朔風？後來馮玉祥從俄返國回到五原，看到自己的部隊這樣的苦況，他對官兵號陶大哭。

馮玉祥一生最得意的傑作，是由俄回國後「五原誓師」，他的參加革命是民國十五年九月間的事。當時他的名義是「國民軍聯軍總司令」。就職的時候，宣言服從三民主義，這以後他就口不離嘴的大談其主義了。他訓話時，愛使用一種問答法，他問一句，臺下的官兵就轟隆一聲答一句，因為這些問答題成了公式，士兵也只知其然而不知其所以然。因為馮玉祥開口就是「三民主義」、「帝國主義」，這個主義，那個主義，滿口的革命名詞，把士兵的頭也弄昏了。有一次馮訓話後，又照例提出那幾個「問答公式」來，馮問：「我們是什麼軍隊？」士兵答：「我們是有主義的軍隊！」馮氏頻頻點頭，認為士兵把問答題都背熟了，他再問：「我們的主義是什麼主義？」大部份士兵多瞠目結舌，記不清總司令平日講的那許多主義名詞了。有一些記憶力比較強的可記起來了，便大聲答道：「我們主義是帝國主義！」這一下可弄得他啼笑皆非。但由此可見西北軍的愚直可愛。

三十四、馮玉祥迫宣統出宮記

清宣統帝溥儀，於民國十三年十一月五日，被直系第三軍總司令馮玉祥派兵入宮，迫令實行廢除清帝名號，並令交出玉璽，同日出宮，溥儀移居日本使館，其後又移居天津，卒至為日人所利用，挾之以組織滿洲國，用為傀儡，東北遂成為日人侵略的基地，貽患無窮，國人對馮玉祥迫溥儀出宮，頗多疵議，然在當日，馮玉祥這一舉動，也有他的藉口。這事發生在馮玉祥奉直第二大戰正當緊張的階段，忽在前方通電主和停戰，回師北京以後的事。說起奉直第二次大戰的起因，是由於直系迫辱黎總統元洪退職，曹錕乘機賄選做總統，盧永祥、張作霖興師討曹，馮玉祥原是直系人物，做到第三軍的總司令，大有舉足輕重之勢，怎料他的部隊，突然由熱河前線撤回北京，陷曹錕吳、佩孚軍隊於失敗，曹錕又被迫退職，被困於總統府，現在把直系迫辱黎元洪出京的經過擇要述出，和宣統被迫出宮的史略記在後面。

民國十三年六月十日，北京直系軍隊，借索餉為名，同至總統府嘩噪，又使公民團圍困總統府，黎元洪不安於位，至十二日，即通電辭職，離京赴天津，當乘車到京津鐵路的楊村站時，直隸省長王承斌和天津警察廳長楊以德兩人，帶着五百名軍隊，乘車先到，表面聲稱歡迎總統，而實際卻強迫黎氏下車，擁黎到新車站留居，王承斌拿出經已擬定的電稿三通，迫黎氏簽名宣佈，並取總統印信，那三通擬定的電稿，一是向國會辭職，二是令國務院代總統職權，三是聲明臨行時所發命令一概無效，黎氏當即堅決拒絕，王承斌竟斷絕其飲食供應，當相持最劇烈時，黎氏曾用手槍自殺，為西人福開森等協力阻止挽救，才不致自殺，到了十四日早上，黎迫於無奈，忍辱簽名，並電京交出印信，王承斌得了總統印信後，才准黎元洪赴天津，黎氏到津後，發出通電，聲明在楊村被迫簽名之三電，一概無效，旋由天津到上游，這是直系迫黎元洪退職離京的一幕。

黎元洪退職後，暫由國務院攝行總統職務，而直系即運動選舉曹錕為總統，北京國會，定於八月廿七日那天選舉總統，浙江督軍盧永祥，首先通電反對，他的反對理由是：國會議員之不附直系的，多已出京，國會不足法定人數，不能違法開會。奉天張作霖也通電反對這次的選舉，但直系卻置之不理，於十月五日，北京國會吳景濂等一羣猪仔議員，開總統選舉會，選出曹錕為總統，這就中外咸知的賄選那幕醜劇了。十月十日，曹錕入京就總統職，並公佈憲法，當時國人都叫他是「曹家憲法」哩。

至民國十三年，浙江督軍盧永祥聯合粵奉浙反對曹錕，直系的孫傳芳由閩入浙，吳佩孚又使江蘇督軍齊燮元調兵南下取浙，夾攻盧永祥，盧率部迎戰於崑江附近，結果戰敗，就通電聲討曹錕，奉天張作霖通電響應盧氏，於是蘇浙的戰事結束，而奉直第二次大戰接着開始，曹錕下令討張作霖，張並通電派兵入關討曹，奉直兩軍既接觸，奉軍接戰很勇，直軍不支，紛紛退到秦皇島，奉軍便佔據山海關，封鎖了直軍的通路，吳佩孚以艦隊運兵數萬在秦皇島登陸，謀大舉反攻，如果沒有內部變化，奉軍未必保持勝利的。

不料擔任攻擊熱河奉軍的馮玉祥，與陸軍第一師長胡景翼，京師警備司令孫岳等，忽於十月廿三日回師北京，通電主和停戰，曹錕以馮玉祥背己聯奉，形勢已變，便下令停戰以謀緩和，同日並下令免去吳佩孚本兼各職，派充青海墾務督辦，馮玉祥帶兵回京後，已將曹錕困於總統府裡，但曹錕仍無退位之意，蓋有待於吳佩孚之解圍，吳佩孚知道馮玉祥回師北京，立下令回師天津，準備與馮軍決戰，而張馮兩軍聯合進攻，吳氏更調江蘇齊燮元、湖北蕭耀南，派兵北上赴援，但山東鄭士琦宣佈中立，毀壞了津浦線各地。

山西閻錫山，亦助馮張截斷京漢路，阻湖北蕭軍北上，吳氏知事無可為，遂率僚屬乘輪南下武漢，曹錕亦通電辭職，馮玉祥回京後，以是時有某方面再擁宣統復辟之謠，為先發制人計，於十一月五日，帶兵入宮，勸宣統帝廢除帝號，交出玉璽，即日遷出宮，即由國務院與溥儀商訂。修正民國優待清室條件如左：

「第一條，大清宣統皇帝，從即日起，永遠廢除皇帝號，為中華民國國民，在法律上享有同等一切之權利。第二條，自本條件修改後，民國政府，每年補助清室家用五十萬元，並特支二百萬元，開辦北京平民工廠，儘先收容旗籍貧民。第三條，清室應按照原優待條約第三條，即日移出宮禁，以後得自由選擇住居，但民國政府，仍負保護責任。第四條，清室之族廟陵寢，民國酌設衛兵，妥為保議。第五條，清室私產，歸清室完全享有，民國政府，當為特別保護；其一切公產，應歸民國政府所有。」右約修訂後，溥儀即於是日偕其妻妾遷移出宮，先居醇王府，後移日本使館。

三十五、馮玉祥寫自傳

以倒戈起家而聞名中外的馮玉祥，所以有人稱他為「倒戈將軍」。他曾經寫過一篇自傳，如今可以作為「蓋棺論定」的談資，姑錄之以饗讀者。（以下的我是馮玉祥自稱。）

「我的原籍是安徽巢縣竹柯村，但是我始終沒有回去過。我的父親是一個泥匠，名有茂，生於一八四五年，早年家裡貧窮，同他的兄弟分居。伯父同二叔是裁縫，四叔是一個佃農，我的父親一度當過人家的僱工，但不久即投身行伍。祖父的一生都在窮困中掙扎，晚年生活益發困窘。有一次，祖父病了，家中一文莫名，父親無計可施，跑到巢湖去摸魚，賣了魚，將錢買藥回來給祖父吃，他去摸魚時，袋裡帶着『鍋巴』，準備肚子餓時，掏出來當飯吃，若遇到家裡連『鍋巴』也沒有的時候，餓肚子是平常的事。

第二年冬天，祖父的病越來越嚴重，那時巢湖結冰，無魚可摸，父親在沒有辦法情形下想了一個辦法，在冰湖上鑿了一個大窟窿，邊上放着一盞油燈，等待魚兒望上跳，這麼一來，倒也有幾隻魚兒可以摸到。

父親為着祖父的病，日夜服侍，操勞過度，終於病了，雖然病了，摸魚工作還是不能停止，接着又遇到洪楊革命，全家急於逃難，一生辛勞的祖父也就在這時逝世。

以後全家逃到一個破廟裡，住了下來，不久，父親得友人介紹，跑到一個姓張的家裡當傭工，同時也是他決心投軍的始點。

張姓是有錢人家，有兩個兒子，延請了一位拳師習武，但兩位少爺紈袴子弟的習氣，冬天早上老是不肯起床，叫喚一聲，老是咿咿唔唔，躲躲懶懶，父親生性爽直而且勇武，他眼見張家少爺有這樣好的環境，還不肯隨師習武，很替他們可惜，於是便向拳師討教，閒暇便學習弓箭武器，搬搬石子，潛修苦練，拳師看見父親肯上進，也就不吝指點他，於是父親的功夫也就日有進步了。

考期到了，父親奉命攜了行李，護送張家少爺去考武庠。不知道由於怎麼樣的一個機緣，父親也得進考場應試，張家少爺連射三箭，一箭也沒有射中，石子也舉不起來，結果名落孫山，父親考試的結果，三箭都射中了，石子也舉得合格，居然榜上有名，屢經磨折的父親，此時居然有了機會吐一吐悶氣。

父親考入武庠，祖母已經返去竹柯鄉，報喜的人星夜趕去竹柯鎮去，當他抵達竹柯鎮時，祖母正赤脚在田裡插秧。

報喜的人查問了半天，才有鄉人把祖母從田裡找了回來，弄得祖母茫然不知所措。在許多親友歡笑沸騰中，祖母忽然哭了起來，家中一貧如洗，拿什麼東西來招待報喜的人呢？後來幸虧馮文煥的祖母（馮的本家嫂嫂），拿來一隻雞和幾斤白米賞給那報喜的人，可是報喜的人卻老大不高興。他以為不遠千里而來，所得的酬賞卻是這麼一點點東西，後來經過鄰人的勸說，他才悻悻而去。這件事在人家看來兒子考試及格，當然是一樁喜事。但在我家，父親雖然入了武庠，卻惹得祖母一身麻煩！

一八五〇年洪楊革命爆發，接着又有『捻子』與回亂，清廷不得已頒佈左宗棠主新疆軍務的命令，因此父親也隨大軍由西北開赴新疆。

太平軍在廣西起義，不久即佔領江西，安徽，江蘇，浙江等省，滿清軍與之轉戰於長江流域，計前後達十一年之久。那時父親已開始從軍，起先投入銘軍，由劉銘新統領，他是淮軍將領之一，在晚清頗負盛名。父親初到軍中，在差遣隊當差，後來升到哨長與哨官。

不久父親從新疆回來，調到山東濟寧駐防，父親就在那裡結婚，外祖母家姓游。第二年生我長兄基道，接着生下我們兄弟七人，不幸死了五個。三弟雖然長到成年，但亦染病死去。長兄出世的第二年，銘軍解散。父親就和母親帶着長兄回到南方來，本來準備考試武舉，但後來沒有考成。

四年以後，父親又回到濟寧，從這時候起，祖母就沒有找着，只打聽她於戰亂荒年中流落他鄉。一九三二年我在泰山居住，曾託人到濟寧探詢過一次，結果只找到一個表弟和一個叔伯舅舅。

父親在濟寧沒有事做，即重新入伍，隨淮軍至直隸青縣興集鎮，母親生我的那一年，正是父親到興集鎮的第二年——一八八二年，即光緒八年的秋天。在我出生的前幾個月，朝鮮發生大暴動，失勢的大院君利用兵力，恢復新政府，且襲擊日本領事館，中日雙方都派兵馳赴朝鮮，幾至釀成戰端，這些都是加速日後中日戰爭爆發的遠因。

我出生的那一年，祖母已經去世了，因為長兄是在北方生的，祖母便給他取名『北寶』，我既然得不到祖母給取名號，父親就順着祖母的意思取名『科寶』。『科』大約是指科舉的意思。玉祥是我最後才取的名字。」

三十六、總統魚——三海魚

北平三海，昔為皇宮禁地，歷代帝后誕辰，宮中盛行放生，所有珍奇麟介，均放置三海中，或於放入時，繫以金牌，任其滋生自在，嚴禁獵取。故三海中藏魚至多，亦至珍貴也。民國六年馮國章入京，攝行總統職權，忽命庶務科以一萬五千元，出賣三海中魚。於是網罟深入，魚類乃遭浩劫！一時酒館中競以「總統魚」為名菜。內有紅魚一尾，長三尺，又有鯽魚一尾，重四十餘斤，鰭上繫有金圈兩道，金牌兩枚，相傳有六七百歲。由美公使購去，擬運美國水族館陳列，旋恐中途死去，乃轉贈外交部，外交部以此事有傷國體，呈請國璋令禁捕魚，始止。時人有聯云：「宰相東陵伐木，元首南海賣魚。」蓋嘲此事。

三十七、狗肉將軍張宗昌求雨法

以前久旱不雨，惟有祈雨之一法，或設壇誦經，或向龍王廟禱告，靈不靈，固無人敢言，但農民必如是做，倘官吏不為人民求雨，將必礙及收成，從知中國人實靠天吃飯也。

張宗昌督魯時，適逢天旱，人民籲請求雨，張素不信此，然不能不奉行故事，因命於龍王廟設壇唸經，彼將親往禱告，民間聞之，皆大欣喜。屆期，張果至龍王廟，但既不拈香，亦不禱告，直奔龍王座前，手批神像之頰，嚴聲罵曰：「肏你妹子，你不下雨，害得山東老百姓好苦呀！」罵畢，登車逕去。觀者皆為駭汗，不敢作聲。越日，晴空一碧，仍無雨意。張遂命砲兵團於濟南千佛山列過山砲十九尊，實彈向天空轟擊，其意無非洩憤而已，結果竟收奇效，傾盆大雨，霈然而降。當時報紙謂為「未之前聞」求雨術。

三十八、張宗昌國外殺人

在民國初年，北洋政府時代，張宗昌是一個社會上耳熟能詳的人物，他做過多年的山東督軍，曾經享盡過人間的富貴榮華，卻也曾替北洋軍閥們留下了不少的笑話。當時民間都傳說他有三不知：不知道自己有多少錢；不知道自己有多少姨太太；不知道自己多少兵。他的嗜賭好色已經到了驚人的地步。賭的是豪賭，賭是過去一般軍人所喜愛的牌九，北方俗語把牌九的賭博喚作「吃狗肉」，他以豪賭而贏得了「狗肉將軍」的雅號。而他的好色，不僅是寡人有疾，而是縱情肉慾，他有着三十幾房妾侍，凡是經他看中的女人，不管是什麼身份地位，幾乎無一倖免。這三十幾房侍妾中，最著名也最得寵的是第四姨太亞仙，當年北方紅極一時的名妓。

張宗昌不過是一介武夫，他所以能夠飛黃騰達，竟膺疆寄，完全因為追隨張作霖而鷄犬昇天，這究竟是不能長久的，到張作霖倒臺以後，冰山失恃，他在國內連立腳存身之處也無，只好亡命到日本別府，攜帶了第四、第六和第九等三房姬妾，在這日本溫泉勝地，做他的逋客。同時，他以一個草莽之夫，得能風雲際會，他忘記了這是出於一時僥倖，此日客寄東瀛，居然雄心未死，竟妄想獲得日本的奧援，作捲土重來的幻夢。當時日本人對他的態度是微妙的、曖昧的，也是矛盾的。從第一次大戰繼承了德國的權利之後，山東已劃入了日本的勢力範圍以內，張宗昌督魯時期，曾與日人有過相當的淵源，現在他雖然垮臺了，但山東一帶依然有他的舊部，如劉珍年第一批軍隊。日本政府和張宗昌有着同樣的野心，如一旦有事於中國，還寄以一絲利用的希望。無如鑑於他在山東的時期，聲名太狼藉了，事實上利用的價值不可能太大。其情況一如鷄肋在手，食之無味，棄之可惜。因此日本對他的態度，只是在生活上予以便利的優容，並不曾作進一步的默契。

百足之蟲的張宗昌，在失勢的北洋軍人政客眼中，當然還不失為一尊偶像，仍有不少人想趨附，以便沆瀣一氣，再圖翻雲覆雨。張作霖在北京任大元帥時代的陸海兩部次長——吳光秋與溫樹德，就是其中一批，在張宗昌到了別府不久，也相率趕去。

北洋政府的海軍部次長溫樹德是一個反覆的軍人，無聊的政客，也是一個非常荒唐傢伙。他不是疆場上的英雄，而是情場上的能手。他是留英學習海軍的，能夠說一口十分流利的英語，又具有一副魁偉英俊的身體與面貌。學成歸國以後，他不曾好好的去發揮他遠涉重洋所得來的知識，而充分地利用其天賦的資本去享受他的溫柔豔福。他原來是廣東革命政府的海軍司令，為了富貴，經不起北洋政府的賄誘，背叛了中山先生，號稱「率隊北歸」，把他所能指揮的幾艘艦艇，從廣州逃出虎門，直駛青島，從此與張作霖發生了關係。當張作霖做大元帥的時候，他出任海軍次長，那時他還不過卅歲左右，正是男人獵豔的最好時期，他既有健康的體格，更有一副英俊的面貌，一個次長階級的地位，他具備了《金瓶梅》裡王婆所說的五項男人最優越的條件，雖不能說什麼擲果盈車，但是在當時北京的社交場合中，他確是最為女性所夢寐以求的人物。

樹倒猢猻散，張作霖一垮，他就結束了他的政治生命，結束了在北京城裡一段繁華綺麗的生活。

當他聽說張宗昌亡命到了日本別府，在走投無路的情況下，只好約了另一陸軍次長吳光新相率萬里投奔而來。

在流亡中的張宗昌，依然氣派不凡，他住在別府，包了一家十分豪華且有亭園的旅館——昭和園。進門是一叢蒼翠的古木，剛好遮掩住後面的一棟樓房，兩側是行車與小步的幽徑。張宗昌挾着三名侍姬，就住在園裡花木深處樓上，左側的幾間平房，那是他隨從的住處。從樓上俯瞰下來，是一個魚池，養了不少異種金魚。這樣的寓公生活，在普通人看來，是值得豔羨的。溫樹德抵達別府的時候，張宗昌真誠的歡迎他。因為，有人來投奔他，總使他覺得舊日的威風猶在，今後的希望無窮，寂寞中，不期然增加了一份喜悅。因此，另外在不遠處的海邊租賃了一所房屋，作為溫樹德的行館。每天，張宗昌、溫樹德和吳光新三人，不是上酒樓，就是逛妓院，徵顏選色，依然度着他們當年那種醉生夢死的生活。

張宗昌那位豔名四播的四姨太——亞仙的名字，幾乎就像賽金花一樣，到今天還留在中年以上的人的腦海裡，她的美麗自然是不必說的，更為人所傳道的是那股騷媚入骨的勁兒。在風月場中，她閱人多矣，她懂得男人，更懂得男人的長處。她嫁給張宗昌，是懾於他威勢，現在她陪伴着一個粗鹵而不解溫柔的赳赳武夫，雖然擅寵專房，她的感覺上是在盡職而不是在享受。溫樹德的出現，她有這可喜「郎君罕曾見」的感覺。見過的人不能不承認他是一個美男子，猶如玉樹臨風一般，而亞仙則更驚異於他壯健的身體，溫樹德有足夠的高度與一身結實的肌肉，她相信他是男性中少有的奇才異能之士。

利會令智昏，美色也是一樣。照理，侍奉在張宗昌那樣一個粗暴傢伙左右，除非不要性命，否則不可能也不敢成為出牆紅杏。但色膽可以包天，男女是一例的，更何況亞仙那時正在女性最成熟的時期，對肉慾方面已經從施捨而轉入爭取的階段，在她最絢爛的年齡，自不甘於終老在一個莽夫的懷抱中，供別人洩慾。於是，在溫樹德抵達別府後不久，兩人即眉挑目語，一個表示出無限溫情，一個則顯露了無邊春意，兩情相洽，一拍即合。

溫樹德是海軍出身，當然熟諳水性，昭和園的前面就是一片游泳的海灘，亞仙為了要親近溫樹德，就借着學習游水為名，不時夥着他陪同下水，藉資親近。當兩人在綠波中載浮載沉時，時常會情不自禁的擁抱在一起。昭和園裡的張宗昌，站在樓前的陽臺上，可以清晰地看到海灘上的一片春色，他目睹自己的愛姬正在比一個比自己年輕漂亮的男人懷抱裡作戲水的鴛鴦，是可忍，孰不可忍？

雖然張宗昌自知現在已非復當年可以生殺予奪的山東督軍，而且今日是寄人籬下，理當容忍，但日復一日，睜着眼看自己的愛姬與人調情作愛，卻也無此雅量。終於，有一天當他與溫樹德兩人在樓前金魚池旁散步時，張宗昌忽然從身旁拔出了手槍對溫樹德說：「子培（溫樹德字），好久沒有這勞什子了，你看看俺的槍法是不是生疏了？」說着，扳動槍機對準了池中金魚連開三槍，居然把三條金魚打個正着。古人說城門失火殃及池魚，雖知醋海興波，金魚也竟然被殃及。當張宗昌顯露了這手絕技而仰天狂笑時，溫樹德在一旁戰慄了，他明白項莊舞劍的真意所在，張宗昌的暴戾是自己所深知的，這樣意在言外的表示已是最後的警告，自己可能隨時成為金魚之續。

正當昭和園中氣氛極度緊張時，遜清肅親王善耆的第十八公子金憲開（就是鼎鼎大名的川島芳子金璧輝的哥哥），偕同了李徵五的兒子李祖望，到別府來晉謁這位「狗肉將軍」。金李二人是日本士官學校同期同班同學，從士官學校畢業回國以後，李祖望聽到張宗昌在別府有所營謀，就拉了金憲開一同來看他，希冀他能對他們籌謀中的滿洲獨立，恢復大清河山的「偉業」有所幫助。張宗昌對這兩位遠道而來，胸懷「大志」的青年，存着空谷足音之喜，盛予招待，經夜密談，留住在昭和園三天，這兩位貴賓才告辭回國。金憲開的目的地是大連。

當張宗昌前幾天槍擊金魚的示威行動發生以後，溫樹自知萬難再留戀，就托辭到東京有事，也向張宗昌告辭，擬與金憲開和李祖望兩人同行。昭和園是在別府郊外，到火車站約需十餘分鐘的汽車行車時間。溫金李三人辭別了張宗昌，一同到園外等候汽車時，亞仙依依不捨的，隨同出來送行，她不願放過這臨別寶貴的一刻，對溫樹德無限依戀，態度也變得格外放蕩，就在門口眾目睽睽之下，浪笑嬌啼，毫無顧忌。

張宗昌這時還站立在樓前陽臺上，目注池中的金魚，正陷入沉思中，中間一叢翠竹阻隔着門口的視線，他雖然看不到人影，但他四姨太騷媚的笑聲，卻一陣陣傳到耳裡來，在想像中，亞仙當着他的兩位貴賓與溫樹德的浪態，一腔醋意頓時變成滿懷怒火，他不假思索地向外盲目的放了一槍，本意也不過是以示警告而已。

沒想到這一槍卻剛好射入面對陽臺的金憲開的小腹，鮮血像噴泉似的一湧而出，人也立刻倒在地上。溫樹德心裡有數，一看禍事臨頭，匆匆地什麼也不管就溜走了。張宗昌的隨從們聽到槍聲趕出來查看，才知道闖下了大禍，急忙把金憲開從泊血中扶起，送往醫院，究因傷中要害，第二天不治身死。無妄之災，在醋海波濤中平白地斷送了一條生命。

事關人命，別府的警察不能不管了，於是法院對張宗昌提起了控訴。但是因為日本政府還想把張宗昌作為一子閒棋，死的又不過是一個中國人，在日人的迴護下，法院僅以過失殺人罪判處了張宗昌以三百元罰金了事。不知有多少人死在張宗昌手裡，這是他一生中親手殺的最後一人，在他想來，三百元也許是他一生中殺人所付的最高代價呢！

那一對闖禍的主角呢？溫樹德自此無所依靠，窮愁潦倒，沒沒以終；亞仙則借了替張宗昌籌措活動資本為幌子溜回國來，最後終於背棄了那個三不知的狗肉將軍而改嫁了北洋政客高凌蔚的兒子，結束了絢爛的一生。

三十九、韓復榘伏法紀詳

在抗戰初期，膺一方面之寄的軍政大員，因為不盡守土職責，受到軍事審判而伏法者，韓復榘是第一人。

當時韓復榘是山東省政府主席，兼擁有廳大軍力的集團軍司令長官。

山東是物產饒庶之區，津浦、膠濟兩路交錯其中，日人早視作禁臠。所以抗戰發生不久，日軍即以數師兵力，首先進窺滄州，我守軍血戰三日，全團殉國，滄州遂陷，德州也受威脅。統帥部據報，即令韓復榘出師應援，不料韓不遵令，致德州亦告淪陷。

那時敵人正以全力進攻山西，其配備在津浦線兵力較弱，統帥部以山東得失，影響全局甚大，因而再令韓復榘反攻，藉挽危局。乃韓又徘徊瞻望，使敵軍得乘時增援，向陵縣臨邑方面攻擊，陷慶雲、迫惠民，進濟陽。統帥部復嚴令韓復榘固守黃河北岸待援，詎又不遵令，焚毀黃河鐵橋，退守黃河南岸，敵遂佔有膠濟路之一部，以攻濟南，韓更不戰而退，致敵兵不血刃佔有濟州，弄到山東名城重鎮，淪陷殆盡，戰局不可收拾。

韓復榘是馮玉祥的舊部，不學無術，野心甚大，駐魯多年，固步自封，日人早窺知其內心所在，威迫利誘，使他入其彀中。如抗戰爆發，通都大邑，敵機狂炸，蹂躪迨盡，但對於韓復榘防區之濟南，初未嘗加以一彈，韓嘗藉此自誇。有一次敵機炸彈落在韓氏的河北故鄉，敵軍即跟着向韓道歉，並願賠償，韓更以為這是敵人對他的寵厚，而不知這正是敵人拆散我團結的奸謀。從這樣看來，韓與敵人勾結，實昭然若揭了。

所以韓復榘退守魯西之後，不顧上峯命令，一意孤行，直趨漢中，竟欲獨樹一幟，乘機坐大，統帥部偵知韓的詭計，無法再恕，即密下嚴辦之令。其實，韓迭次抗令，放棄重要城市，貽誤軍機，依法早應嚴懲；不過他保有龐大兵力，中樞投鼠忌器，因而遲遲未果於行。

嚴辦密令既下，拘捕方法，異常慎密，先由統帥部宣佈，召開高級會議於開封，通令各方面軍政大員一律赴會，韓不得不應召而往，但他帶領精銳手槍一旅，隨火車護送，不離左右，以資保衛，可是當局早自準備應付之策。

韓車至中途停站之際，空襲警報忽發，大隊飛機出現雲層，機聲不絕，各火車都倉卒離站，韓所乘之火車，亦急促開出以避，因此與他的手槍隊所乘卡車隔開。及至車抵鄭州，韓始知中計，但隨從手槍隊所乘之火車，業已脫節，遂俯首就捕。其實當時所發出之空襲警報，及上空之飛機，都是當局所佈置，意在使韓所乘之車，與手槍隊隔斷，以免發生火併。

韓就捕後，押至武漢，先由軍事最高領袖親自提訊，跟着發交軍事委員會組織高等軍法會審，由鹿鍾麟任審判長，判處韓復榘死刑。其罪狀是：

「該被告（韓復榘）不盡守土職責，及抵抗能事，對於統帥部先後電飭出師應援德州，及出擊滄州，牽制敵軍之命令，均不遵奉。復因敵軍渡河，擅先放棄濟南，撤退泰安。統帥部續令該被告堅守魯南防地，又不奉命，節節退後，迄魯西濟寧失守，敵軍跟踪侵入，致陷軍事上重大損失。」

四十、辛亥預言與辮子革命

當清末宣統初年的時候，曾流行一首「十字清」，謠云：「清受天命，十傳而亡」。查清廷由順治而歷康熙、雍正、乾隆、嘉慶、道光、咸豐、同治、光緒、以迄宣統，卻為十傳。又有宣統拆字謠曰：「日宣三德，歷算三統。」解云：「宣統二字，皆暗合三數，而統字又類絕字。清祚其至宣統而絕乎？」果真宣統三年而革命興了。

按武昌起義之日，當時革命人，原約定辛亥年八月十五夜發難，後展期至廿五日，而十七日已事洩，不得已遂於十九日夜起事，是日為清宣統三年八月十九日，即公元一九一一年十月十日，卒之義旗一舉，各省次第響應，至一九一二年一月一日，中華民國臨時政府成立於南京，宣統果三年而絕！

就是在最古典的預言文獻推背圖上，第三十七象庚子益卦，也寫下了這麼的讖語，說：「漢水茫茫，不統繼統，南北不分，和衷與共。」頌曰：「水清終有竭，倒戈逢八月，海內竟無王，半凶還半吉。」真奇怪，這個劃時代的歷史事件，結果竟然如他所料，南北共和告成。

讀者你看，所謂「漢水茫茫」，是指武昌首義之地，「倒戈八月」，是指首義之時。「無王」者，就是帝制廢除之謂。半凶似個「山」字，半吉似個「袁」字，是指孫中山先生以臨時總統繼承宣統之位，又以臨時總統讓與袁氏，故有「不統繼統」之語。這時、地、人三者，不是說得很巧合嗎？

又宋邵雍梅詩第八首有句云：「漫天一白漢江秋，憔悴黃花總帶愁」。按此二句指武昌秋季起義時，民軍旗幟多尚白色布旗，內寫「還我自由」等字樣，故曰：「漫天一白漢江秋」。是役首義民軍推定黃興（字克強）為臨時總司令，與清軍血戰一月，甚為勞苦，是次乃繼廣州三月廿九之役而發難，故云「憔悴黃花總帶愁」，卻也暗切事實，不亦異哉！

及至武昌首義成功以後，第一件與民更始的事，就是剪去豚尾的辮子了。溯自清軍入關，強迫漢人剃頭留辮子，那就是前腦袋剃光二寸，後腦袋留長辮子，當時的命令是：「留頭不留髮，留髮不留頭」，不少人因此反抗喪命。漢人迫於無奈，有一首剃頭詩曰：「聞道頭堪剃，何人不剃頭？有頭皆可剃，無剃不成頭。剃自由他剃，頭還是我頭。請看剃頭者，人亦剃其頭！」不但幽了自己的默，抑且幽了滿清人之默。

卻不料在二百六十八年之後，剃人頭者人亦剃其頭，滿清統治終於給推翻了，無數的漢人，都興高彩烈地剪去這條奴隸標誌的辮子。也有迷信的，事先選擇吉日，拜祭祖先，然後莊重地剪除，把辮子燒了。更有聯合人同日剪辮，並燃放爆竹，舉行公讌來慶祝的。偏有不少遺老們不肯完全剪去辮子，頭上四周光光，中間只留下一二寸長的辮根，說是沒有辮根好像沒有耳朵一樣的難看，後來張辮帥復辟，果然弄出了辮子兵的把戲來。

如今清朝垮臺已久，連遺老遺少的辮子也沒有遺留的，辛亥革命的成功，總算基本上革掉了辮子的命，報復了滿人之仇。有一首民謠云：「中華民國，大家拿得。中華民國，大家吃得。」

四十一、辛亥杭州起義火車頭撞進城門

辛亥武昌起義，各省響應，參加起義的人，現在還有不少生存的。前上海《神洲日報》記者鍾豐玉，是杭州人，他以新聞記者資格，參加了杭州起義。在起義期間的前後，他已經躬親其事了。鍾先生本來在他的日記裡有詳記此事的，後來整理過，發表於《神洲日報》。老一輩的報人，大概都讀過鍾先生述杭州起義的日記。袁世凱搞帝制時，收買報館，《神洲日報》也自毀前途，被收買了，鍾先生反對無效，偕一、二同志辭職返杭州。現在鍾先生已八十多歲，前幾年他曾親口對友人某君講過他和一班同志用火車頭撞開杭州城門的壯烈而又有趣味的故事。

武昌起義的消息傳播後，鍾先生各同志在《神洲日報》（在上海山東路）集會，認為浙江在此時起義最適合不過，但是杭州各同志的軍火不足，恐怕起事時不夠應用。因為杭州的駐防將軍、參領、巡撫等已略有風聲，對新軍大加防備。每一新軍只許配備子彈三枚，這是不夠的。鍾先生和黃興等會商後，便派人向滬軍政府請求撥給在製造局獲得的長槍若干，子彈十五萬發，香烟罐裝炸彈（香烟罐裝炸彈，係上海黨人所製，藏烟罐內，以避人耳目。這種炸彈，因為原料和製造時不充分配合，故施放時爆炸聲很大，可以發火燃燒家屋，不能摧燬堅固的防禦工事；能傷人，但不能立即致人於死。）

結果，滬軍政府都督陳英士答應撥給各種短槍，手槍三十支，槍彈九萬發，香烟罐炸彈三百枚。何以發得這麼少呢？原來滬軍政府攻下製造局後，雖然得到大批武器，但其他各地區也急於要用，實在不能盡量供應，只得照所求的數量打個七折八扣了。至於長槍一項，因為上海的軍隊尚不敷用，不能撥發。

鍾先生等人領到軍火後，第二個問題就是怎樣把它運到杭州，會議結果，於九月十四日開駛專車，計火車頭一輛，蓬車二輛，午夜在南車站待運，運輸人員推鍾豐玉、王伯南、汪達安，而以高爾登為領導，高爾登是日本士官學校出身，曾在雲南講武堂任教，富有軍事學識，由他領導最為適合。

是夜十二時十五分專車開行，清晨三時五十五分，專車已經駛近杭州了。火車要開入清泰門才能到達關王閣總站的。車將及門，燈光照見城門關閉，但沒有人防守。清泰門很是堅固，門包以鐵皮，不容易把它打開的，各人見此情形，無法可施，但又不能把車駛回上海，更無善法可以把軍火搬入城中。高爾登主張用火車頭猛撞城門，就是全體同志犧牲了也是壯烈的，眾人個個都贊成，絕無一點貪生怕死的心理存在，於是他們找着火車頭駕駛員趙某（忘其名，只知道是南京人，滬杭路局的人叫他做老趙），問他火車的力量能撞開此門否？他是駕車的人，首當其衝，他怕危險否？

趙同志慷慨激昂地說：「我也是黃帝的子孫，今日為我漢族驅逐胡人的好機會，我區區一命，有何可惜！不過要讓我先去看看城門，看它到底是怎樣堅固的。」說後，他下車走向城門一看。不到十分鐘，他回來了。他說：「好得很，我的車頭包你可以打開城門！不過有一層要顧慮的，車頭撞過去，震動力很大，城門的回力當然也猛烈的，車上的炸彈恐怕會爆炸，那時全車的人難免受到傷害了。」眾人一聽不錯，個個都想犧牲，但人人都死光了，炸彈、槍支、子彈已成灰燼，就是城門開了，有何用處？

後來還是趙同志有見識，他說：「我得一妙法，把蓬車二輛的詹天佑鈎解開，單用火車頭去撞。車頭倒退三里，疾馳向城門一撞，必見功效。第一次不行，又來二次，三次，到第四五次，城門也就開了。」

眾人拍手叫好。趙同志馬上如法泡製。他加足火力，親駕車頭猛向城門衝撞過去。城門發出鉅聲，雙扉受損，但還未到開闢的程度，第二次又倒退二里撞過去，左面一扇門裂開，可以望見城內的軌道了。撞到第四次，城門洞開，火車可以進去了。趙同志再把車倒開，鈎套了兩輛蓬車，聯同了諸同志歡天喜地的進入城中，把軍火交給臨時司令部的標統周赤忱，杭州軍民得到軍火接濟，才能把滿洲兵打垮，完成起義的大業。

四十二、烈士吳樾

這是一個轟轟烈烈而且可歌可泣的革命悲壯故事。但故事中的主人公並非什麼當代顯要，卻是一個不折不扣的無名英雄。他名叫吳樾，別字孟俠，安徽桐城人。也許讀者們對吳樾這個名字感到陌生，而其革命意志的堅決，和慷慨犧牲的精神，實與黃花崗七十二烈士同樣光榮。因此，在辛亥革命前後的老前輩，對他無不同聲景仰。

由於庚子事變之後，朝野競言變法，惟吳樾一士諤諤，且加以痛斥，毫不留情。其時，他常僕僕於北京、保定間，和丹徒、趙聲等人結交，並以意氣深相期許，嘗說：「君為其難，樾為其易。」就從那時起，他以暗殺先鋒自任。而其令人盪氣迴腸的悲壯故事，也從那時開始。

事情的發展是這樣：當民國紀元前七年（即清光緒三十一年）八月廿六日，清廷派戴澤、戴鴻慈、徐世昌、端方及紹英等五大臣，分赴各國考察憲政，吳樾聞訊，馬上身懷兩枚炸彈，假扮僕人模樣，尾隨他們赴前門車站登車，準備車輛駛出車站時，他便拉開炸彈引線，不惜同歸於盡的。但不幸的很，在他剛步入車門時，因火車接軌而猛的一震，炸彈受了震動便轟炸一聲，紹英等人僅受微傷，而吳樾自己中彈，血肉橫飛，死於車上。由於死狀甚慘，面目不能辨，雖經醫生洗以藥水，遍訪姓名，亦無人知道。直到後來在桐城會館捕獲同志汪炘時，方發覺那次因暗殺而犧牲的烈士，就是吳樾。

然而吳樾當時的行為，不是「暴虎馮河」的匹夫之勇，卻是有策略，有抱負和決心的。這可以從他事前寫好的那篇文字看出。文題是「暗殺時代」，內容有云，「夫排滿之道有二：一曰暗殺，一曰革命；暗殺為因，革命為果。暗殺雖個人而可為，革命非羣眾即不效。今日之時代非革命之時代，實暗殺之時代也。予遍求滿酋中而得其巨魁二人，一則奴漢族者，一則亡漢族者。奴漢族者在今日，亡漢族者在將來。奴漢族者非那拉淫婦而何？亡漢族者非鐵良逆賊而何？殺那拉淫婦難，殺鐵良逆賊易。殺那拉淫婦，其利在今日，殺鐵良逆賊，其利在將來……」

但在吳樾未能殺鐵良之前，已有志士王漢謀刺鐵良未遂而先自盡。所以吳樾在「暗殺時代」文中又說：「雖然，王子之死，非勉他人，乃勉我耳，予之存此志，已有數月。王子復先我而行之，雖其不成，亦足見王子之志，與我同也。若王子有靈，當不使我復蹈萬子之轍（按：萬福華刺王之春失敗被捕入獄）。今者予之槍具已自日本購來，其遲遲吾行者，一因此身之事務未清；二因其人受再次之驚，家居多所防備，擬緩數月，觀其動靜，然後就道。斯時友人某君知予之志，遂勸予筆之於書，以遺後世，以釋人惑。予自惟素不能文，即強為之，焉能言之成理，足以動人觀聽？且以我心之所求者在實事，而不在虛文，使來者皆事虛文，恐實事終無可成之日。予願予死後化一我而為千萬我，前者仆，後者起，不殺不休，不盡不止，則予之死為有濟也。」由此可見吳樾志之堅，心之切，已溢於言表。

另一方面，吳樾不但意志堅決，毅力特強；其對於生死觀念也有非常的透徹。要不然，他怎能做到「視死如歸」呢？正如他的「與妻書」中所說：「人之死生亦大矣哉！蓋生必有勝於死，然後可生；死必勝於生，然後可死。可以生則生，可以死則死，此之謂天命，此之謂英雄，昧昧者何能焉。生不知其所以生，死不知其所以死，以為生有生人之樂，而死則無之，故欲生惡死之情，自往來胸中而不去，則此輩之如秋蟬，死若朝菌者，可無足怪矣。若夫號稱知命之英雄，向人則曰：我不流血誰流血？此則我不死誰死之代名詞耳。」

他又說：「……與其悔之他時，不如圖之此日，抑或者蒼天有報，償我以名譽於千秋，則我身之可以腐，自歸於腐滅，而不可以腐滅者自不腐滅耳。夫可以腐滅者體質，而不可以腐滅者精靈，體質為小我，精靈為大我；吾非昧昧者比，能不權其大小輕重以從事乎？而況奴隸以生，何如不奴隸而死！以吾一身而為我漢族倡不奴隸之首，其功不亦偉耶？此吾為一身計，固不得不出此；則為吾漢族計，亦不得不出此。多壽有何所用？雖然彭祖，亦不過飲食衣服之較多於人，而況子非其比，勢不得不為一己計，則當捐現在之有限歲月，而求將來之無限尊榮。」可見烈士之為國犧牲，實養之有素。

特別是吳樾勉勵其妻為革命效死的話，更為動人。他說：「吾期望於子者，思想日漸發達，智力日漸進步，而導以民族之主義，愛國以精神者，亦為同胞起見也。子若志不在此，則人間之富貴安樂，自可操券而得之，亦以子之年華才貌足以相當也。如曰拙鈍無能無力，是直不自尊自愛之代名詞耳。天下事人能為者，我亦能為之；舜何人也，予何人也，有為者亦若是，子見夫法之羅蘭夫人，以區區一弱女子，而造此驚天動地之革命事業，彼豈有異於人哉？無異也。其所以至此者，亦由於平日明乎自由之不可失，雖此身可亡而此名不可沒，故宗旨一定，直至達目的而後已。」

吳妻的姓名和出身沒有稽考，吳樾死後，其妻下落如何，亦無記載；只從上文推測，他們夫婦尚年輕，而且情感甚篤，尚無子女，但已充份流露着生離死別的痛苦，和亂世兒女的悲哀，感人肺腑！尤其視死如歸的精神，更表示吳樾對於「泰山」、「鴻毛」的輕重選擇，的確高人一籌；其對於後來辛亥革命諸先烈的慷慨赴義，也有直接的影響。

四十三、黃興韻事

辛亥革命後，黃興輓黃花崗七十二烈士聯云：

七十二健兒酣戰春雲湛碧血

四百兆國子愁看秋雨濕黃花

當日「三・二九」廣州起義，總指揮就是黃興。斯役，是他一生事業最可歌可泣之頁，也是最可喜之頁——他親率黨人，冒死舉事，竭力槍戰，斷了手指，卻也因此戀愛，結婚。

昔年同盟會中，黃興地位，僅次於中山先生。他的氣概和儀表相似，魁梧奇偉。從其壯年詠鷹之詩，可以窺見。詠鷹詩云：

「獨立雄無敵，長空萬里風，可憐此豪傑，豈肯困樊籠？一去渡滄海，高揚摩碧空，秋深霜氣肅，木落萬山空。」

黃氏原名軫，字廑午。第一次長沙舉義失敗，滿清政府懸賞通緝甚緊，因是改名「興」，字克強。

早年，他在兩湖書院讀書，後來，到日本東京，進弘文書院。同寓一位好朋友，便是後來擁載袁世凱稱帝「籌安會」六君子之一的楊度。楊字皙子，文墨口才，都很來得，中舉人，赴日留學，和梁啟超等，同為「立憲派」臺柱，與黃興、胡漢民等「革命派」常常筆戰。黃楊同寓，更朝夕舌戰。辯論國事，興緻太好的時候，面紅耳赤，終夜不眠。可是，翌日還是好朋友，大家喝酒去也。

中山先生最初的革命團體是興中會，黃興則與宋教仁、陳天華、陳揆一等，先有華興會的組織。後來兩者合流，成同盟會。

同盟會最動人的傑作，要推「三•二九」廣州之役了。是役策劃良久，統籌部設在香港跑馬地，部長黃興，胡漢民為秘書課長。

黃興率同志，分批由香港到廣州。起義之時，四路進攻！胡毅生趨大南門，姚雨平攻軍械局，陳炯明攻巡警教練所，而黃興親領一隊，攻最主要之總督衙門。

革命稗史，述當日詳況，何等勇猛。大意：「黃興攻督署中彈，右手斷兩指，途遇防營軍數百，黃且戰且前，以肩撞破一洋貨店門板，從內出兩槍，左右射擊，中防營七、八人，防營退卻。時指傷血積痛極，乃以涼水冲積血，血水流數丈，冲後自縛以止血。顛沛逃至溪峽機關，各同志悉外出，時已夜九時矣。無何，女同志徐宗漢歸，見狀大驚，而黃指血猶流未止，乃為再裹。次日趙聲來相見，痛事未成而同志犧牲者累累，抱頭大哭，黃暈厥，飲以葡萄酒始甦。翌日，黃乘輪赴港，由徐宗漢護送，輪已無房，坐廳中沙發裝睡，徐以身障之。到港，指傷痛不減，且有一指將斷未斷，乃入雅麗氏醫院割治，照例須親族簽字。徐以妻名義簽字，而黃徐之因緣由是結」——在革命中戀愛，在戰鬥中戀愛，在苦難中戀愛。

時黃氏三十八歲。

指癒後，赴美洲。武昌革命前，在舊金山籌款，趕返上海。武昌起義，任民軍總指揮，登壇拜將，十分隆重。

當日起義，眾推黎元洪為都督，因軍心浮動，民心未堅，欲效韓信故事，在武昌閱馬廠築壇，以印信令箭授黃興，軍民觀禮者數千，歡聲如雷。這時，黃氏聲望，如日月中天。

不過事情並不很如意，民軍守漢陽失利，被追棄城，黃氏離武漢，赴南京，頗受責難。

各省代表集議南京，組織軍政府，舉黃興為大元帥，黎元洪副之。他擔當大局，應付軍隊糧餉，寢食俱廢，尚無辦法。幸有兩淮鹽政總理張謇想出個濟急之道，以大生紗廠擔保，向日本三井洋行貸銀三十萬兩。

不久，清帝遜位，根據約法之成立。中山先生被推為臨時大總統，黎元洪副之，黃興任陸軍總長。

又不久，袁世凱做總統，不肯南下就職，邀中山先生、黃興上北京。黃不信袁的誠意，中山先生說：「不要緊，他不致害我。」到了北京，見袁似乎有心國事，遂致函黃氏，責他也去，黃始上京。這是他到故都的第一次。都門人士，慕名已久，看看這位魁梧雄健穿西裝戴禮帽的偉人，十分敬重，也十分有趣。

袁世凱解散國會，革命黨人討袁失敗，黃氏遊歐洲。旋返上海。民國五年十月卅一日逝世。享壽僅四十四歲。

時袁世凱雖已死，惟北洋軍人，仍然跋扈。黃氏遺書其子說：「一歐愛兒，努力殺賊。」

當其隨中山先生卸南京臨時政府職務返湘途中，在漢口賦詩贈友，豪邁之中，微有傷感：

「卅九年知四十非，大風歌罷不如歸；驚人事業隨流水，愛我園林向落暉。入夜魚龍空寂寂，故山猿鶴正依依；蒼茫獨立無端感，時有清風振我衣。」

四十四、黃花岡女鬥士徐宗漢

青年節，即辛亥年三月二十九日，廣州革命黨人謀攻督署事敗，七十二烈士殉難黃花崗之日。關於這一役史實，記載極多，人皆知之，現在我所記的，則為躬與這一役的徐宗漢女鬪士。

宗漢，廣東香山縣人，幼隨父在滬讀書，年十八，適海豐李晉一，生子女各一，結婚數年，李以病去世，宗漢教養遺孤，辛勤備至。民前四五年間，宗漢次姊佩瑤，執教於南洋檳榔嶼華僑學校，約宗漢往助，宗漢因是有南洋之遊，時檳榔嶼初設同盟分會，日宣揚革命主義，宗漢聞而善之，因加入為會員，助黨人擴張黨務，深資得力。清光緒三十四年回粵，即與港穗同志設機關，運軍械，往來香港廣州之間，清吏以其女子也，故不之疑。辛亥三月，廣州黨人將舉事，宗漢於河南溪峽，設一機關，頻頻由香港密運槍械炸彈至是處，分發各同志，並於門外張貼大紅對聯，偽飾喜事，故無疑之者。及二十九日晚，攻督署事敗，黃克強指受槍傷，尋至溪峽機關，宗漢為之裹傷。至四月一日，乃為克強改裝，親送至哈德安夜輪，相偕赴港。抵港後，克強以指傷過劇，入雅麗氏醫院割治，照例割症，須有親族簽名，宗漢遂從權以妻室名義行之。未幾傷癒出院，即正式與克強結婚，虛名夫婦，竟成事實矣。是後相隨克強革命，無役不從。先後得二子，民五克強逝世，宗漢撫養遺孤，至於成人。

抗戰後，移居重慶，於三十三年病逝，享年六十有八。

四十五、刺死孫傳芳的施劍翹女士

手刃殺父人孫傳芳，因而名震全國的施劍翹。

施女士的祖上是安徽籍，世為武將門第，歷遷冀魯幽燕，她的父親施從濱，亦克紹箕裘，曾畢業於日本士官學校，與軍閥割據時代的所謂五省聯軍總司令孫傳芳是後先同學，歸國後即隸孫所部，積功擢升至獨立旅長，但他的賦性耿直，每見孫的措施有所不當，即直言犯諫，其實他是感懷知遇，盡其諫諍，卻因此觸動了孫的疑忌，加以旁人的進讒，以為他別有企圖，必欲除之而後快。一夕設筵召施，即席將之拘禁，因施帶兵有方，恐其部屬譁變，故以迅雷不及掩耳的手法，翌晨即假以某項罪名，將之槍斃，當執刑前，施的侍從在側，施附耳囑其寄愛女，謂無辜受死，心實不甘，女應為其報仇，否則永不瞑目，侍從以弱質女流恐難勝任，對施說你不用管，我教養她這許多年，知道她能遵行我的遺言，所謂知子莫若父。

施女士幼承庭訓，自小聰穎過人，父母愛逾掌珠，曾為她延聘文武名師教習，不獨文學上頗具根基，堪稱登堂入室，就是技擊功夫，也着實來得幾手，當她聽到父親的凶耗之後，初時痛不欲生，後來想到復仇遺訓，於是節哀順變，尋覓機會替父報仇。

初時孫傳芳擁兵雄據一方，十足地道的一個土皇帝，平日警衛森嚴，出入扈從呼擁，施雖報仇心切，卻苦無下手機會，直至民國十七年後，孫傳芳兵敗下野，寓居天津租界，平時深居簡出，後來不知怎樣，或者是真有果報安排，他晚年竟信起佛教來了，時常往某一處佛堂聽講經義，施得到了這個消息，認為如此機會，豈容錯過，於是也夤緣入會，經常前往聽經，教堂中人也不虞有他，一日施未見孫帶保鏢，即潛坐孫的後面，乘他起立之時，迅用預帶的手槍向孫傳芳腦後射擊，孫即應聲倒地殞命，當時佛堂內秩序大亂，施於悲喜交集之餘，高舉手槍，痛述係耑為父親報仇，與他人無尤，並願自投官廳自首，遂由佛堂中人呼警偕之同往當地治安機關，後在法院審訊時，施女士慷慨陳詞，並自作供狀，其後附詩一旨，詩云：

「蛾眉飲恨日如年，
殺父深仇不共天；
壯志不負三尺劍，
丹心一片慰九泉。」

情辭悲憤激昂，法官與觀審者皆為之動容。

此項消息傳出之後，各地報紙登為頭號新聞，全國輿論，一致寄與同情與聲援，後來政府為徇國人呼籲，予以特赦。以後她便一直獻身教育工作。

施嘗語人：「君父大仇，刻骨銘心，食不甘味，寢不安蓆。」義正詞嚴，聞者凜然。

施在抗戰期間，曾婉辭政府畀她參政員的地位，而輾轉各地，致力於社會教育工作，雖然經費無着，她總是不辭艱辛，到處奔走呼籲，務底於成而後已，且正直敢言，有乃父風，平日對事非常認真，對人則誠懇熱情，她這種剛正不阿堅毅不拔的精神，可以說自幼就養成的。

施劍翹以一女子，有肝膽、有智慧，卒能報復父仇，其辭政辦學，窮且益堅，更是另有見地，難能可貴，其所以能成為傳奇人物，絕非一時衝動所致。

世事滄桑，不知這一代英雌如今尚健在否？（編案：施劍翹於一九七九年八月二十七日病逝，葬於蘇州城西天靈公墓。）

四十六、少帥張學良與西安事變

民國廿五年十二月十二日西安事變，極峯被張楊叛兵劫持，當時震驚世界，蔣公在《西安半月記》引言裡，謂：「此次事變，為我國民革命過程中一大頓挫，八年剿匪之功，預計將於二星期（至多一月內）可竟全功者，竟坐此變幾全隳於一旦。」影響的重大可知。今事隔三十年，物換星移，大局已變，但當年事變主角之一的張漢卿，迄今仍在受教管中。風雨深霄，展讀　蔣公的手記，覺得這位年事漸老的「少帥」，不無繫人思念的地方。

事變發生後的半個月，張漢卿親送蔣氏回京，由軍事委員會組織軍事最高法庭，加以審訊，自此即受長期教管。他幽居的地點，據筆者所知，經過下列多次的遷移：

最初是在奉化溪口。

一九三八年抗日戰爭爆發後，曾居留漢口，後來被移往江西泰和。

一九三九年又移湘西阮陵，幽居於沅水河畔的鳳凰山。

一九四〇年被移往貴州修文縣的王陽明祠。（和息峯很近）

一九四二年再移往貴州與四川邊境毗連的桐梓縣。最後是被移到臺灣的新竹縣，以至於今。

這位當年叱咤風雲的張少帥，經過廿多年時光的冲洗，如今漸漸地被人淡忘了。他究竟是一個怎麼樣的人呢？他的家世，他在受教管前的事跡，他少年時代的風流韻事，及他在幽居期中和趙四小姐的豔跡，大家都耳熟能詳，似乎不必再花筆墨，《西安半月記》和蔣夫人宋美齡女士的《西安事變回憶錄》，對於張漢卿的為人，從書中頗有領悟。

蔣氏的半月記是採用日記體裁，按日記事的。現在為便利窺出張漢卿的言語態度轉變起見，按照原書分日摘錄。

十二月十一日

這天事變發生的前夕，原書云：「漢卿今日形色匆遽，精神恍惚，余甚以為異。」

十二月十二日

這天凌晨五時半變亂發生，蔣氏在臨潼為叛兵所執，旋被用汽車送往西安新城大樓，即西安綏靖公署所在地。原書云：「余乃命覓張漢卿來見，約半小時後，張始來，對余執禮甚恭，余不為禮，張垂手旁立。」以下記兩人對答，張力謂此次行動之動機，非叛變而為革命，蔣氏大加斥責，罵張將死無葬身之地，張聞言，頗為憤激。原書云：「張聞言，頓時變色曰：『爾尚如此倔強乎？』」但經蔣氏再責以大義後，張怒氣漸息。原書云：「彼乃改容以請曰：『移居余處何如？』余曰：『決不入敵人之居。』彼又謂：『在此不甚安全。』余答之曰：『余不需汝保護！』彼坐而復立者數次，在旁窺察余之神色態度，余閉目不理之，如此半小時，屢言：『余欲去矣！』繼又坐，命役人以食具來，請余進食。」

十二月十三日

原書云：「八時起，侍者入言，張清晨六時即來此，以委員長方睡，不敢驚動。……未幾，張又來，執禮甚恭如昨，對余請許其進一言，答以疲甚，無精神說話，彼無言退出。」

又云：「是日，張連來見余四次，神色較前沉默。晚間，又穿軍服來見，啟門見余睡，即言：『委員長已睡，不驚動了！』」

十二月十四日

原書云：「早晨，張又來見，立門後，對余流淚，若甚愧悔者。余未與之言，半響，彼無言自去。」

又云：「正午，張又來，仍申前意，堅請移居。……張乃言：『委員長之日記及重要文件，我等均已閱讀，今日始知委員長人格如此偉大。……非全力調護委員長，無以對國家。無論如何，居此間決非辦法，委員長雖堅不允移居，但余必以全力請遷出此室，委員長不肯自行，我亦將背負委員長以出。』……張又泣下，久之始去。」

按當時楊虎城任西安綏署主任，楊部看守蔣氏，張不能指揮，故力請蔣氏移居，以策安全。

那天下午，端納自南京飛抵西安謁見蔣氏，張悔悟頗誠。原書云：「其時張亦在側，力白悔悟，意似頗誠。」其後蔣氏卒移居師長高桂滋的住宅，張婉轉向蔣氏提出改組南京政府等八項主張，蔣氏拒而不納。

十二月十五日

原書云：「是夜，張又來見……察其狀，似甚悔悟而急求陝事之速了也者。又告余此次之事，楊虎城實早欲發動，偈促再四，但彼躊躇未允，唯自十日來臨，親受訓斥，刺激太深，故遂同時發難，然實後悔莫及。」

十二月十六日

原書云：「清晨，張來見余，形色蒼白。」又云：「旋張又來見，暗示將挾余他往，以相恫嚇。」

十二月十九日

原書云：「是晚張又來言……『現在已無須八條，只留四條矣。』」（筆者按：即指上述的八項主張。）

十二月二十日

原書云：「是晚，張又來見，張乘子文在此機會，商定實行一二事，以便速了此局，余仍正色拒之。」

十二月二十三日

原書云：「是日，子文與張楊諸人會談約半日，對於送余回京事，眾意尚未一致。」

十二月二十四日

這天「西北委員會中激烈份子」又提出七條件，但張表示反對。原書云：「張漢卿果出而調停，謂『不能再弄手段，否則張某將獨行其是。』……又聞楊虎城堅決不主張送余回京，與張爭執幾決裂。」

十二月二十五日

這天是蔣氏脫險西安飛抵洛陽的日子，上午楊虎城仍然未表示同意，後來卒因張之努力，得以平安離開。原書云：「旋張亦來言：『虎城已完全同意，飛機已備，可即出城』……臨發時，張堅請同行，余再三阻之，謂：『爾行則東北軍將無人統率，且此時到中央亦不便。』張謂：『一切已囑托虎城代理，且手令所部遵照矣。』遂登機起飛。」

以上是蔣氏《西安半月記》書中有關張漢卿記載的紀錄。現在我們再從蔣夫人宋美齡女士的回憶錄裡，看看她所記的張氏又如何。

宋女士係於二十二日偕同端納，宋子文等自南京飛往西安的，當她到達西安後所見的張漢卿，相當客氣而善良。原書云：「機方止，張學良首登機來迎，其狀甚憔悴，侷促有媿色。余仍以常態與之寒暄。離機時，乃以不經意之語氣，請勿令部下搜查我行裝，蓋懼紊亂不易整理耳。彼即悚然曰：『夫人何言，余安敢出此！』」又云：「余憶在京時曾有人戒余，倘赴西安，不獨不能晤委員長，且將被囚作質，喪盡尊嚴，余固知張之為人，不至如此，今更得證明矣。」

又云：「余見委員長後，再召張來見，彼或因余未加斥責，顯有快慰狀。……張曰：『夫人如在此，決不敢發生此種不幸之事。』此語殊出於意外，駭然久之。……語張曰：『爾性太急切，且易衝動，爾當知世上有許多事，皆非躁急之舉動可以成功者……』張聞言，頗感動。」

自從宋女士飛抵西安之後，張氏顯然加強了護送蔣氏回京的決心。原書云：「張曰：『楊及其部將不願釋委員長回京。彼等言：子文與夫人與我交誼甚厚，我固可自保生命，彼等將奈何？』」又云：「端納入陝，張學良即招羣疑，自子文及余與彼談話後，張堅主立釋委員長，西安將領竟目彼為『我方之一份子』矣。」

張氏當時的處境，可謂困難極多，但他依然努力調停，以求蔣氏早日回京的。原書云：「時張學良正竭力解勸疑懼中的各將領。」又云：「彼又曰『如楊部反抗，我等固可與之抗戰，然夫人為一女子，則處境極危。』……時張已噪急不能自持，向彼等聲稱，倘彼等不即改變舊態，彼將自取適當斷然之行動。」可見張氏不惜冒犯生命的危險，來爭取恢復蔣氏的自由的。

宋女士在回憶錄結束處，有幾句稱讚張氏的話道：「余更願在此特別聲言，負責叛變之軍事長官，竟急求入京，躬受國法之裁判，實為民國以來之創舉。」這自然也是事實，並非替張氏挽回面子的虛語。

從上面所摘錄出來的原書記述看來，張漢卿是一個怎麼樣的人，我們總可以了解幾分。蔣氏在西安事變發生前兩天（即十二月十日）的日記裡，對張曾有這樣的批評：「漢卿小事精明，大事糊塗，把持不堅，心志不定，殊可悲也。」我們讀了蔣宋兩人的全部紀述後，覺得張漢卿後來終算把持得堅定，大事到底尚不糊塗，而且他還是個情感相當豐富的人呢。

四十七、張學良・胡蝶・九一八

趙四風流朱五狂，翩翩蝴蝶正當行；溫柔鄉是英雄塚，那管東師入藩陽。
救急軍書夜半來，開場管絃又相催；瀋陽已陷休回顧，更抱佳人舞幾回。

馬君武這首詩，把張學良和胡蝶兩個名字連在一起，造成了當代一大「寃獄」，大家都相信當九一八事變時，日軍長驅直入瀋陽，東北河山遷色，而少帥張漢卿正和胡蝶擁舞於北京六國飯店，置國破人亡於不顧。張漢卿一生最不見諒於國人的，除了西安事變外，馬君武這首詩也是他一大罪狀！

這是一個虛構的桃色故事，流傳了卅多年，直到胡蝶赴臺灣拍片，對新聞記者談起她從未見過張漢卿。而九一八事變時她正受阻於天津，還未到達北平，謎樣的桃色舊案才算揭開了謎底。

真正的桃色故事是：張少帥這時和趙四小姐在熱戀，九一八事變時，張在第一戲院陪英國領事看戲。抗戰期間，張住貴州息烽，有一天，戴雨農去探望張，他們聊天聊得很高興，不知怎的談到了馬君武，觸動了張的感慨，乃對戴說：

「雨農！胡蝶究竟是個什麼樣兒？我雖在畫報上見過，可是從沒有看到她本人的真面目，馬君武把我和她連在一起，實在是活天冤枉，你能不能介紹我和她見一面？」

據說，張漢卿不僅沒有見過胡蝶，他跳舞也極不高明，同時也很少跳舞，這就是當代一個「謎」的真實情形。

為什麼這個故事傳播得那麼廣呢？是由於故事中的男主角是少帥張學良，他失去東北，又製造了西安事變，這兩件大事在歷史上都極重要，所以更增加故事的傳奇性；至於女主角呢？是一代紅星，又是一大美人。兩個有名人物連在一起，當然太吸引人注意了，大家以訛傳訛，久而久之，便成為家喻戶曉的故事了。

一部中國近代史，東北的命運決定了中國的前途，而東北在近五十年來，又一直被日本和俄國所更番侵略，張學良和他的父親張作霖，與東北的關係是不可分的，談九一八不能不談張學良，談張學良又不能不談張作霖。

早在民國四年，日本駐華公使向袁世凱提出廿一條件，其中第二號共有七個項目，都是關於東北的，包括南滿和東部內蒙古開礦權，建造鐵路，聘用政治、財政、軍事各種顧問，都有詳盡的規定，不過這些條款均未實現，其原因何在呢？乃是因為關外王張作霖未予同意。張作霖出身草莽，未讀詩書，可是他愛鄉土、愛國家。他的外交手段也有綠林豪俠之氣，對待外國人不耍手段，只要合理，他都答應，答應的話完全算話，照現代標準來論，他能保持信義，遵守諾言。他來自民間，深知如何適應環境，所以他不會上圈套，不會被人玩弄。

他極富機智，據說他在剛做奉天督軍時，日本軍方和領事館有一次假南滿鐵路的附屬地（等於租界）一家料理館歡宴他，他帶了副官馬弁前往赴宴，預先吩咐衛隊長鮑德山在料理館門外警戒，他則從容自若的前往參加，酒酣耳熱，發現日方鬼鬼祟祟，乃起座入廁，悄悄出了料理館，和鮑德山換了軍帽，換了坐騎，快馬加鞭返回督軍衙門。日本人的習慣，在料理舖宴會中途退席不算稀奇，據他事後說，這是仿效劉邦的鴻門宴的做法。

當時，日本駐奉天的總領事是吉田茂（就是不久前來華訪問的吉田老人）負責和張洽商廿一條件中有關東北條款如何進行。張作霖表示「滿蒙特殊地位」，主張由地方首長另行協議，不受北京新條約的束縛，吉田茂當然反對，張態度也很倔強，兩個強人碰在一起，吉田盛氣凌人的說：「你要是真不接受的話，日方當另有辦法。」

作霖立即給予顏色：「好吧，你們有辦法儘管拿出來，張作霖恭候！」談完話立即送客。吉田討了沒趣，只好告辭，當時日本首相兼外相田中義一大將聽到這個消息，知到吉田弄僵了，乃把他召回，改派林久治郎繼任奉天總領事，而張已起程入關了，日本乃改派駐華公使芳澤謙吉負責和張交涉。

日本最初認為張作霖是一個馬賊出身，一定很簡單，威脅不行，乃加以利誘，可是張老帥完全不吃這一套，日本人慢慢才知道這位「天才的統治者」自有一套。他有御下的權術，有應變的機智，能進能退，善擒善縱，不是可以聽人擺佈的。日本人於是改變了對張的策略，由高壓和收買，改為趨承。他們利用張作霖的旺盛的政治慾，慫恿他問鼎中原，幫他策劃，幫他奔走，想把他引出東北。這一期間，奉天的日本顧問，人數最多，顧問們替他蒐集各方的情報，策劃如何進軍。民國七年，奉軍進駐河北；民九直皖戰爭；民十一奉直第一次戰爭；民十二奉直第二次戰爭；民十四馮奉戰爭；奉軍方面的一切的部署，日本顧問佔了很重要地位。

日本政治、軍事、文化首要人物，以及元老重臣，這一期間都分別前往東北訪問，並和張老帥作長時間的交換意見。

民國十四年十二月廿三日，奉軍第四軍長郭松齡由天津通電要求張作霖下野，一個月後失敗，被捕槍斃。郭松齡的倒戈是奉軍內部派系之爭的結果。奉軍從民國十一年第一次直奉戰爭被吳佩孚擊敗，退出關外後，埋首苦練了兩年，楊宇霆延攬了以姜登選為首的一班日本士官出身的軍人，就奉軍加以嚴格的整編訓練。十三年在孫、段、張三角聯盟的大纛下，出兵入關，由於馮玉祥為內應，一舉而下榆關，直抵平津；第二年長驅到達長江，這一年可說是奉軍的黃金時代。

黃金時代難免不分立門戶，奉系軍官也不例外，所以乃分為新派和舊派。舊派以張作相，吳俊陞為首，新派中又分為士官系和陸大系，楊宇霆是士官系，郭松齡和李景林是陸大系，兩系明爭暗鬥，積不相容。民國十三年奉系奄有整個半壁江山，新派要人紛紛高據要津，分茅列土，如：李景林任直隸督辦，楊宇霆任江蘇督辦，姜登選任安徽督辦，張宗昌任山東督辦。張宗昌不屬新系，也不是舊派。

郭松齡當時極得少帥的信任。少帥所統轄的奉軍，其精銳部隊都由郭統率。郭因各省地盤均為楊宇霆一系所佔有，自己竟未分到一塊土地，自然異常憤慨。加以郭曾和姜登選在榆關戰役鬧過一次意見，姜當時擔任方面指揮官，郭姜不和，少帥出面調解，郭向姜低頭才算了事，因此郭姜有了夙怨。民國十四年蘇浙戰事爆發，孫傳芳的聯軍向奉系進逼，楊宇霆退出江蘇，姜登選放棄安徽，張老帥令李景林、張宗昌對付孫傳芳，郭松齡、張作相、紀金純、闞朝璽等監視馮玉祥的國民軍。

郭松齡這時非但沒有監視馮玉祥，且認為是個大好機會，乃秘密赴包頭與馮玉祥暗通款曲，協商合作。馮玉祥是「倒戈」祖師，把混身解數傳授給郭，郭由包頭返天津，乃發通電要求張作霖下野，並歷數楊宇霆的罪狀，要求將楊明正典刑，同時在灤州車站把姜登選捕獲，立即槍決。這時郭松齡軍容之盛，氣焰之高，簡直有可以傳檄而定東北的氣勢。他打着「清君側」的旗子，向瀋陽進軍，要求張老帥立即把東北的民政和軍事都交給兒子張學良。這時張少帥已返奉天，郭用少帥名義班師回奉，由天津啟程，一口氣便到了離瀋陽不到廿公里的白旗堡。

這時的張老帥在瀋陽唱的是空城計，無兵可調，無將可遣，急得如熱鍋螞蟻，在帥府跑出跑進，一會兒穿上軍裝預備上火線，一會兒換上了便裝，打算率了妻兒老小逃出瀋陽，這時替他運籌帷幄的，仍是總參議楊宇霆，而在外撐持戰局的，也只有把兄弟吳俊陞和張作相。

日本人在張作霖危急的時候伸出手來。因為日人覺得對付張老帥，威脅利誘都沒有用，如今他有急難，正好借此助張一臂之力，張講信義，知恩必報，以後便可以挾恩示惠，以使張就範。

就在這最危急的當時，日本軍部駐奉天特務機關長菊池武夫少將奉軍部秘令，深夜訪問老帥，對張致最誠摯的慰問，並表示在可能範圍內，日軍願伸出「友誼之手」以助張，且不提任何條件，所謂「義氣博義氣」！

張作霖正需人支持，日本人剛好來洽，張雖在危急中還不失豪氣，他說：「那就謝謝你們，我張作霖從不負人，你們幫了我的忙，我將來自會後報！」

第二天遼河東岸的日本砲兵出動了。吳俊陞的馬占山團開上前線，郭松齡便垮了，郭夫婦雙雙在白旗堡被逮，立被就地槍決。

張少帥並未參與郭倒戈計劃，可是他向來支持交付大權給郭，郭鬧出這麼天大的亂子，張漢卿怎能自辭其咎？幸好他這時恰在奉天，不過郭案未平定前，他一直不敢見他父親，直到郭兵敗授首後，他才由吳俊陞、張作相帶到老帥前請罪。老帥見到兒子，大發雷霆，他哭着說：「你這小子，結交匪類，闖下這滔天大禍，要不是老子還有幾個換命兄弟，我們今天已不知身在何處？東北老百姓也不知怎的受苦，我今天不打死你，就對不起我的老兄弟和老百姓。」說着就拔出手槍來，嚇得吳俊陞和張作相連忙跪在地上求情，他們齊聲說：「請大帥饒了漢卿，大帥若不饒他，我們就不起來了。」老帥這時氣嘟嘟的說：「小六子（張學良的小名），我看在二位大叔面上，饒了你的小命。」

張漢卿從郭松齡倒戈起，就沒實際負責東北的軍政，張老帥在北京當海陸空軍大元帥，他雖然還擔任着三四方面軍軍團長的名義，可是軍團事務都交由韓麟春代拆代行。

張老帥處理郭松齡倒戈的善後問題中，最傷腦筋的是如何「報答日本拔刀相助」，他當然有他一套。這時他的日本顧問中，有一位是陸軍大佐町野武馬，他是日本軍人湯河源集團的中心人物，張老帥派町野武馬代表他赴旅順、大連和日本方面連絡，並替他佈置，安排他親訪旅大，向日本關東首長和南滿鐵路總裁作禮貌訪問和答謝。日本在滿州的文武大員得知張老帥要來詢問消息，十分興奮，推定滿鐵負責在大連市、旅順市、里個浦三處盛大歡迎這位「關外王」。

張老帥抵達旅、大，受到日方熱烈和殷勤的款待，他把自己存在日本正金、朝鮮兩銀行的日金五百萬元，全數捐贈了關東軍司令部和前關東州都督府，同時對於所有日方文武官員也都各有饋贈，他說：「你們這次仗義幫忙，我張作霖永遠不會忘記，日本武士道精神，雖然施恩不望報，可是我張作霖受人一飯之恩，也終身不能忘，區區這點金錢，聊以酬謝你們公私協助的好意。」

日本人被他這個豪舉弄得呆了，因為當時五百萬元不算一個小數，加上他真摯的情感，爽朗的氣慨，不由不使日本人暗暗心折。

張老帥對他親信說：「日本人這次幫我，決不會無所要求，我不能等他們要求，我張作霖受日本人的好處，只有拿我自己的財物酬謝人家，我把我在日本銀行的全部存款贈送，是表示我以全部力量奉贈，日本人該不能再提其他要求，如果他們提要求，只要我個人辦得到的，我決不吝惜，如果是牽連國家權利，我是堅決拒絕的，因為我決不作出賣國家民族的事。」

郭松齡事件過去了，張老帥每想到馮玉祥便咬牙切齒，他是舊時代的代表人物，恩怨分明，也經不起別人的恭維，充出流露個人英雄主義報仇雪恨的意識。

他憎恨馮玉祥，恰和吳佩孚不謀而合，吳子玉也最憎恨馮的見利忘義。民國十五年四月，張吳兩軍進攻北平，段祺瑞被逐，馮玉祥的國民軍退守南口，張吳兩人會晤於天津，這是他們自民國九年後首次會晤，當年吳還是曹錕下面一個師長，如今則已是大帥身份，兩人經過了兩次兵戎相見，重修舊好，大有天下英雄唯使君與我之慨，這是北洋巨頭分而復合，最後的一臺壓軸戲。

張作霖這次入關，他的最親信部下王岷源極不贊成，張對王向極禮貌，每次入關，關外事都是托付給王，他向王解釋此行的苦衷，以及內心的隱恨，他認為自己在關外這末多年，從沒有栽過跟頭，想不到陰溝裡翻船，給郭松齡這小子攪了一下，太丟臉了，不過追源禍始，要怪馮玉祥這個狗狼養的。馮是倒戈祖師，民國十三年倒曹就騙了奉系老頭票（日金）一百萬，這回又慫恿郭松齡，因此老帥這趟非教訓他不可，只要打完馮玉祥，馬上回來，關起門管自己關外的事。

但他這次入關，他夢也想不到竟有去無回。

他入關後始而聯合直魯軍，會同吳佩孚、閻錫山解決平津及平漢戰局，一直把馮玉祥追到平地泉，奉軍佔張家口，晉軍佔包頭，繼而應孫傳芳的要求，南下援孫，進抵淞滬和鄭州。

民國十五年十二月，他受孫傳芳、張宗昌、閻錫山、高震、陳調元、張作相、郭香亭、韓麟春、陳儀、周蔭人、湯玉麟、劉鎮華、褚玉璞等擁護，就任安國軍總司令。十六年六月十六日，安國軍將領會議，擁張作霖為海陸軍大元帥，組織軍政府，置國務員執行政務，儼然成為一國元首了。

這一幕戲是多餘的，亦足見張老帥腦筋太舊，昧於大勢，當時國民革命軍北伐節節勝利，奄有黃河以南的全部，對抗北伐軍等於自絕於國人，如果張在對馮玉祥的軍事行動完成後馬上出關，後來的歷史便不是這樣了。

日本人對張老帥既然很傷腦筋，所以最希望他入關問鼎，逐鹿中原，把他調虎離山，以遂日人一心一意經營滿洲的打算。

可是，使日本人感到意外的，便是國民革命軍北伐，一路勢若破竹，北洋軍無法抵抗，張大元帥宣佈下野，軍事交由各軍團負責，政治聽國民裁決，自己則決定出關，回東北老巢。

日本本意是想支持北洋軍抵抗國民革命軍的。當時日本首相是田中義一，陸相是宇垣一成。日方計劃第一步是出兵山東，支援張宗昌的部隊抵禦北伐軍，第二步是取得張大元帥同意，接受日本軍援，堅守直、魯以圖反攻。同時把在旅順的關東軍司令部移至瀋陽，集中一個師團，二個旅團，一個守備大隊分在瀋陽錦州和山海關佈防，以阻止奉軍回師。

張作霖似乎完全漠視日本人的野心，當北伐軍進抵山東、濟南爭奪戰開始時，日方向張宗昌建議，願以日軍兩師，易直、魯軍軍服參加戰鬥，日兵再助以砲兵向北伐軍攻擊。這個建議被張老帥所聞，乃急召張宗昌赴京，堅決制止日軍參戰，認為勝敗是兵家常事，自己不能打認輸算了，怎可引狼入室。於是張宗昌乃下令魯軍退出濟南，改守德州，北伐軍入濟南，日軍挑釁，乃有五三濟南慘案的發生。

張作霖決定離京出關前，日駐華公使芳澤謙吉於五月十九日致函張，強調：「內戰如波及東三省，日本勢將採取必要的措施。」芳澤又親訪張，恰是張決定出關的前一天，芳澤口頭警告張不可回東北，這一次會見談話甚久，站在客廳外的侍衛人員只聽到張老帥大聲的說：「我張作霖不怕死！」六月四日張作霖乘火車回奉天，專車在皇姑屯被炸，張老帥和他的侍從人員全部遇難。

奉軍於民國十七年六月退出關外，宣佈了東三省保安公約，確保東北過渡時期的局面。七月一日張學良通報擁護國民黨領導統一中國，並決定於七月廿日舉行換旗，因為日本駐奉天總領事林久治即出面阻止，而發生變化，七月廿八日張少帥通電表示服從中央，八月四日日本政府派前駐華公使，後任駐英國大使的日本重臣，張作霖的老友林權助，以特使名義參與張老帥的葬禮，就近欲促張少帥勿歸順中央。

日本人的努力當然白費，張學良雖然年紀輕，可是在外交上卻有他父親的倔強，林權助因為和老帥有交誼，所以除了代達皇室和政府的弔唁而外，也表示許多建議。他勸張不必歸順中央，可以自成一個局面，注意東北的建設，和日本結成共存共榮聯盟。一番大道理講完後，他帶着笑臉，老氣橫秋的對少帥說：「我和大元帥訂交時，你還不過十多歲光景，現在你已做了東北統帥，今天見到你我太高興了，希望你不要把我當做外人，要多多接受我的意見。」

少帥年紀雖輕，但經驗閱歷卻很老練，聽了林權助倚老賣老的話，冷冷的答覆說：「我和你們天皇同歲，你知不知道？」他的話使這位特使不知該如何回答，很尷尬的告辭了。

民國十七年十二月廿九日東北易幟終告實現，青天白日滿地紅的旗幟飄揚在東北三省和熱河特區，統一中國終告實現。

皇姑屯炸死張作霖，使日本田中內閣垮臺，田中首相且引咎自殺，由濱口組閣，幣原出任外相。

日本對少帥也難應付，尤其是他杯酒殺楊宇霆，使人有虎父無犬子的感覺，乃利用日本醫生為他治病時給他打嗎啡針，他年輕時消耗酒色過多，嗎啡可幫助他興奮，不知不覺便越陷越深了。

民國廿年九月十八日晚上十時，日本駐奉天鐵道守備隊由於柳條溝路軌被炸，乃向北大營的駐軍（王以哲部）進擊，王以哲部堅壁外守，不予還擊，日軍越陷越近，王部始予還擊，衝圍而出，向北退卻，九月十九日午刻日軍宣佈完全佔領北大營。

另一部日軍向瀋陽進軍，中國方面緊閉城門，一面電話日本總領館詢問底蘊，林久治郎總領事也覺茫然，乃馳赴奉天日本特務機關部，這時特務機關長土肥原賢二正奉命前往東京報告中村大尉事件原委，尚未回來，奉天特務機關由輔助官花谷少佐代理，花谷剛赴完宴會，帶有三分醉意，和林久治談不投機，花谷竟以「馬鹿」兩字奉贈總領事，兩人為此大吵大鬧，後來鬧到東京，都被調職。

中國方面既然無法由日本領事館獲得真相，而日軍已攻城開始，守軍早奉命令除消極抵抗外，要保全實力，因此未予積極還擊，九月十九日清晨，日軍攀牆入城，打開城門，瀋陽遂告失陷。

九一八事變前後，張漢卿沒有認真應付局勢是事實，他年紀輕，不夠他老子那末熟練和深沉，他在九月上旬曾給東北軍署軍政廳長榮臻一個指令，一共是十六個字，即：「沉着應付，毋使擴大，敵果挑釁，退避為上。」據說日本的特務機關，得了這個「指令」，知道張少帥消極應變，無所作為，因此大長侵略的氣勢和野心，於是才有九一八的事變。

九一八晚上，東北要員聚集省署商量應付，一面電達北平請示進退，電報電話打到北平都和少帥連絡不上，就在等候指示的時候，日軍已經進入了瀋陽了。

瀋陽和北平之間最後的實際情況是：九月十八日晚日軍採取行動後，軍署的負責人榮臻和臧式毅等聚集省署，商量應付，一面分電北平，報告情況，請示機宜，不料北平方面迄十二時俱無回音，臧式毅乃親接長途電話到北平，要求和少帥講話，可是少帥的官邸和養病的地方均說少帥已外出，臧一再追問，並告以瀋陽有變，亟盼獲得指示，北平方面才說少帥是「陪英國領事在中和戲院看梅蘭芳的戲」，半小時後，臧式毅繼續要北平講話，官邸接話副官轉少帥的回話是：「總司令囑臧主席和榮廳長商量應付，待他聽戲回來再通電話。」午夜，日軍大舉攻城，臧式毅復由長途專線向北平張邸通話，仍無答覆，到了凌晨四時，北平電話才算接通，少帥副官告臧說：「總司令徹夜會議，才告散會，瀋陽一切請主席慎重應付！」

瀋陽就是少帥沒有具體指示的情形下失陷，事後當然是少帥不獲人諒解的，可是照張漢卿的解釋，是這樣的：

第一次瀋陽電話來時，他正和英國領事看戲，他由於外交禮節，必須故示鎮靜，所以只好內心焦急而表面從容，直到戲散才急急忙忙趕返官邸和中央及有關方面商討事變的應付步驟。

最後一次瀋陽電話，他無法給他們具體的指示，因為事起倉促，他自己也未奉到應付辦法的指示，徹夜會議的結果，也無具體決策，所以他只好作一個含糊的指示。

從任何觀點來說，張學良對於失去東北是有歷史責任的，但他那時候並沒有和胡蝶一塊兒跳舞，在他身邊的，就是今天仍然依偎在他身邊的趙四小姐，並不是胡蝶。

結束這篇文章，我想起《西江月》那闕詞：

滾滾長江東逝水，浪花淘盡英雄，是非成敗轉頭空，青山依舊在，幾度夕陽紅。白髮漁樵江渚上，慣看秋月春風，一壺濁酒喜相逢，古今多少事，都付笑談中！

四十八、東北雙雄鬥爭史

張勳復辟的當時，北京城內曾出現兩支很怪的兵馬：一支是由「張大帥」帶到北京的「辮子兵」；另一支是由奉天二十八師師長馮德麟帶進北京的「鬍子兵」。這兩支兵馬，性質雖然不同，但在復辟鬧劇中，所擔任的角色則一。

光緒三十一年清廷派趙爾巽出任盛京將軍的時期，因感關外的土匪為患，特命營務處總辦張錫鑾，進行招撫政策。同時受招撫的人有張作霖、馮德麟。追隨張的人有張作相、張景惠、湯玉麟等。張、湯受撫時的名義，都是騎兵營的管帶（等於今日的營長）。光緒三十三年，盛京將軍改名為「東三省總督」，趙內調為四川總督，清廷民政部尚書（等於現在的內政部部長），徐世昌為首任東三省總督。張、馮二人，同時升任為前、後兩路巡防營統領（等於現在的團長），並指定新民屯為張部駐防區，馬山縣為馮部駐防區。

宣統三年，趙爾巽回任東三省總督，曾用日本士官畢業生蔣方震（即蔣百里），在東三省訓練新軍。新軍將領第六鎮統制吳祿貞（等於今日的師長），二十鎮（師）統制張紹曾，協統（旅長）藍天蔚等，都是日本士官出身，與蔣百里為同學好友，當時的舊軍（指張、馮等），頓為失勢。

「天有不測風雲，人有旦夕禍福」，不料，武昌槍聲一響，張紹曾部於九月初，由奉天調往灤州，曾在該地演出通電逼迫清廷立憲一幕。吳祿貞也於同時被調至正太線，駐防在石家莊附近，只有藍天蔚留在東三省，高豎「關東都督」的大旗。

趙爾巽這時慌了手腳，乃急調張作霖率軍入衛，由於張部駐地距省城較近，一晝夜之間即開入了省城。趙對張行動的敏捷，曾大加嘉獎。藍氏見起義之事失敗，遂轉向烟臺活動，後來在四川為但懋辛所捕，忿而以手槍自殺，犧牲的頗為壯烈。

新軍調走後，東北仍成為舊軍的勢力範圍。民國成立後，張、馮兩部均被編成師，由張出任二十七師師長，由馮出任二十八師師長。

民國元年十一月，張錫鑾回省，繼趙爾巽之後任奉天都督。袁調他到東北的意思，是因為張、馮兩部是由他手中招撫過來的部隊，便於統馭之故。

這次張到東北，事情並不如袁想的那麼容易。在以前，張、馮兩個人見到張，只有垂手站班的份兒，此時，他們的地位高了，對於張的態度，並不如以前那樣恭順。

民國三年，為了屯墾的問題，張作霖曾於是年八月二十八日，電告陸軍總長段祺瑞曰：

「辛亥癸丑之役，大總統注意南方，皆作霖坐鎮北方之力。今天下底定，以讒夫之排擠，鳥盡弓藏，思之寒心。中央欲以護軍使將軍等職相待，此等牢籠手段，施之他人則可，施之作霖則不可。然總長相待甚優（民初部長稱總長），與吳俊陞對調一節，極所贊同。謹率全師駐防荒僻，以俟鈞命。但願早脫奉省，以免禍致無日。」

這封電報明明是藉老段之口，表示他對袁和張（錫鑾）的不滿。但袁、段商量的結果，總覺得張任都督的資格尚淺，對張（錫鑾）張（作霖）之事，乃以不了了之。

民國四年春，袁想要登基做皇帝，遂輪流召見各省師、旅長以上的武人入京，準備試探他們對帝制的意見。

張作霖在晉見的時候，袁對他的印象甚佳。袁看錶的時候，張注意了一下，張回到寓所，袁已派人把那隻懷錶，給張送到了寓所。張對袁對答的時候，未免對室內的陳列橫掃了一眼，袁那時把室內陳列的幾件古玩，也隨同那隻懷錶，一併帶給了張。來人並且轉達袁的話說：「總統說：這幾件用過的小東西，送給師長做一個紀念。」

張作霖雖是一個慷慨的漢子，向來不把金錢玩物，放在眼下，但又幾曾見過這樣陣仗，遂不覺的對袁發生了敬重的心理。

張錫鑾知道改變政制的事，關係實重大，依仗他和袁早年的友誼，曾勸袁要慎重考慮。袁表面上表示接納，但暗地裡卻對張恨之入骨。八月二十八日，曾發表鄂（湖北）奉（奉天）兩督對調命令，命錫鑾以彰武上將軍名義督鄂，段芝貴以鎮安上將軍名義督奉，兼節制吉黑兩省軍務。袁因為小段是奔走帝制的功臣，覺得把他擺在東北，非常的放心。又兼張作霖受撫的時期，小段的父親擔任過張的保人，也認為人地甚為相宜。

老袁稱帝以後，西南各省稱兵獨立，以反對帝制。袁以征南無可調之兵，乃於民國五年二月，電召張（作霖）入京商討征南方各問題，袁說了許多的好話，勸張帶兵入湘（湖南），張拍胸願為前驅，龍顏為之大悅。

用兵的先決條件是補充餉彈，但餉彈到了手，張卻發動了驅段運動。張查出段虧空了公帑數百萬元，這些都是奉天人的血汗脂膏，認為非清算這筆賬目不可。

小段得到了消息，遂連夜回到了北京，向袁皇帝哭訴，袁最初還勸他回任——後來知道張在東北有倡議獨立之說——乃不得已於四月二十二日，下令任命張作霖為盛京將軍督理奉天軍務，派馮德麟為軍務幫辦。

馮德麟那時的地位，與張相等，現在，忽然張爬到了他的頭上，他心中非常不服。所以在張就職那天他既不來致賀，他所受命的軍務幫辦，也表示不就。

張派吳俊陞、馬龍潭兩位鎮守使，前往促駕，馮一概擋駕不見。張念多年老弟兄情份，遂再親自登門拜訪，並對馮說了許多的好話。馮才懶洋洋的對張提出了兩個交換條件：

第一、另設軍務幫辦公署，其組織與督辦公署一樣：內設參謀長及四課。

第二、幫辦公署的經費，與督辦公署相同。

張滿口答應替他向中央請示，袁回電說：「幫辦公署未便多設，幫辦辦公費每月可撥付十五萬元。」

張帶了袁的回電，和預付公費十五萬元見馮。馮把公費退回來，一面向袁辭職，一面不待答覆，即率領該師回了防地。

馮態度一步一步的加強，張態度一步一步的軟化，馮回到原防之後，張又派二十五旅旅長孫占鰲，攜帶大批禮品及現款三十萬元，到馮防地犒軍，並勸馮回省。

張如此對馮以禮相待，馮也覺得不好意思再固執己見。遂於五月二十日，率步、騎、砲兵五營，浩浩蕩蕩的開入奉天省城，逕往二十八師駐省辦事處休息。

張聽到消息，不待馮晉謁，即親往馮的住處拜會他，馮並不回拜。當晚，張在將軍署備酒為馮洗塵，馮也不肯去。張只好移樽就教，把酒席抬到馮的辦事處相陪。

任何禮讓都失了效用，馮的眼中根本沒有張這個盛京將軍。他到省以後，公然下令給財政廳，指定撥款五十萬元為編練飛行隊之用。

此外更打電報給袁，說該師組織不健全，呈請召募新兵七營，指定以北鎮為軍務幫辦公署的所在地。公署開辦及經常各費，所需餉彈，均請飭令盛京將軍如數照撥。他到省一天，第二天即以視察北鎮防務為名，回了防地。

張的威風第一步是嚇退了那位「專閫關外」的段上將：第二步嚇退了南面稱尊的「袁大皇帝」，只對近在肘腋的馮，採取百般容忍態度。馮進一尺，他退五尺，馮進五尺，他再退一丈，馮離省以後，他立即派出大批工匠，修葺二十八師辦事處，使內外煥然一新後，乃又派總參議楊宇霆，親往北鎮迎馮。六月六日馮又帶領大批人馬而來。到省之後，不但對張毫無妥協跡象，而且還提出來左列三項條件：

第一、要求報辦的職權，與盛京將軍的職權，完全相等。

第二、全省用人行政，彼此互相諮詢。

第三、要求財政廳撥款二十萬元，為二十八師添購飛機之用。

在右述的三項條件中，除了第三條把撥款五十萬自動減為二十萬元外，其中都是老條件。這天，張又親自來看他，他照例的擋駕不見，張忍無可忍，乃電袁辭職，恰巧那時老袁斷了氣，繼任的人，在忙亂之中，無暇過問此事。

馮提出來的條件，根本無法答應，但張看在老朋友的面上，又不願和馮鬧翻。為了自衛起見，乃在督署後垣建築了一座砲壘，砲口針對二十八師辦事處。馮知道了這一件事，立刻對張提出抗議，要他當日答覆。張對這件事實在講不出來一個所以然，只好請吳俊陞出面做和事老，對馮解釋誤會。吳說了許多好話，陪了許多不是，馮才回心轉意，又改倡出來四項他認為最寬的條件：

第一、撤除砲壘，嚴辦鼓動人員。

第二、用人行政，須徵求他的同意。

第三、奉天軍政各費不許超出預算，萬不得已時，須協同辦理。

第四、由張親率二十七師營長以上全部軍官赴二十八師辦事處親自道歉。

張覺得馮和自己是一樣的弟兄，現在他已經爬在了他的頭上，凡事他都應當對馮容讓一些，所以終於答應了馮提出來的條件。

六月十一日，是履行條約一天，張親自送上門來。俗語說：「伸手不打笑臉人」，馮自己也覺得不好意思，只有勉強裝出來笑臉，那天老弟兄倆，另外約上了吳、馬兩位鎮守使，四人打了幾圈麻將，算是言歸舊好。

馮的外表看來像霹靂火一流人物，其實他也是秀才出身，他因不堪酷吏的壓迫才一怒而投身為匪。他那次和張的和解是假和解，他回防之後，即把張所委派的各縣警察局長卻一律拘禁起來，叫他們招認花了多少買缺錢，以便和張算帳。過去張對段上將軍算帳，馮現在想以其人之道，還治其人之身。

六月二日，他率領全體官兵，向北京辭職稱：「張督為人極英明，確能真心整頓軍事。麟所部將士均屬下乘，宜即退避賢路。」

武人辭職，向例是以退為進的一種手段，率領全師辭職，又是武人辭職聲中一個創格。張知道了這個消息，馬上又派吳見馮，說你看見麟閣（馮字）問一問他：

「你究竟打算怎麼呢？」

吳得到的答覆是，他要兼任省長。

在民國初年，省長一職本來是督軍跨下物，但馮兼了省長，情勢自然不同，他有和張同等的兵力，假如省長抓在張的手上，張的督軍便等於一個虛設。什麼事都好答應，這件事是萬萬的不能答應。

張、馮問題弄成僵局之後，六月二十八日，段內閣請出一位最高調人來，就是以前收撫張、馮兩部的趙爾巽。這天，他乘三等客車到了奉天，此公於民國二年任國史館總裁時，來往濟南、天津、北京之間，都坐的是三等車。他在北京城內，也坐人力車，不肯坐汽車，是馮玉祥、王瑚一流人物。

趙到了奉天，張當天就親來拜他，第二天趙親自去拜馮。同時，吉林督軍孟恩遠，黑龍江督軍畢桂芳，都派參謀長來奉，舉行以趙次帥為首的調人大會。但談來談去，始終談不來一個結論，馮的態度，與以前並沒有什麼兩樣。這件事還是僵持着，毫無結果。

那時的馮，好像意氣用事，處處與張作對。袁死後，張投入了段的「督軍團」，馮便走反段的路線，督軍團對黎大總統宣佈獨立，馮就打了一封電報擁黎。

黎元洪倒了之後，馮於民國六年六月十九日，即應張勳之約，入京參加復辟之役。馮對復辟原本抱着無所謂的心理，他的用意只是為的推翻張作霖，正如黎、段的意氣用事，各走極端一模一樣。

復辟失敗後，張勳走入了荷蘭大使館暫避，馮遂於七月十日化裝為日本人，逃出了北京，不料，走到了天津車站，即被段內閣派出的人逮捕回去。

張得到了這個消息之後，在內心方面非常替馮難過。當日即派二十七師五十四旅旅長孫烈臣升為二十八師師長，另編二十九師以吳俊陞充任師長。張此時不但去了一個敵人，反而增加了兩個師的實力，真所謂「塞翁失馬，安知非福」了！

馮德麟夫人知道了他丈夫犯下來背叛國家的大罪，不得已的去求張夫人。張不念舊惡，馬上電請段內閣，念馮無知，予以釋放。段接到了張的電報，遂批示：

「准予釋放，姑留京察看可也。」

民國七年元旦，馮德麟自請發還勳位，段批：「未便准如所請。」一月二十八日張請恢復馮的官銜，段又提筆批示：「准如所請。」從此以後，馮便成了個無聲無息、無權無勇的人物。民國十五年八月十一日，故於北京，而結束了他的一生。

馮的公子馮庸，是一位青年有為的人物，他從他父親故去之後，即變賣了北鎮一帶的產業，在瀋陽西關附近創辦了一所「馮庸大學」，自任校長。民國十八年中俄戰事發生，他曾挑選一部份馮庸大學的學生，編成為學生義勇軍，由他率領着參加北滿的抗俄戰役。

上海十九路軍展開抗日戰役時，馮又親率學生義勇軍參加，在戰場上表現了許多英雄事跡。及至後來抗戰軍興，馮一直的參加國軍抗戰陣營，曾出任第九戰區軍法執行總監，中央訓練團總務處長等職。

抗戰勝利後，馮出任東北政務委員，政府播遷臺灣後，馮又曾一度出任高雄港口司令，現居臺北，讀書養性，馮氏可謂有子矣。（編案：馮庸於一九八一年病逝臺北，其女婿「牛哥」李費蒙為臺灣知名小說家、漫畫家。）

四十九、張作霖與張作相易名秘密

擁兵百萬，叱咤風雲的張作霖，原名張作相，曾為吉林督軍之張作相，實名張作霖，彼兩人名字蓋曾互易也。先是清末趙爾巽任東三省總督時，鬍匪橫行，劫案迭出，趙以其出沒無常，殳除不易。思以剿撫兼施之策，從事肅清。未幾，擒獲一匪首，名張作霖，其人粗魯不識字，而在匪中地位崇高，名震東北，號令所出，匪皆從之。旋又獲一匪首，名張作相，其地位稍次於張作霖，但其人頗通文墨，且面目清秀，宛然書生。趙見之，深以其投身綠林為可惜。其時吉林某處，適有鬍匪一股，勢甚猖獗，惟張作霖可以招撫，但趙以作霖野性難馴，不欲縱虎歸山。因詢張作相可否使此股匪棄暗投明，為國家效力？作相以其名不如作霖，恐不易得手。趙謂：「此易耳，作霖已在監中，汝即頂作霖之名前往，倘事成，即將此股改編為軍隊，由汝統率之。」作相欣然受命，竟冒作霖名前往，居然馬到成功。其他各地鬍匪，聞作霖招撫，亦皆歸焉。作相故有才幹，趙立為擢拔，並令永名作霖，而以真作霖，易名作相。此即張作霖發跡之始，而張作相亦因緣以貴。故彼兩人一生，皆稱趙為恩帥，而不稱名。

五十、趙爾巽與東三省新軍

趙爾巽，在清末督撫中，尚不失為勵精圖治之一員。光緒三十一年，趙任盛京將軍時，鬍匪縱橫為患，趙乃收撫張作霖馮德麟兩股，因獲粗安。三十三年趙內調為四川總督。盛京將軍改制為東三省總督，由徐世昌任首任總督。宣統三年，趙回任東三省總督，見舊軍驕悍，不易統馭，乃銳意訓練新軍，以士官畢業生為基幹，如譽滿中外之蔣百里，即當時之訓練總監。所練新軍，概依鎮協編制，其第六鎮統制吳祿貞，二十鎮統制張紹曾，協統藍天蔚，皆士官出身，陣容壯盛，煥然一新！且不獨配備新，思想亦新，洎辛亥武昌起義，張紹曾調駐灤州，曾通電迫清廷立憲，吳祿貞調駐正太線，曾與革命軍通好，藍天蔚則在東北起義，稱為關東都督，此皆趙爾巽所選拔之嶄新人物也。惜新軍入關後，因調編改隸，漸至星散，而此數人均不獲善終。吳祿貞則於辛亥被人刺殺。張紹曾雖擢升至陸軍總長國務總理，下野後，亦在津被刺殞命，藍天蔚入川後，為但懋辛所執，憤以手槍自戕。此皆可惋惜事也。

五十一、民國內戰的一頁

從民國肇造以後，給國人帶來兵連禍結的軍閥混亂局面，這一筆歷史爛賬，都是袁世凱一手寫成的，所以歷史家對袁世凱的蓋棺定論，判決他是危害民國的罪魁，固不限於「帝制自為」之一端而已。

論到北洋軍閥的形成，就必須溯源於李鴻章的「天津建軍」。

原來李鴻章和曾、左、胡、彭幾個的能打垮太平天國，是全仗着他們那塊「衛護聖道」的牌子。但這塊牌子對付洪楊「妖教」是可以的，要想抵拒外來帝國主義的犀利武器，那就失效了。可憐這幾位「清室純臣」，想來想去，只好「師夷法以制夷」，儘管夷人的「奇技淫巧」，有乖聖道，然而事到其間，不跟着夷人的路子跑是不行了。這就是他們所唱的「堅甲利兵」主義。

他們一面仿照西方造艦，製槍砲，一面改革練兵方法，設武備學堂，水師學堂，建立新軍，把中國以往軍神武聖們定下來的「一字長蛇」、「陰陽八卦」等等陣法揚棄了，而代之以「洋操」，這在中國兵學思想上劃分了一個時代。

北洋軍閥，就是這一時代的產兒。

因為光緒十年李鴻章在天津設立武備學堂，採用新式教練，馮國璋，段祺瑞，王士珍等北洋軍閥首領，就是這學堂的畢業生。

甲午中日戰爭，清廷失敗，袁世凱奉旨在津南小站市建新軍，這是歷史上有名的「小站練兵」。當時袁世凱所用的軍官，都是武備的學生，這隻軍隊，就成為了袁世凱以後竊國的武裝資本，亦即是此後北洋軍閥的勢力基礎。而王士珍，段祺瑞，馮國璋三人，也就充當袁氏門下的「龍」、「虎」、「狗」三傑了。

袁世凱死去以後，馮國璋和段祺瑞各擁一部份實力，形成直，皖兩系；既而，關外崛起張作霖，也成為奉系首領，北方遂成鼎立而三的局面。直系的實力是曹錕、吳佩孚掌握着。其後，又由直系中叛變出一個「國系」，即基督將軍馮玉祥的國民軍，這四個勢力，好比北洋政治球臺上的四個彈子，在那裡互相撞擊。

當然，民國以後的戰爭，一直沒有停止過，也不純然只屬於四系的蠻觸之爭，各省的地方軍閥，彼此爭權奪利，武力角逐，也應該歸於軍閥混戰的同一範疇的。如四川的各防區司令，福建的民軍司令們，以及貴州、雲南、湖南、廣東、廣西等省受北方軍閥勾結所導發的分裂與爭奪等，戰火連綿，涉及廣泛，此處略而不談。

現在我要敘述的是「直皖之戰」，「直系與湘川之戰」，「直奉之戰」，「反直之戰」等四次大爛仗。「春秋無義戰」，這正是春秋的重演。

民國九年的「直皖之戰」

這一場戰爭爆發的原因很多，遠因是民國六年廣東成立「議法政府」以後，照「北政府內閣總理」段祺瑞的主張，是要與護法政府訴諸武力的。但北政府總統馮國璋不同意，他對南方一向是主張和平解決，兩人意見背道而馳，這裂痕自然要爆出戰火來的。及段祺瑞下野，王士珍組閣，段的智囊徐樹錚卻引奉軍入關以壯聲勢，於是段對南方主戰的論調，又抬頭了，這益發刺激直系，加之民國七年春天，直系的曹錕和皖系的張敬堯同時率兵南下，略取湖南，曹的大將吳佩孚把長沙，岳州攻下來，而湖南督軍卻發表為張敬堯，直系更為不滿。

民國七年夏，徐世昌當選總統，段再度組閣，徐氏對南方的態度和馮國璋相同，段祺瑞是時組「安福俱樂部」成立新國會，與南方抵抗，且以此要挾徐世昌，直皖兩系勢成水火了。

而觸發這場戰爭的直接原因，則是民國八年我國在巴黎和會外交戰上的失敗，以及在上海舉行的南北和議告决裂，舉國上下，對段祺瑞發出責難之聲。次年在湖南的吳佩孚藉此引兵北還，屯兵鄭州，隱然有對皖系不利之意。

當時吳佩孚發出的撤防通電說：「遠戍湘南，瓜期兩屆，三載換防，不可請速，鬩牆煎豆，何敢言功？既經罷戰議和，南北即屬一家；並無寇仇外患，何須重兵防守。對外不能爭主權；對內寧忍設防線？」這些話，即是針對段氏的主戰論調而發。記得他那首「回防途次」的長詩，內中有這樣的句子：「……軍中名將老，江上昔人非，建樹須及時，動靜宜見機……止戈以為武，烙烟思郊圻，同仇復同仇，歸願莫相違。」是其與安福系之對立，情見乎詞了。同時因為直系的兵力從湖南調開，使南方革命勢力進入湖南，譚延闓乘機驅逐張敬堯，段祺瑞因之對直系用兵，已經箭在弦上，不得不發了。而曹錕又聯絡張作霖，通電宣佈安福系禍國，要求北京政府解散「安福系」，並罷免徐樹錚西北籌邊使及邊防軍總司令等職務，火上加油，一切積怨新仇，一齊爆發，由是直皖戰爭的序幕揭開，其時為民國九年七月，直系方面以吳佩孚為總司令，下分為三路，東路總指揮曹瑛，西路總指揮王承斌，中路總指揮由吳佩孚本人自兼。

皖軍方面以段祺瑞為總司令，下亦分為三路，東路總指揮徐樹錚，西路總指揮曲同豐，中路總指揮陳文運。

戰鬭展開後，皖軍出馬不利，曲同豐指揮的西路軍一經接觸就敗下來。徐樹錚的東路軍，起始在楊村還打個勝仗，孰知黑松林殺出個李逵，奉軍加入為直系助戰，因而直軍方面聲勢大振，徐樹錚所部大敗下來，東西兩翼皖軍遂告不支，陳文運的中路軍當然是不戰自潰。

段祺瑞從第二次組閣後，向日本借來的大筆外債，辛辛苦苦練成這三路大軍，不到五天時間，就被直軍打得落花流水，皖系的實力，便從此一蹶不振了。

民國十年，正是直系大將王占元當湖北督軍，他不但與鄂省人民的感情弄得非常惡劣，就是他自己部隊也攪得怨聲載道。湖北的紳商曾經屢次電請政府撤換王占元，可是北京政府因為王氏手握重兵，不敢貿然頒發撤換命令，王占元聞到風聲，深恐地位不保，趁曹錕和張作霖在天津開會的時候，就耑程趕去，曹、張允作奧援，要他在長江方面鞏固地盤，他這才得意洋洋地跑到北京去向財政部逼索欠餉六百萬元，其時國庫空虛，財部無法籌出，幾經羅掘，才勉籌半數。他得了這筆鉅款回到武昌，馬上存入漢口的外國銀行生息，部隊欠餉分文未發，全省軍隊紛紛索餉，他只一味支吾搪塞，根本無發放的誠意，不到一月，武昌、宜昌兩處便發生軍隊譁變事件，到處焚掠，人民受害甚深，王占元雖派兵圍剿，而對人民損失，卻熟視無覩，鄂省商會及地方各社團聯銜致電北京政府，痛訴王氏督鄂罪行。

政府見民情憤激，遂派蔣作賓南下，一來是向王占元責問，二來是慰問當地受害民眾，那知蔣氏到達武昌時，王占元竟置之不理，蔣氏痛桑梓蒙受災禍，復恨王占元目無政府，毫無悔改之意，於是聯合孔庚一同赴長沙請援。

此時，湖南督軍趙恆惕，正高唱「聯省自治」，湘鄂本屬唇齒，出兵相援，義無反顧，因派宋鶴庚，魯滌平二人分任援鄂軍正副司令，率湘軍第一二兩師及第一八兩混成旅，並駐湘鄂邊區兵團向湖北省境進發。

湘軍取得鄂人合作，連戰皆捷，長驅直入。同時又聯絡川省劉湘進兵鄂西，兩面夾擊。王占元至此力不能支，乃向北京政府自請辭職，旋北京政府發表蕭耀南繼王督鄂，吳佩孚以兩湖巡閱使名義率軍南下督戰。

直軍與湘軍正面相持於汀泗橋，吳氏指揮艦隊直趨岳州，湘軍遂敗，兩省戰事於是終結。

湘軍既敗，吳佩孚復揮軍西指以戰川軍，吳部炮火猛烈，川軍則得地之利，憑險頑抗。雙方膠着相搏三星期之久，終以川軍彈藥缺乏，劉湘敗回川省，「鄂川爭端」至此，吳佩孚復又勝利。吳氏於是派張福來守岳州，孫傳芳守宜昌，佈成三角之勢，瞰制長江。

由於直系勢力之膨脹，使奉系大為不安，乃再聯安福系以制壓直系——因而又點燃「直奉戰爭」的引線。

張作霖此時羽毛已豐，不甘伏處關外，必須藉故發動戰爭，以便問鼎中原。先是民國九年七月「直皖戰爭」皖系既敗，直系逼段下野，徐樹錚，曾毓雋等被列為罪魁，下令通緝，奉系為要拉攏安福系，自然須為彼等緩頰示惠，特向北京政府請求取消安福系的罪名，並撤消徐樹錚，曾毓雋等之通緝令，致使吳佩孚大光其火，對奉系恨之入骨。

而由張作霖推薦而組閣的梁士詒——外號財神，因為感激張氏，軍餉方面，難免厚奉薄直，這更令曹、吳等憤憤不平！

又民國十年美國總統哈定，為防止未來大戰起見，以維遠東和平及限制軍備為名，於是十二月召開「華盛頓會議」，我國代表施肇基提出之議案中，有廢除租借地一項，以英國反對歸還九龍半島，日本又堅不放棄旅大，梁內閣曾電施肇基囑其對日讓步，遂予吳佩孚以口實。可是吳攻梁的通電發出後，張作霖立時反唇相譏，於是戰爭又爆發了。

民國十一年四月「直奉之戰」

直軍以鄭州，洛陽為後方集結地，總司令部設於河北省北部之涿州。吳佩孚任總司令，東路總指揮為張國鎔，統率葛豪、彭壽莘等部。戰鬥地區為津南之馬廠及津保公路之線。中路總指揮為王承斌，進出固安一帶地區。西路總指揮由吳佩孚自兼，率董政國及王承斌之一部，活動於京南琉璃河一帶。此外，在隴海鐵路亦集結重兵，以為策應，合計兵力約十二萬人。

奉軍以津糧城為後方，總司令張作霖設總司令於津京鐵路線之大興，以京奉、津浦兩線為東路，為張作霖指揮，率張學良，李景林兩部兵力。固安方面為中路，由許蘭洲指揮，率闞朝璽、飽德山兩部兵力。京漢線為西路，由張景惠指揮鄒芬、鄒殿陞等部作戰，總共兵力超過十萬人。

奉軍三路同時接戰，以西路京漢鐵路北段戰事最為激烈，雙方相持數日，吳調兵一旅，由西路迂廻奉軍之後，張景惠部驚潰，直軍乘勝進佔豐臺，其他中東兩路亦相繼敗退，於是張作霖命所部第一步退至京奉鐵路之灤縣，直軍着着進迫，奉軍復再撤至山海關，直軍尾追，奉軍郭松齡憑險抵抗又失利，至此奉軍以軍事大勢已去求和，直軍接受後，遂開會議於秦皇島，協定奉軍全部撤至山海關外，直軍不得再逼入奉天省境。

這一場戰鬪結果，是內閣梁士詒，交通總長葉恭綽，財政部長張弧等撤職，交法庭訊辦。張作霖免去本兼各職。由是張作霖在瀋陽宣佈東北三省——奉、吉、黑自治，張自稱為東北保安司令。

民國十一年六月北京政府又有所謂「法統重光」的把戲出現，即是驅逐徐世昌，重擁黎元洪為總統，恢復舊國會。這時直系掌握支配北方政權，黎元洪不過是個傀儡而已。直系勢力既趨擴張而鞏固，終於十二年六日驅逐黎元洪，由直系首領曹錕賄選為總統。當時被他收買的議員，就被譏為「猪仔議員」，所謂「神聖之選票」，竟因此蒙垢含羞，成為民國史上最可恥的一幕。

曹錕任總統以後，招致「反直系」的大聯合，段祺瑞聯絡關外王張作霖和南方的革命勢力，共謀打倒直系，即所謂「孫‧段‧張三角同盟」是也。

這一役是由安福系的浙江督軍盧永祥和直系的江蘇督軍齊燮元首先發難。

江浙齊盧之戰

這次戰爭從表面看來，是齊盧二人爭奪上海的地盤和鴉片市場。因為上海雖屬江蘇省區，而實際上滬上行政軍事大權，卻由盧永祥派何豐林之淞滬護軍使名義掌握。這一場爭奪表面上是「江浙戰爭」，但事實上是直皖兩系第二次的大戰。

齊盧雙方部隊在上海外圍展開戰鬥，而直奉兩大勢力在華北方面亦復調兵遣將準備厮殺。熱河方面在朝陽首先發難，接着山海關方面的九門口，石門寨亦發生劇戰，雙方徵調十數省的力量，蠻觸拼命，成為第二次直奉大戰。

奉軍方面：張作霖自任總司令，組成六個軍，由吳俊陞，張作相，許蘭洲，張學良，李景林，姜登選等分統之。大本營設於關外之錦州，分三路部署，計劃向朝陽之線主攻，向榆關之線主守，出動奉、吉、黑三省步兵及蒙古騎兵，連同後方各地部隊，總數約十五萬之眾，另有飛機三隊，以葫蘆島為基地，向山海關，喜峯口活動。

直軍方面：吳佩孚任總司令，分為三軍，由彭壽莘，王懷慶，馮玉祥領之，總司令部設於津東之灤縣。亦分三路部署，計劃向山海關北主攻，向熱河北主守，前後方部隊約二十萬人，另委張福來為援軍總司令。亦有飛機四隊，分駐於北帶河、灤縣、朝陽及舊航空處機場。

齊盧構兵，在上海外圍相持四十餘日，起初是盧部佔優勢，可是盧永祥下面的第四師師長陳樂山，突然在淞江叛變，通電主和，驅盧下野，盧永祥以變起肘腋，於是反勝為敗了。陳樂山之變，並非是齊變元的運動，完全是以個人的金錢太多，加之滬上復有嬌妻美妾，不願作戰爭犧牲，遂斷然反戰，當時上海報紙曾刊載有「江南甲子謠」，其末首有云：「溫柔不住住何鄉？垂老陳平夢亦香，馬後黃金馬前血，將軍何苦死沙場。」即詠陳樂山倒戈事。

至直奉雙方之戰況，自比齊盧爭奪為猛烈，直軍在軍事進展順利之際，亦殺出一個陳樂山同型的人物，且此公翻雲覆雨的本領，又高出陳樂山千百倍，此人是誰？那就是以倒戈起家的基督將軍馮玉祥是也。

馮在直奉二次大戰中倒戈表演，並不是初顯身手，早在民國七年時就玩過這套把戲。那時他是當混成旅長，段內閣想對西南用兵，派曹錕為兩湖巡閱使，設南征大本營於湖北之孝感，馮之一旅駐防鄂東之武穴。當段氏正劍拔弩張，準備問罪西南之際，馮玉祥忽於是年二月十三日在防地宣佈自主，一面聲討皖系的倪嗣冲，同時呼籲南北罷兵，十四日發表寒電內有「或罷兵，或殺玉祥以謝天下」，段聞變，遂於二日廿三日下令免馮職，交由曹錕查辦，是時，馮復唆使部下通電挽留，他稱全旅官兵九千餘人，決與旅長同進退，共生死。這對於段內閣簡直目中無物了。幸而曹巡閱使打圓場，向段請求褫去馮玉祥陸軍中將銜，仍留旅長任，改歸曹錕節制，其實，這是直皖兩系的火併，馮玉祥由直系導演出來唱花臉的，所以從此馮玉祥成為了曹、吳心腹，想不到六年以後，曹、吳這位心腹，又發了「倒戈」的老癮，掉轉槍頭對直系了。

在奉直交綏中，熱河方面，奉軍佔了優勢，山海關方面，兩軍血戰未決，吳佩孚親臨前線督戰，正圖扭轉局勢，不意馮玉祥忽然自改番號為國民軍，敵前叛變，吳佩孚這一下真急了，處於兩面受敵前後作戰狀態，馮部國民軍直趨京畿，以陸軍檢閱使名義，在各地大發佈告，北京各報以馮玉祥班師回京作新聞用粗號字刊出，奉軍乘機進攻，直軍於是乎全部敗退。

曹錕被迫去位，先是馮玉祥一手造成一個黃郛內閣，但為時甚暫，旋奉、國兩實力派擁出段祺瑞為臨時執政，於是總統，內閣，國會三機關的權力，集中於鐵獅子胡同的執政府，時局更為紛亂，成為奉、國、直、皖、四系分割之局，這四系從十三年冬起就開始磨拳擦掌，最後終於扭打一團，即為直、國、奉、皖混亂時期。

段祺瑞既任執政，皖系算是廻光反照，他就召集善後會議，以求解決時局，而北洋軍閥的鬪爭，又進入一個新階級。

這時各系的勢力發展是這樣的，奉軍沿津浦南下，國民軍沿京漢南進，直系殘餘力量則盤據長江待機而動，皖系殘餘則欲藉段之東山再起而死灰復燃，四系旗鼓相當。

十四年一月齊燮元和盧永祥再啟戰端，實則此為四系混戰之前奏。

齊、盧之戰未決，張作霖的奉軍實力已自津浦線伸展到長江區域，襲取蘇、魯、院三省，實收漁人之利，而以張宗昌督魯，姜登選督皖，楊宇霆督蘇，由是奉系勢力遠佈江南富庶之地。按當時張宗昌等均以善後督辦名義出任。

孫傳芳丟了江蘇怎能甘心呢！因起蘇、皖、浙、贛、閩五省聯軍之抗奉，吳佩孚亦在漢口設立總司令部，號召舊部，馮玉祥坐鎮京都，一方面擁段執政以自重，儼然挾天子以令諸侯的氣勢，一方面又派軍南下河南，經略陝西，進而想囊括西北。

楊宇霆和姜登選戰不過孫傳芳，只得又放棄蘇、皖向北撤退，張作霖當命直督李景林和魯督張宗昌對付孫傳芳，而以郭松齡，張作相，汲金純，闞朝璽等部，監視馮玉祥。

不久馮玉祥之國民二軍岳維峻攻魯取直，張作霖遂決意與馮玉祥以武力相週旋。

可是奉系大將郭松齡受馮玉祥之勾結，發生叛變，揮軍東進，圖攻瀋陽，馮玉祥擬派軍出關為援，而直督李景林不允假道，予以阻擊，李雖失敗，而郭松齡亦被擒，奉軍轉危為安。

十五年張作霖遂大舉攻馮，李景林與張宗昌組「直魯聯軍」，靳雲鵬號召舊部與張合作，吳佩孚由鄂揮軍北上，誓必消滅馮玉祥以報其對直系倒戈之仇，張作霖及時自山海關向馮部反攻，馮玉祥陷於四面楚歌之境，即退守南口，而以張、吳合力進擊，馮不支，退往陝、甘，直至民國十六年五月誓師，參加國民革命軍，這位「倒戈」將軍才又抬頭。

張作霖打倒馮玉祥後，聲勢大振，奉軍主力再度入關，張始稱「安國軍總司令」，繼又稱「海陸軍大元帥」成為北方政局的中心人物。至民國十七年國民革命軍攻入北平，張遂倉皇出走，途次京奉鐵路之皇姑屯車站被日人炸死，這才是北洋軍閥混戰局面的大結束。

五十二、孫殿英串演盜皇陵

照我國一般人的看法，刨人祖墳，罪名往往比殺人放火還要嚴重；至於做子孫的，假如祖墳被人刨了，簡直是奇恥大辱，見了人都會抬不起頭來。所以盜墳賊在許多人看來，要比穿窬鐵穴的小偷還不如。話雖然這樣說，但是盜墓仍舊時有所聞，原因決非不共戴天的仇恨，而只是覬覦殉葬的金銀珠寶。民國以來，一共發生了兩次大規模的盜墓案，一次是民國十七年的孫殿英盜慈禧和乾隆陵寢，另一次發生在民國三十四年，曹志福盜康熙、同治、咸豐諸陵。滿清皇朝統治中國二百六十八年，卻不料在鼎革後，不到四十年間，祖宗陵寢竟兩次遭受翻屍倒骨之慘，禍福無門，天道好還，也只能說是清末的一些子孫不肖，作威作福太多的報應了。

滿清皇陵一共有兩處，在河北省遵化縣西北七十里昌瑞山的，稱為東陵，在易州泰寧鎮的稱為西陵。東陵葬有五帝四后，五帝陵是：

（一）順治孝陵，在昌瑞山正麓。

（二）康熙景陵，在昌瑞山左麓。

（三）乾隆裕陵，在孝陵東面，稱勝水峪。

（四）咸豐定陵，在裕陵西面，稱平安峪。

（五）同治惠陵，在景陵東南首，稱雙山峪。

四后陵是：

（一）昭西陵（孝莊后）

（二）孝東陵（存惠后）

（三）定東陵普祥峪（慈安后）

（四）定東陵普陀峪（慈禧后）

而兩次被盜掘的，都在東陵；五帝陵被挖了四處（乾隆、康熙、同治、咸豐），四后陵則只有慈禧的定東陵普陀峪陵寢被掘，關於清陵兩度遭劫的情形，很多人都不十分清楚，現在把盜陵經過值得一提的，約略記述如下：

孫殿英本是「基督將軍」馮玉祥的老幹部，是個「不識之無」的標準老粗，對於馮玉祥的偽善詐騙的本領，雖未學到，但卻承襲了老馮的「盜寶」衣缽。

民國十七年，孫部接受國民革命軍的改編成為一旅，奉命移往冀東一帶駐防，這時馬蘭峪（東陵所在地）的奉軍馬福田部發生譁變，孫殿英原部的兩個師長（孫部本是一個軍三個師）譚溫江、柴雲陞便乘機分軍夾擊，馬福田部潰散後，譚、柴兩部合圍，盤據在東陵諸峪。這時的孫殿英所部仍有數萬人，雖受國民革命軍的改編成為一旅，但以一個旅的給養，決難維持。軍閥時代，帶兵就要關餉，餉銀不足，部下隨時有叛變潰散的可能。所以孫殿英在無可奈何的情況下，轉念到死人頭上，決心掘陵盜寶了。他先授意譚、柴二部佯作失和，斷道備戰，嚴禁樵採行人往來，實際上卻漏夜搬運炸藥，並密令工兵營的王營長，授予掘陵任務，同時鄭重其事的訓令：「這一任務，關係咱們全軍存亡，只許成功，不許失敗，只許多，不許少，更不准任何人私上腰包，否則，决依軍法從事。」

王營長諸諸連聲的答應：「絕對遵照軍長的命令行事。」

於是孫殿英再面授機宜道：「東陵到處是陵寢，至於那一處的珠寶多，不得而知，一切聽你的抉擇，且看咱們的運氣罷了。不過陵寢的建築都非常堅固，必須要用炸藥，而且絕不能讓風聲外洩。」王營長奉命後，先派出槍兵警戒，荷槍實彈，不令任何人接近，一面又挑選了幾十個爆破手，檐任炸墳的工作。分派既定，「盜陵劈棺」的好戲便登場了。

也不知王營長蓄意和慈禧過不去，抑或是「老佛爺」生前作孽太多，身後合當有此一劫。盜掘的目標，首先選定了東陵普陀峪，在農曆五月十七日的上午，王營長率領了爆炸手和工兵營齊集在慈禧陵寢邊，先在周圍勘察一番，只見墓前有道石門封閉着，王即命工兵先行撬掘，但石門緊嵌在石壁中，無法撬動分毫，於是便命爆破手用手榴彈和炸藥炸開石門，轟轟一陣亂炸，碎石紛飛，塵烟四散，炸開了一個大洞，現出一條很陡的約有二、三十級的墓道，落下墓裡，裡面陰森森的伸手不見五指，王營長帶着一夥弟兄，魚貫而入，走了十幾步，又見一道鐵門檔路，心知不用炸藥，無法開啟，於是便命弟兄退到安全距離，埋好炸藥，一聲命令，又是一陣巨響，這次因為在地下引發，聲勢更是驚人，耳膜都幾乎震破。鐵門炸開後，一陣陰森森的冷風從門裡吹出來，使人毛骨悚然。

這一幫人雖然是殺人不眨眼的好漢，也不禁心驚股慄，只因裡面黝黑一片，又沒有帶手電筒，只好借助於油燈，誰知再點再熄，無法燃着，在自相驚疑之下，不由得一個個都發起抖來，最後，還是利用帶進來的臉盆，注滿清油，用棉花搓成兒臂粗的芯子，才算點着了。可是這時，誰都不肯領先走在前面，互相推讓，王營長見不是話。只好以身作則，領頭而入。走不到十步遠，面前赫然並排列着八具棺木，大家又是一驚。王營長比較鎮定，拉開嗓門說：「怕什麼？咱們人多呢！有鬼也打跑了。」說畢，大家七手八腳，拿起斧頭鑿子，劈的劈，撬的撬，將八具棺木撬開了，每具棺木中也揀出不少珠寶玉器，奇怪的是，其中一具竟是一個妙齡女屍，粉面朱唇，栩栩如生。於是就有人說：「她是活人殉葬的。」也有人說：「她葬在活穴上。」究竟是什麼原因，誰也弄不清楚。反是大家一致懷疑，八具棺木竟沒有「老佛爺」，以慈禧垂簾四十年之久，殉葬之物中必有價值連城的稀世寶物，想到這裡，膽子又大了，各處敲敲打打，果然又在後壁發現一道石門，這次倒不需用炸藥，一撬就開，進去一看，卻是一座內殿式的建築，正停放着一具朱漆棺槨，比外面那八具大出兩倍，棺槨正上邊，懸吊着一盞碩大無比的琉璃萬年燈，仍亮着黯淡的燈光，盛油的琉璃缸，比普通人家的水缸還要大，看樣子至少可以盛得三五百觔油，於是，大家一致斷定是慈禧太后的靈櫬無疑。

這時，王營長表面上雖然仍很鎮定，心裡卻不免有些七上八下的打起鼓來，便上前一步，對着棺木喃喃的道：「老佛爺，咱們弟兄們日子實過得很苦，沒奈何，想向你借些身外之物用用，咱也是奉命行事，你老別見怪。」禱告了一陣，膽氣一壯，回頭一聲令下，眾人一陣劈裡拍拉橇挖之下，棺木終於打開了，大家上前一看，果見一位雍容華貴的老婦人，仰臥其中，面目如生，皮膚白皙，恍如睡着了一般，身上蓋了一牀鮮豔奪目的八仙過海的錦被，但一經揭起，便隨手而化。棺木中滿舖珍寶，真是珠環翠繞，琳琅滿目。屍身頸項間，兩腋下，以及腰部、足部、乃至胯間、臀部，都環繞着無數的珠寶，數量之多，真可斗量了。就中有三件最為名貴：一是一座美玉琢成的寶塔，高九層，長盈尺，上有五彩脈絡，好像會流動一樣，據說是二千年前真正的「漢玉」；其次是一顆飯碗大的翡翠西瓜，綠皮紅瓤，昌耀潤澤，據說放在池水中，全池都會變成碧綠的顏色；其三是慈禧口中所含的一顆明珠，徑可盈寸，光華四射，映壁生輝。據說這翡翠的西瓜，得自混同江的礪石山；明珠則是得自於烏拉寧古塔河中。傳說確否，雖有待考證，但這三件寶物為稀世之珍，則屬毫無疑問。

卻說王營長等搜羅既遍，還恐慈禧身下尚有寶物，索性把屍身也翻了出來，擱在棺蓋上，滿載而歸後，未及將墓穴棺木掩蓋，所以盜墓消息傳開後，又有一批當地痞及小土匪，進入洗劫，定東陵普陀陵墓中，所有珍物，都已一掃而空。這次被盜寶物，據光緒三十四年十月廿三日內務府入殮清單記載，除普通的珍珠玉器鑽石以外，計有：

（一）各色正珠、東珠、菩提珠、珊瑚朝珠二十三掛。

（二）各色正珠、東珠、紅綠玉、珊瑚手串八掛。

（三）各色正珠、紅綠玉、紫碧玉、珊瑚念珠四掛。

（四）各色正珠、東珠、紅碧玉、軟籐等珠鐲十八副。

（五）鑽石、珠子、洋金小錶二隻。

（六）大珠、蚌珠、鑽石弩子五副。

（七）各色寶石、紅綠玉、珊瑚珮子三副。

（八）各色玉鑽石抱頭蓮十五支。

（九）碧玉綠玉穿珠菊花一對。

（十）各色點翠綠玉珠簪及佛手簪六支。

（十一）綠玉珊瑚鑽石錙子廿六顆。

（十二）漢玉玩器五件。

（十三）白玉魚、白玉貓、黃玉杵、汗玉羚羊、雕龍玉、斑指各一件。

（十四）正珠、子母珠、藍寶石、鑽石各色帽花八件。

（十五）鑽石、横掛摺條，上嵌珍珠十四顆，各一件。

慈禧生前最愛好是「聲」與「色」，因為她最愛譚鑫培的「繞樑遏雲」的嗓子；也最欣賞楊月樓「英武挺拔」的功架，並不時的召他們入宮獻藝，成為內廷的供奉。但她本身從沒有粉墨登場過，可說是她畢生遺憾，卻不料死後倒和孫殿英串演了一齣「大劈棺」，如果不是弄得骸骨支離，並可說是一了宿願了。

在慈禧陵寢被盜的同時，譚溫江的手下在裕陵乾隆陵寢，也依樣畫葫蘆的進行盜掘工作，所用手法，也是使用炸藥先炸開影壁石門，然後掘抵墓道，用繩縋入停棺處所。至於是否也是孫殿英授意，抑或是譚部下的「你們可以挖清后的墳，咱們難道挖不得皇帝老兒的墳。」的一種發洋財心理，就不得而知了。但知乾隆陵寢被盜掘的情形，比慈禧更慘，因為乾隆在位達六十年，有「十全老人」之稱，后妃五人，都葬在裕陵。譚部盜陵的準備工作，顯然沒有王營長完全，因根據事後勘查情形，不但骸骨零亂不堪，六具棺木中，也有三具被劈得不能再用，也有說是當地土匪在譚部盜掘後，進入洗劫，發生互爭寶物而內鬨，以致損及骸骨，不論如何說法，乾隆帝后的骨殖，甚至散置到陵園大門以外的泥土中，則是事實。

慈禧陵寢被盜，距慈禧死後不過二十年，所失寶物，尚可稽考；乾隆裕陵遭劫，則因相距一百三十年。究竟被盜的寶物有些什麼，已無法查考。唯一值得一提的，便是嘉慶帝的生母孝儀皇后，經過一百三十年，屍身竟完好未腐，而且在數度劫奪之後，仍絲毫無損，可說是奇蹟。據說在譚部劈開棺材，搜尋珠寶時候，曾有兩個士兵，因見孝儀后屍身未腐，所穿的雲龍袍，滿綴明珠，便一人抬頭，一個抬腳，想剝那件龍袍，誰知剛抬棺槨，忽聽得一聲低呻，孝儀面部，竟微微露出笑容，兩人嚇得如被雷殛，頓時張口瞪目，如同木雕泥塑一般，雙手一鬆，任由屍身跌落地下，抬頭的一個，手指上只抓着一把頭髮；勒腳的一個，手下拿着一隻繡緞朝靴，楞在那裡，動彈不得，同來士兵，以為他們中了邪，一陣忙亂，自相驚逃，拾不得珠寶的，便用帶來的蔴袋，胡亂抓了一些，也不管是駭骨是什麼，往包裡一塞，揹起便跑，把那兩個「活死人」，一起拉出墓穴，已經不能說話了。這次盜陵，前後共七天，膽大的，心貪的，進出了好幾次，膽小的，一次之後便死也不敢再進去了。

盜陵消息傳出時，已經一個月之後，這時譚溫江在北平賣珠，孫殿英隨後張岐原在青島售寶，華北哄動，溥儀便變服減膳，並命寶熙等帶同徐榕生，聯堃等一行人前往勘查，首先拆開普陀峪隧道，發現慈禧屍身，偃伏槨蓋上，左手被扭轉反搭在背後，衣履都已不全，因為地濕天熱，遍身生出白毛，口中所含明珠一顆，已被挖去，嘴唇破損。結果，還是以八元大洋從村民手中買回葬服黃龍袍一件，匆匆重行入殮封穴。至於乾隆陵寢中情形，更為紊亂，因為除了孝儀皇后屍身未腐，尚能辨認外，其餘五具骸骨，都以零亂不堪，只能從顱骨、脛骨上辨出是年長男骨，連同其餘殘骨，合殮一棺，另外的零碎骨骼和各棺襦襚，也合貯一棺，原來的一帝五后妃共六具棺槨，只剩了三棺，等於是叢葬。寶熙等人，也只能盡此心力了。

刨墳盜寶，本是中共的拿手好戲，在「唯物論」的觀點看來，活人也不過會走動的工具，何況是死了的人？除了骨灰可以可以做肥料之外，就沒有絲毫價值，要是把值錢的東西，拿去跟死人長埋地下，在共黨的眼光看來，簡直是不可思議的事。

抗戰八年，每逢國軍對日軍作戰時，共黨必定來個首尾夾擊；國軍調防時，也必定來一次偷襲或者攔截。卅四年八月，日軍投降，共匪乘機擴大叛亂，凡國軍兵力不及的地方，便乘虛而入，北平雖已由政府派員接收，京都遵化一帶地區，仍被共匪盤踞，並成立「十五軍分區」，「司令」曹志福，便是這次盜掘案的主角，經過是這樣的：

三十四年十二月六日，曹志福得到「延安」方面密令，便會同遵化「縣長」賀年，以及「農會」、「工會」主任，和「民兵隊長」穆樹軒等人，密商盜陵，第一個目標是同治帝的惠陵，同時找到熟悉陵工的盜墓積匪王紹義和王盛兩人，為防消息外洩起見，決定在夜間動手，第一夜只掘了七尺；第二夜又掘了五尺；第三夜掘到六尺，發現一座石橋，石橋北面，便是一堵石牆；第四夜，用炸藥炸開石牆，現出一條隧道，曹的心腹幹部張進忠領先進入，走了十幾步，便是一道石門，張進忠和穆樹軒等，正在躊躇是否要用炸藥時，王紹義和王盛一眼瞥見地上有一條鐵棍，便大喜道：「不要用炸藥了，這就是開門的鑰匙。說着，拿起鐵棍，插入石門下方的一個圓洞裡，一陣撥弄，再十幾個人用力一推，石門呀然而開，用這方法，一口氣撥開四道石門，便輕輕易易的進入寢殿式的地宮，只見正中一大石床，床上並排放着兩具棺木，床前供桌上還放着同治的翠玉印和金錶，眾人上前把棺木抬下石床，用斧頭一陣亂劈，打開棺蓋一看，棺中滿貯珠寶，兩具屍身只露出臉部，而且都未腐爛，僅同治帝面色微黃，略現乾枯。眾人盜寶心切，再也顧不得屍體有沒有腐爛的事，七手八腳把屍身拖出棺外，隨用帶來的蔴袋，儘量將珠寶黃金裝入，一共裝了七蔴袋，才抬運出墓，張進忠本來還想把石門封好，只因大家珠寶在手，急於分贓，再也不願白費氣力，於是仍舊魚貫而出。回到「十五軍分區司令部」，便按股均分，曹志福最多，共得黃金器皿六斤，珠寶四香爐；賀年共得黃金器皿三斤，珠寶二香爐，其餘的便「論功行賞」，以次遞減，每一民兵，分得黃金四兩，每五人得珠寶一香爐，皆大歡喜而去。

曹志福食髓知味，心想同治惠陵便有這許多財物，康熙的景陵中，一定不少。因康熙在位六十年，壽至九十，后妃五人都比康熙早死，殉葬珠寶，可能更多，於是第二目標，便指向景陵。十二月十四日夜間原班人馬，齊集景陵，這次多了一個石匠李金，第一夜是掘了七尺，第二夜掘到五尺時，地下水湧出，工作停頓，一直掘到第四夜，水深過膝，完全無法挖掘，第五夜準備了抽水工具，一面掘，一面抽水，直到發現石牆擋路，才告休息，第六夜，由石匠李金在石牆上鑿出一洞，埋進炸藥，炸開石牆後，也是用鐵棍撥開四道石門，進入地宮，一切仍和惠陵相同，只是黃金珠寶更多，曹志福除了得黃金六斤外，又分得珠寶七香爐，參加的民兵村幹，每人得黃金半斤，珠寶半香爐。

這次盜掘結果，發生了一件小小的插曲，原因是賀年的手下程瑞華，竟乘眾人不備時，偷偷的把一隻最名貴的九龍杯揣了起來；王紹義也私藏了一對翡翠獅子；王盛藏了一座金塔，內中滿是紅藍寶石；連張進忠也偷藏了一隻白玉馬。事後這消息經同去的共幹傳到曹志福和賀年耳朵裡，張進忠知道瞞不了，便把白玉馬呈獻給曹志福，只說是替「司令」收藏的一份，免得拿出來大家分掉了，程瑞華也把九龍杯送給賀年，只有王紹義和王盛兩人，是盜墓積賊，到手的寶物，焉肯交出？王紹義索性一走了之，王盛比較膽小，「民兵隊長」穆樹軒得知這事後，便跑到王義那裡，一番威迫利誘，便把那一座金塔弄走了，等到曹志福找到王義頭上時，東西已經在穆樹軒手裡，幾次追索，都無結果，曹志福以「司令」之尊，那裡忍得下這氣，於是找了一個藉口，把穆樹軒槍殺了，正是「人為財死，鳥為食亡」。可憐穆樹軒橫財未發成，倒先以身殉了。

曹志福殺了黎樹軒之後，對於盜陵的事，興趣更濃，第三目標，便是咸豐的定陵，有了前兩次的經驗，這次盜陵，等於輕車熟路，一點也不費事，定陵被掘，是在十二月廿三日午夜開始，至廿五日掘到隧道，手法與前二次如出一轍，黃金珠寶，雖沒有景陵多，卻也不少。

本來曹志福還想繼續掘順治的孝陵，只因傳說順治晚年出家為僧，孝陵中僅是空棺，沒有殉葬寶物，再則已經掘了三次清陵，消息早已洩漏，又為盜陵殺了人，所以才打銷再掘的主意。東陵五帝陵，只有孝陵碩果僅存，沒有遭殃。

事後，清室遺裔載濤、載潤等曾呈請北平行營追緝盜凌匪徒，但只抓了幾個銷贓的匪徒，真正的主使人，如果說是曹志福，毋寧說是上級更為適當呢。

五十三、革命軍法安戰役定大局

民國十五年八月中，革命軍既擊潰吳佩孚軍，僅餘陳嘉謨，劉玉春困守武昌城，軍事進展，固極順利。惟孫傳芳尚擁兵廿萬，雄踞南京，竟以九省聯帥名義，電限革命軍撤離鄂、湘、贛。同時命謝鴻勛部由武寧向陽新進發，陳調元部由武穴、王普部由當池口亦向陽新推進，又命馬登瀛率軍二千餘，由黃石港登陸，思以大包圍姿態，殲滅駐陽新之第七軍，進而解武昌之圍。總司令蔣公洞燭其謀，遂於九月初調包圍武昌之第七軍指揮官胡宗鐸，率部會合原駐陽新第七軍之一部，向長江下游監視，並進擊贛北。宗鐸奉命後，知欲突破孫軍包圍陰謀，首須消滅其有力部隊謝鴻勛。時鴻勛方率一師之眾，屯駐湘溪，宗鐸遂以迅速行動，由陽新荻田港渡河，向洋港前進。次日抵羊腸山，首將鴻勛警戒部隊殲滅。越日到達湘溪北端丫環山，察知鴻勛在湘溪東一帶山地，佔有陣地，控制武寧，並構築強固工事。宗鐸求戰心切，當率部向陣地攻擊。顧謝軍砲兵甚多，火力熾盛，第七軍為貫徹革命目的，奮力效死，敵軍之砲火愈烈，則進攻愈猛，經一日搏鬥，謝軍不支，而其左後方，又阻於修水，遂全師覆沒，鴻勛身受重傷，由其衛兵乘黑夜舁過修水、趨建昌、轉九江、赴滬療治，未幾斃命。時孫傳芳親往九江督戰，聞謝軍被殲，大為驚憤。遂嚴令所部分途反攻，於是鄧如琢，鄭俊彥等復佔南昌，駐武穴之陳調元王普等部，亦有溯江而上，進窺武漢之勢。使革命軍程潛、王柏齡等部，遭受挫敗，朱培德且向萍鄉撤退，贛州及撫州方面魯滌平，賴世璜等部，亦感不支。此時形勢危急，倘因此而武漢動搖，湖南不保，則革命軍歸途斷絕，北伐大業隳矣。今總統蔣公神謀獨運，知欲挽此頹勢，惟有令第七軍重創贛北敵軍，使其首尾不能兼顧，遂令胡宗鐸進向南潯路線出擊，然第七軍此時已成孤軍深入，勢亦甚危。宗鐸為解除革命軍威脅，更不能計及環境險惡，當選取南潯路中段德安縣為進擊目標。於是率湘溪苦戰之師，於兩日間急馳至德安城西十里之木坑壟十里亭附近，次日拂曉，開始攻擊。時在德安孫軍，為楊震東、李俊義、陳光祖、段承澤、盧香亭諸部，勢力雄厚，殊非第七軍所及，然宗鐸本革命精神，攻擊甚猛。孫軍亦知此役關係存亡，抵抗亦烈。互進互退，死傷均重，而火線錯雜，指揮尤難。至日暮時，宗鐸親督僅有之衛隊三連，領導衝鋒，全線軍心奮振，孫軍於疲憊之餘，立時瓦解，四散潰退，溺斃於德安城東小河湖海者數千人。第七軍團長陸受祺陣亡，宗鐸衣帽均被彈穿，其戰鬪慘烈，可以想見。孫傳芳聞訊沮喪，由潯遁回南京，贛西孫軍，亦紛紛投誠，於是鄂贛鞏固，大局定焉。

五十四、民國第一個飛機製造人朱家仁

一九〇〇年，朱家仁生於湖南漢壽縣的農村，此後他的父親朱熙（申甫）由日本士官畢業回國，經過幾場內戰，因而風雲際會，做到陸軍第二師師長兼常道鎮守使，駐節蘇州，因此朱家仁一直在蘇州求學，自幼聰慧好學，對科學與一切新的事物尤感興趣，在東吳附屬高中畢業後，他的父親要他升讀東吳法學院，但他堅決反對，那時恰好政府招考留美學生，他即前往報考應試，因為學額不多，而應試的又都是大學畢業生，名落孫山，自屬意料中事，而他竟認為奇恥大辱，回家痛哭不食，後來經他的父執周樹林向他父親說項，給他一筆旅費赴美，自求深造，並且約法三章，除供給第一期學費外，此後不准再向他父親要一文錢，換言之，今後在美國的一切費用，要他自己籌措。

朱家仁抵美後，即攻讀某著名飛機機械工程學校，為了實踐他對父親的諾言，課餘之暇，就到某百貨公司擔任擦玻璃揩地板的工作，學校當局，見他勤奮好學，予以免費優待，他課餘工作所得，即作為添製服裝和日常零用，於是很順利的讀完四年課程。

舉業完成的朱家仁，他認為學識是一回事，經驗又是一回事，於是決心留在美國，由學校當局先後介紹他入福特公司和道格拉斯公司工作，予他充份實習的機會，因為事事留心，對飛機的全部機械，均能完全明瞭其製造的過程和性能的掌握，據說有幾種飛機就是由他設計而為公司方面採用製造的。

經過四年的實習，朱家仁自己覺得已有相當的經驗與把握，於是向公司辭職，決心回國，以所學貢獻祖國，搜集了各種寶貴的材料與參考，準備回國後大展抱負。

朱家仁回國時，正是北伐方告完成，政府奠都南京，不久就有航空委員會的設置，與杭州莧橋空軍學校的建立，由於美國方面的推薦，朱家仁就擔任了航空委員會第十五科科長（主管航空機械事務），兼空校機械教官，然而這對他並不滿足，他希望祖國的航空事業能趕上歐美，成為一等空軍的強國。

由於他是一個務實的人，必須先做一點成績出來，然後再呈獻他的大套計劃，以避免人家說留學生好唱高調，有一次他發現了堆置在空地上的一架廢棄了的發動機，經過日晒夜露，已是破壞不堪，並且當時國府所聘德義兩國顧問，均認為已不堪再加利用了，但他卻上了一個簽呈，請求將這個廢棄了的發動機送給他，預備利用它再完成一架可以飛行的飛機，雖然他的簽呈獲得了上峯的批准，但一班德義籍顧問都笑他庸人自擾，萬難成功。

他獲得了這架破發動機，不憚麻煩的把它由杭州搬運到蘇州，放在他自己家裡的大廳上，每逢假期就趕回蘇州，由他親自拆修，有時也僱一二個機器銅匠幫忙，日積月累，把他的精神和僅有的薪金都放在上面，大概經過了一年之久，才將這架飛機完成，命名為家仁號。

當他報告航委會說利用那架破發動機已完成了一架完好可飛的飛機，準備擇日試飛，一班德義籍顧問都認為是奇跡。因為德義籍顧問的破壞，誰都不願擔任這架家仁號的試飛工作，最後他只有決定自己來幹。

大概是民國廿一年的五月吧，這架中國人自己製成的家仁號飛機，由蘇州閶門外飛機場起飛，經過一小時的飛行，朱家仁與他自製的家仁號，一起抵達南京機場，一時轟動首都，傳為美談，並由當時國府主席林森召見，賞給國幣五千元，作為鼓勵。

自從家仁號的飛行成功後，不獨獲得了航空當局的重視，並且贏得了外國顧問對他的尊敬，於是他呈上了中國自己製造飛機的計劃，附列了精密的圖案和說明以及經費與預算，希望當局採納，以實現他的抱負，可惜等了幾個月，批回來一紙公文，說是「呈及附件均悉，該員才能卓越，計劃周詳，殊堪嘉尚，惟傺茲征剿匪患，軍需浩繁，國庫空虛，實無餘款挹注，所請應從緩議。」這無異對他澆了一頭冷水。

此後他一直擔任空軍的機械廠長，所擔負的工作無非是裝修拆補而已，許多同學和他開玩笑，好一個飛機製造專家，竟變成一個拆補匠，他只有點頭苦笑，有時他自己解嘲，說比學海軍的嚴復還是強得多了，嚴復回國後當文學教授，學非所用，馴至抽大烟抑鬱而終，我雖然是一個飛機拆補匠，還算是學以致用呢！

抗戰軍興，朱家仁曾奉命赴法國和美國，負責接收對我國援助的飛機，舊地重遊，倍增感慨。

朱家仁操守極清廉，抗戰物價飛漲，他的薪水不夠家用，一方面極力撙節，他與妻兒都是布衣粗食，一方面為美國飛機公司設計圖案，藉補家用，較之其他的一班機關主管，真是不可同日而語了。

勝利後到現在，朱家仁在臺灣的臺南，仍舊緊守着他的工作崗位，現在算起來已是七十多歲的人，不知還有昔日的雄圖否？（編案：一九八〇年朱家仁遷居美國。一九八五年七月十一日，病逝美國。）

五十五、「鐵面御史」邵鴻基

「九一八」事變後，監察院曾經有兩位監察委員具文彈劾東北行政官張學良「失職誤國」，當時轟動一時，人皆以「鐵面御史」目之。這兩位委員，一是邵鴻基，一是高友唐。高後來不知轉任何項職務，至於邵，卻是到河北省做了行政督察專員，大概他是覺得「言官」之不易為，不如行政工作來得比較實際些，才改換了工作吧！

邵字承彥，河北獻縣人，他任河北省行政督察專員的時候，是在冀南大名方面，不管抗戰前後以及抗戰期間，河北省政數易其人，但他這個行政專員卻是「金字招牌」，屹然無恙，誰也沒有動過他的腦筋，這不僅是因他資格老，政績斐然，而且因他統率着一部份地方團隊，在那個地區和敵人以及共黨雙方面週旋，幹得有聲有色，所經歷的艱險，不是常人所能應付得了的。

筆者和他認識的較晚，那已經是三十三年深秋的事了，但對他的大名印在腦筋裡至少也在十年以上，就是他在敵後活動的事蹟，也常聽一些當年和他共事一方者當做「傳奇故事」般的談論着。認識他的那次，是在河南西坪，西坪是河南內鄉一個村鎮，但當時卻是河南省政府所在地，當我們參加河南省主席劉茂恩的就職典禮後，驅車去西安，行車前，由冀戰區總司令高樹勛介紹，才認識了他。

那是一座軍用大卡車，沒有棚蓋，同車的有十多個人，可是這十多個人都是來自各方面，其身份地位是很難分辨的，戰時交通工具困難，能搭乘到這麼一座車，已經算是難能可貴了。那天邵穿着一套草黃色士兵棉軍服，因為是才換上的，所以顯得還乾淨新鮮，可是腳下卻穿着粗線襪和土造布鞋，鞋上面還沾滿了黃泥；光着頭，兩鬢雖然有點斑白，頂上頭髮也有點稀疏，然而兩頰紅潤，兩隻眼睛透着精神。從他那胖而且圓的面龐上，黑黑的膚色上，黃大的身軀上，感覺到他是久歷風吹日晒，但也表現了他身體的結實和健康。那時他的年齡已逾六十，可當得起「老當益壯」四個字。

晤談之下，你會感覺到他的誠懇和樸實，相信他所以能夠以一個行政工作者的文人，去統馭幾萬地方團隊，在敵後和兩面的敵人去作戰，就是靠了他的誠摯感人的。他那次由敵後到內地來，是向第一戰區司令長官述職，他是化裝成為一個普通商旅，連個僕從都不帶，數千里長涂跋涉，登山越水，直待到達西坪，才順便搭上這座軍用卡車，但當時戰區司令長官部已經移駐漢中，他到了西安，還要到漢中去。不過他對抗戰前途充滿着信心，完全不以這種長途旅行為辛苦。

一個月之後，我們又在河南盧氏縣城碰到面了，他那時是從漢中述職回來，準備趕回敵後部隊駐地去，可是這個時候，他的裝束又變了，他穿着一套藍布棉衣褲，灰樸樸的，看去真是一個鄉下老頭兒。當時第四集團軍總司令孫蔚如駐在盧氏，不過他和這般人毫無往來，所以他也不去拜候他們，他是臨時住在一家小客棧裡，那種小客棧，污濁簡陋，黑暗湫溢，然而毫不以為苦，他是取道由盧氏沿洛寧、洛陽去鄭州，沿途還要和當地游擊部隊地方團隊連絡一下，盧氏只是他的大休息站，過此再往東，便要進入敵人控制區域了。

對於這樣一個「為國宣勞」的老人，單憑了他個人的兩條腿，要間關萬里的奔波勞碌，我們有時真為他的安全而擔心，但還好，一個月之後，接到了他的電報，知道他已經安全回到他前防區。他那次由西安遄返防地，隨身攜帶的旅費，不過法幣十萬元，折合黃金市價，也不過是三兩而已，在這區區旅費中，他還要樽節使用，剩下來的錢，還要帶交給部隊作為一部份經費。

在敵後活動，是件極端困難的事，首先，要顧慮敵人的「掃蕩」和共產黨的偷襲，二者比較之下，前者還容易對付，後者卻防不勝防，所以隨時都在作戰狀戰中。其次，除了戰鬥動作之外，還要照顧到全部官兵衣食鞋襪以及安置隨軍眷屬等等問題。至於糧秣彈藥的補充，薪給餉餬的發放，在在都要顧慮到，處境的困難，真非過來人不能想像得到。所以當卅一年的時候，在敵後活動的部隊便已經紛紛請求內調，而邵居然在那些地方又堅持了數年之久，單憑這般堅強不撓的毅力，就不是尋常人所能及的。

抗戰勝利後，共黨擴大了它們的叛變面，對於像邵所保持在河北省南部那麼一塊政府區域，當然為它們無限嫉恨，尤其「獨眼龍」劉伯承，當時盤踞在所謂「晉冀魯豫邊區」地帶，更是邵的死對頭。它們多少年來就糾纏在一起，鬧得難解難分，因此劉伯承千方百計的，無所不用其極的去打擊邵，並且欲將邵置之死地而後甘心。邵怎樣為劉伯承所吞噬的，筆者缺乏充份的資料，因為當時在那個地區，情形非常混亂，但當勝利初，河北省政府改組，他至少應該到河南新鄉或者到北平去述職一次，然而他卻因為防務重要，分身不得，始終沒有看到他來，慢慢的，甚至得不到他的消息。以他個人的智慧和精力去單獨對付詭計萬端的共黨，其最後遭了暗算，是沒有什麼奇怪的！

五十六、大漢閣主章太炎

章先生名絳，字炳麟，又名枚，號太炎，別號末底，又號末公，別署大漢閣主。

在從前帝制時代，讀書人中每個都有「十年寒窗，一舉成名」的功利觀念的。但是，生當同治年間的章太炎，卻一貫的反對束縛思想的科舉，和剝奪人民自由的牽制，他雖是曾任提督河南學政俞蔭甫（曲園）太史的高足，然而他的行徑絕對不向翰林、進士的路子上走。他並不以書本為敲門磚，而純從學術的觀點出發，把一切古書作為考據的工具，一方面以文字鼓吹革命，在國內不容許他居住時，便亡命到日本（由臺灣轉日本），在那裡，認識了孫總理，並創立了一個支那亡國兩百四十二年紀念會。（時為光緒廿八年。）

清光緒廿九年五月，他自日本歸國，與鄒容等組織愛國學社於上海，鄒容寫成一本「革命軍」，太炎為他作了一篇序。事為清廷所知，便密電江蘇督撫，轉飭上海道。照會會審堂，出票拘人。他的名字，和鄒容，陳吉甫，錢允生，龍積之，陳叔疇等，均被稱為「偽作革命軍匪人」，時陳吉甫已聞風赴日，事先曾勸他同行，他卻毅然加以拒絕，並且說：「太炎非畏死者，革命乃伸張正氣，萬死不辭也。」又說：「革命流血起，流血從我起。」結果，被捉入捕房。為了這件事情，還特地組織了一個

「額外公堂」，由上海道參加會審，當時律師的起訴書裡，有這樣的幾句「……如鄒容，章炳麟；照法律治罪，皆當處決，今逢萬壽開科，廣布皇恩，援照擬減，定為永遠監禁。」但當時人民對於清廷這一行動，大為反對。領事團也力持異議，不得已乃移京（北京）交涉，至翌年三月，才改判「鄒容監禁二年，章炳麟監禁三年，罰作苦工，期滿開釋，驅逐出境。」

他在獄中度了三年的歲月，叫書生去做苦工，這當然是不能的，於是地方官也只好讓他去讀書。三年光陰，轉瞬已屆，臨出獄的當兒，他還說了幾句笑話：「現在要出去了麼？在這裡也可以讀書呀。」他的朋友鄒容，因年少而不耐辛勞，於一年半之前，竟病死獄中。

民國成立後，許多人請他出來做官，他一概謝絕，唯以研究學術為樂。至民國三年正月，應共和黨人之邀入京，時袁世凱秉政，頗有改共和為帝制之意，以太炎負一時重望，恐其號召反對，乃聘為公府高等顧問，意在箝制他的言論。太炎不顧，於是派兵監視，次年二月，遂被軟禁於故都龍泉寺。他焦怒異常，以杖擊碎器物殆盡，又欲焚其屋，禁守人奉袁命，謹避之而已。

太炎在被禁時，以為沒有恢復自由的希望。便寫了一封很沉痛的信，給他的夫人湯國梨女士，信中曾提到這件事：一件是「我死了之後，國粹便中斷了」，一件是「先人窀穸未安，為莫大憾事」。直到袁世凱將死，才得釋出。

他一生都埋首在古書堆裡，他不但主張作古文，而且主張寫古字。所以，他的男女公子的命名，都是怪特，把自己一部著作《國故論衡》，卻題了「或古侖魚」四個字。

他晚年住在蘇州公園路，當局敬仰他的道德學問，便補助他萬元錢，他把這筆錢辦了個章氏國學講習會。後來又召集了幾個門人，從事研究工作，出版了一本《制言月刊》。太炎作古後（他歿於廿五年五月十九日）。他的弟子們為了紀念老師起見，特創了一個太炎文學院，院長就是太炎的夫人湯國梨女士。

五十七、章太炎二三事

章太炎，記其軼事者甚多，我今寫其細微而幽默者數則。

太炎在蘇州任東吳大學教授時，與黃摩西同居，黃亦東吳教授，常熟人，其貌甚怪，兩鬢短髮蓬蓬，披散項間，戴一深度近視眼鏡，但其學問甚淵博。太炎與之交甚篤，寓居在葑門內之螺獅橋，以其與東吳大學相近也。兩人都無家眷，常剪燭深談，不知東方之既白。一日，太炎自東吳歸，倦極，急思歸眠，乃誤走鄰家之室，彼視為與已室無大異（同為平屋），牀之地位亦相同，即據榻而眠。孰知此為鄰婦之室，方出外購物，歸而見之，大譁。幸鄰里有識章先生者（背後呼為章瘋子，然頗敬重之），呼之醒，護送其歸，而太炎尚茫然，說：「我方酣睡，何必擾人清夢？」

一日，黃先生已回常熟，而章先生與一鄉下人吵架，呶呶不休。章先生說話，蘇州人本聽不大懂，而鄉下人的粗魯的話，章先生也聽不明白，這鄉下人是個糞夫，黃、章兩人的馬桶是他倒的，此次要取月費，而月費向由黃先生管的，章先生不管此事，所以爭吵。他常穿一件不僧不俗的衣服，束了髮，沒有辮子子，手中握了一柄團扇，衣冠都不大修整。有一次太炎到時報館，來訪狄平子，穿了一件西湖色熟羅長衫，金醬色杭緞馬褂，白襪玄履，煥然一新。那是什麼時候，正是與湯夫人結婚的前夕哪！

袁世凱厲行專制，太炎反之，且參加二次革命。一直到民國五年世凱病逝才恢復自由，他被囚龍泉寺時，以恨袁世凱之故，拒絕官廳供應，自己掏腰包開銷火食，但不久後錢吃光了，便擬絕食。袁世凱聞知，不想負起殺害讀書人之責，就吩咐京師警察總監吳炳湘設法開導，吳炳湘與一姓徐的醫生商量，把太炎移至徐宅，俾徐某就近為他醫病，其實即是暗中監視。到徐宅不久，又再移錢糧胡同，一直住到民國五年。太炎在龍泉寺擬絕食未成，但到了錢糧胡同卻絕食了幾天。

錢糧胡同新居，是太炎租下來準備迎他的新夫人湯國梨女士北上的，後來又發電報止她北來。這是民國三年夏末的事。過了不久，寄居在他家裡的學生黃侃被警察驅逐出外，太炎以自由完全給袁世凱剝奪，憤而絕食有三日左右，他的學生及無政治色彩的朋友還可以進去看他。

馬敘倫和太炎誼在師友之間，一日早晨八時，馬敘倫去看太炎，這是他絕食的第三天。馬敘倫勸他復食，用種種方法來開譬，他都當作秋風過耳。太炎還引「呂覽」養生之言曰：「迫生不若死」。馬敘倫又再委婉譬喻，一直到傍晚，乃涉及理學學言，太炎似有回心轉意了，到初更時分，馬敘倫看出他有復食之意，就乘勢說：「我來了整日，一點東西都沒有吃過，現在餓得很，你陪我吃點東西好不好？」太炎首肯。馬敘倫便叫工人吩咐廚房煎兩碗鷄蛋，煎好後，太炎吃一碗，馬敘倫那一碗不吃，又把給太炎吃了。馬敘倫親口對人說過的。

章太炎一生絕食共有三次，但實行絕食只二次，第一次是他被禁上海西牢時，憤外國獄卒之虐待，絕食數日表示抵抗；第二次絕食而未成，第三次絕食了三天。

五十八、章太炎《在莒錄》

國學大師章太炎，夙有「瘋子」之稱，著因生性耿介，不為權威所屈服，項城稱帝，太炎在滬，常發表反袁文字，報章轟載，袁恨而畏之。共和黨鄭某、胡某，陰受袁賄賂，於黨中集會，謂黨勢孤危，不如請太炎先生來京，主持黨事，即席通過。共和黨者，武漢革命團體民社中人，民二時，反對三黨合併之進步黨，宣告獨立，推黎元洪為理事長，太炎為副。未一月，太炎果抵北京，寓化石橋共和黨本部，只往晤元洪，袁遣人相招，不應也。袁命陸軍執法處長陸建章，派憲兵四名駐黨監視，名為保護，意在禁止出京，並監察其言論；凡共和黨往來文件，均加以檢查，一切自由盡被剝奪。

某日太炎應黎堃甫之宴，乘馬車出門，憲兵躍登車前後夾護，初未注意，讌畢回寓，夾衛如故。太炎疑，問吳宗慈及張亞農，未便實告。次日再詢鄂人胡培德，胡笑曰：「此為袁世凱派來保護者。」太炎大怒操杖逐之，憲兵逃，太炎冷笑曰：「袁狗被吾逐去矣！」憲兵以命不敢違，改易便服，不使太炎知之。

太炎居黨部右院斗室中，朋儕過從極少，所與談心者僅三數人，上天下地，無所不談；談話既窮，繼以狂飲，醉則怒罵，甚或於窗壁遍書「袁賊」等字以洩憤，時或堆在一起焚燒，大呼曰：「袁賊燒死矣！」罵倦則作書自遣，大篆小楷行草，堆置案頭，日若干紙，黨中同志欲得其書者，則令購宣紙易之，派小僮一人主其事。

一日，陸建章派秘書長秦某，（前清翰林）求見太炎，謂：「敝總長（建章部下均稱之為總長）奉大總統命，知章先生居此，慮供應缺乏，有所奉贈。」隨探懷出銀幣五百元置書案，太炎遽起立，持幣擲秦面，張目叱曰：「袁奴速去！」秦某乃狼狽而遁。

黎元洪恐太炎鬱抑無聊，商所以安慰之策，問太炎在京願作什麼事，經費可負責，太炎表示願組考文苑事，元洪與袁世凱商量，年撥經費十萬元，太炎開列預算堅持非七十五萬元不可。袁允經費可酌增，但不必如預算所列，設機關辦事，換言之，即予以一種名義及金錢，示羈縻而已。太炎堅持要設機關，實際辦事，雙方談判，終告决裂。

黨中同人，最後商允太炎講學。「國學講習所」剋期成立，講室設黨部會議廳之大樓，報名者紛至沓來。講授科目為經學，史學，玄學，子學，每科編講義。講學不及兩月，聽者得意，而太炎有倦勤意，與左右商出京歸滬事，時偵騎四佈，不能獨行，設詞阻之。太炎怒曰：「吾知君等窮措大，慮無資斧，吾早有準備，只需一人送吾至天津，登日本輪可也。」旋啟衣篋，出現幣八十元，眾皆語塞，出京之議遂決，太炎握管，親擬電稿，致夫人湯國梨女士，以前夫人來函，閱竟投火爐中：不作覆，漸並不閱。某次夫人函述黎公有函致袁，囑命其來京相聚，並謂此將以君為餌，但吾決不來，望君堅其志節，無以家室為念。湯夫人固亦深明大義，善相夫子者。

决議出京之翌日，黨部同人，設筵為餞，逆知出京必被阻，相約縱酒狂歡以誤車表。到京奉車站，已空其無人，太炎命移行篋於六國飯店，陸建意陰奉袁命，送至龍泉寺軟禁，太炎初絕食數天，王揖唐婉言相勸曰：「袁氏之奸，等於阿瞞；先生之名，過於正平；所以不敢下手，不願千秋萬世後蒙殺士之名。先生自願餓死，袁既無殺士之名，又除心腹之患，先生為袁謀則善，其自謀何疏！」太炎矍然起立曰：「然耶？」趣以食進。居數月，建章頗以為苦，說袁將寬其禁。時元洪亦代為調解，乃得由龍泉寺移居錢糧胡同徐醫生寓所，並為之調理身體。

丙辰六月，洪憲敗亡，元洪繼任，太炎始出厄回滬。其心腹送之車站曰：「願先生勿忘在莒」。太炎點頭稱善曰：「綜合兩年來情形，纂《在莒錄》，聊以備忘，也是好事。」於是《在莒錄》一書，由其心腹吳劉二君著錄。

五十九、龍泉寺縱酒罵袁

先生既至龍泉寺，知受袁氏之騙，乃縱酒大罵袁氏，禍國殃民，並不絕口，袁氏雖跋扈，但不敢侮辱，酒食供應無缺。先生被禁於龍泉寺之第二日，袁氏派其次子克文送錦緞被褥至，但畏懼先生正義凜然，不敢見面，只着士兵將錦緞被褥送進室內，先生感到奇異，搴帷一看，發覺有人在窗縫偷窺，赫然為袁氏次子克文，先生乃以火燃點香烟，將被褥燒成許多洞穴，纍纍如貫珠，然後擲於窗外，叱喝曰：「歸告汝父，勿發皇帝夢，吾生平不受人憐也！」義正辭嚴，袁子羞慚而去。

袁氏稱帝，一意孤行，乃組籌安會，偽造民意，紛紛勸進，日有數百起，先生在龍泉寺聞之，索紙筆，疾書盈尺大字曰：「袁賊速死！」懸於壁上，以表示自己心跡，決不符和袁賊所為。

未幾，蔡鍔起義於雲南，全國紛紛響應，袁氏知民意激烈反對，大勢已去，憤而患病，寖且作孽自斃。袁氏既死，先生重獲自由，出都抵滬。民國六年夏，聞國父率海軍總長程璧光南下護法，先生乃由滬來粵，迨國父被選為海陸軍大元帥，先生一度被任為大元帥府秘書長，晚年講學蘇州，淡泊名利，民國二十五年，病逝於上海。

六十、怪癖名士辜鴻銘

清末民初的辜鴻銘，由於他的忠君思想，對所謂「國粹的愛癖」。因此常單刀匹馬地受許多革命份子和外國人的攻擊。但辜先生能通拉丁，希臘，德國，法國，俄國，英國等六國的語言。於我國古文尤有研究，他的聲名和溝通中西文化的功績，還是蜚聲國內外。

他是廈門人，字湯生，又字立誠，自稱「慵人」，又號「漢濱讀易者」。出生在海峽殖民地的檳榔嶼。

辜氏在香港受初步的英文教育，啟蒙的老師是個非常嚴肅的英國人，他在香港打好英文根基後，到蘇格蘭去讀書。一八七七年得到愛丁堡大學文學碩士的學位。

其後，他回國任張之洞的幕僚，後任濬浦局的董事，南洋大學教務長，北京大學拉丁文教授等職。生於咸豐七年丁巳（一八五七），卒於民國十七年戊辰（一九二八）享壽七十一歲。

他底忠君的思想，在其文章中常可見到。他早時在上海的《字林西報》和華北的日文《華北標準報》上，常發表維護清朝皇室的文章，他在外國時還留長辮子，穿着長袍馬褂，出入交際場所。在他所著的《中國政體和文官制》（英文本）一書中，尤其說得頭頭是道。他對女子纏足很感興趣，不反對隨地吐涎，這是他的怪癖。同時他曾把中國四書譯為英文，近代英國的思想家曾受其影響很大。而他卻喜用中文來回答英文之問句，用英文來回答中文，使對他談話的人不知用什麼語言來講好。因此他常受人攻擊，而有「怪儒」之號。

他的英文詩寫得非常美麗動人。著名旅行家白特夫人極贊賞他的詩。她在《揚子江流域見聞》一書中曾感慨地說：「能寫中國詩的歐洲人還沒有生出來呢！」

他的中文詩也非常工整。他的詩往往中英文都有，我們對照了讀，於翻譯上可得益不少。較出名的詩有「壯士吟」「懷舊」等兩首。

他的翻譯堪稱獨步，他不似林琴南的不識英文而譯書。他的中文好，英文更好。因此他把《春秋大義》，《中庸》，《論語》諸書，譯成英文，使歐美人士窺知我國先哲聖賢的思想的成就。 國父孫中山先生曾說過，當時中國人識通英文的有三個半，一個是辜鴻銘，一個是伍朝樞，一個是陳友仁，還有半個他不說，大概是他自己吧。這可想見辜鴻銘在一個偉人心目中的地位，更可想見辜鴻銘的英文造詣。

生育喻學問

他所著《張文襄幕府紀聞》（一名辜鴻銘的筆記）一書中，有「生子」一則，論求學問，非常奇趣，且言之有理，可為吾人讀書指南。其文曰：

「袁簡齋言：昔方望溪先生有弟子某，年踰商瞿，戚戚然以無子為慮。先生曰：汝能學禽獸，則有子矣。先生素方嚴，忽作謾語，其人愕然問故。先生曰：男女媾精，寓物化生，此處有人欲而無天理，今人年過四十，便有為祖宗綿血氣意，將天理攙入人欲中，不特欲心不熾，難以成胎。而且以人奪天，遂為造物所忌，子不見牛羊犬豕乎，其交也，如養由基之射，一發一中，百發百中，是何故哉？蓋禽獸無生子之心。為陰陽之所鼓盪，行乎其所不得不行，止乎其所不得不止，遂生乎其所不得不生，余謂此無關乎天理人欲也，斯即中庸所謂天地之道，可一言而盡，其為物不貳，不貳則誠，誠則有功，吾人當求學之時，不可存有國家之念，猶如吾人欲生子，不可存有祖宗之心。董仲舒曰：正其誼不謀其利，明其道不計其功，余曰：正其誼不謀其利，則可以生子，明其道不計其功，則可以得真學問。」

辜鴻銘，就是林語堂筆下一再推崇過的辜湯生。他的名字現在也許為青年人所不知，但在八十年前，他是和英國的蕭伯納一樣，最喜歡與士大夫階級搗蛋的一位「名士」。那時候中國的文化界，正是英美及日本留學生的天下，他們扯起來的旗是無條件地接受西洋文明。辜氏是一個百分之百，不折不扣，從外國殖民地生長出來，並經外國人不惜工本加料培植出來的老留學生，卻偏在他們之間表現了完全不同的意見，而且走了大家都認為非常乖僻或反動的路線。留着辮子，鼓吹帝制，參加復辟，以及大聲疾呼地否定來自外國的一切物質文明，這對於那一批狂熱地崇拜洋化的新士大夫階級，不能不說是一個極大的諷刺。

辜氏的原籍是福建廈門，一八五六年生於英國殖民地的檳榔嶼，十歲左右就到倫敦去讀書，以後更到過法，德，奧諸國，連續了近二十年的讀書生活，使他精通了英，法，德，俄四國文字及拉丁文。有人說他精通六種文字，連日文也算在內，但據介川龍之介所寫的訪問記，他是用英語談話，一面用鉛筆寫漢字以幫助了解，似乎並不精通日文，雖然他有一個日本籍的小老婆。

回國以後，他開始看中國的古書，卻從此決定了他的生活思想與生活態度，他和西洋物質文明便宣告拆伙，他無條件地對孔子哲學以及封建的專制政體表示臣伏，因為他相信孔子的學說已充份的說明了什麼統治形式是最好的，而且在古代的皇帝能隨時用智慧的哲學來管理老百姓，所以帝王統治實在是最合理而最可愛的了。

他的連篇怪論，在辛亥革命以前，已經被許多人惡罵，辛亥革命以後，更是到處遇到抨擊與訕笑，他率性頑固到底，留起辮子，鼓吹帝制，參加復辟，甚至為了痛恨革命，對凡是可以代表進步一方面的事情無不加以反對。在私生活方面，他裝得很名士派，也很遺老化，例如逛窰子，抽大烟，討小老婆，嗅女人的小腳，幾乎什麼事都幹。後來一度厭棄了革命潮流澎湃的祖國，住到日本去過他晚年的寫作生活。

英國人，德國人，卻因為他拿了許多中國古書翻譯，販賣古董，（英譯的四書與春秋大義，當時銷路最好）而且一口氣用德文寫了十幾部書，使西洋學者不能不為他的淵博嚇倒了。他們不知道辜氏在本國學術界實際沒有建立起什麼地位，中國人之驚佩他，還是由於他卓越外國文程度。而西洋學者卻誤認他是中國學術的代表人物，英國散文作家摩姆在成都訪問他以後所寫的那篇「哲學家」，就存在着這種誤解。

辜氏之敵視外國人，反對外國勢力侵入中國，帶着一些進步的「義和團」思想。無論是由於他的自大心理，是由於他效忠一姓的尊王攘夷思想，總之是一個不合時宜的民族主義者。他那次和摩姆談話，一見面就針對英國人的紳士風度，老實不客氣的質問摩姆：

「你們已經用機關槍把我們征服了，你們打算還要怎樣的幹下去呢？……」接着又說明他在摩姆的面前不能不特意的搭點架子的原因：

「你們先就看不起我們，以為所有的中國人都像你們所看到的那一批買辦，市儈，西崽一樣，只要你們點點頭，招招手，中國人就可以唯命是從的走過來了。」

他的英語既好，材料又多，三句不離本行，結論是「孔子學說囊括世界一切」的老文章。摩姆除了唯唯的恭聽之外，一句話也說不出來了。最妙的是當摩姆向他辭別的時候，他又自動寫了兩首中國詩送給摩姆，這兩首詩後來由摩姆的另一位中國朋友翻譯出來，原來是兩首贈妓女的詩。

可是辜先生儘管以善罵洋人出名，但他在國內的吃飯問題，還是要靠這些洋關係。他在張之洞手下做了十幾年的洋文文案，（即今日之外事秘書）由於這一政治線索，他又曾做過由外國人指揮的上海濬浦局長。民國三年，袁世凱為了要籌措他做皇帝的本錢，進行六國大借款，他的對方是以匯豐銀行的熙列為首的六國銀團，熙列是一個瞎子，早已不能問事了，次於熙列之地位的則是德國代表柯德士，他們必須找一個對英德語文精通的中國人來做翻譯。於是老辜的生意上門了，據說他按着外國的規矩，自定每月的薪水，一開口就是六千銀元，使銀團中的各位代表嚇了一跳。

分析這個怪老頭子對於外國人所取的態度，實際上也是有些差別的，比較起來他對德國倒還刮目相看，主要原因是威廉二世專制下的德意志，和他的復古尊王思想是氣味相投的。第一次世界大戰發生的時候他的議論和態度和康有為一樣幾乎是絕對地偏袒德國方面的。與梁任公之幫助段祺瑞參加歐戰去打德國，剛好是演了一幕對臺戲。

這一個倔強的老人是民國十八年，北伐完成以後逝世於北平東城椿樹胡同他自置的老宅裡，他的鄰居們一直到抗戰勝利以後，還有人形容他的模樣，他的特徵是大眼睛，小辮子、紫醬色的長袍，黃緞坎肩，頭戴六角圓頂瓜皮小帽，一隻手握着翠玉嘴的長旱烟袋。另一隻手輕巧地捏着一團白色純絲手巾。

六十一、辜鴻銘爛罵人

辜鴻銘是主張復辟的，民國元年，宗社黨領袖溥偉（恭親王奕訢長孫，襲爵，人稱小恭王。九一八事變後，他先在關外組織一個什麼會，帶領人馬去謁北陵。後來不很得意，一九三五年十一日死於大連。）在青島陰謀起事，辜鴻銘也與于式枚、劉廷琛、陳毅等人參加。

他的一條小辮子，到死時還留着。有人對他說這條豚尾甚不合時宜，何不割去。他正色曰：「去辮而國果強，則去之，否則不去！」

有一次辜鴻銘在宴會中遇見林紓和嚴復，同時大古文學家馬其昶也在座，但他們素不相識。酒酣，辜鴻銘大發怪論，他說：「如果我有權在手，必定殺二人以謝天下！」有人問那兩個人，他說：「就是嚴又陵、林琴南。」嚴假裝聽不見，林就問他道：「這兩人有何開罪足下之處，願足下念同鄉之誼，刀下留人吧！」

辜勃然變色曰：「嚴譯《天演論》主張物競天擇，於是國人只知有物競而不知有公理，以致兵連禍結，民不聊生。林琴南譯《茶花女》，一班青年就侈言戀愛，不知禮教為何物。不殺此人，天下將不會太平也！」

馬其昶見他這樣旁若無人，就暗中問人此人是誰，恰被他聽見，就說：「我是辜鴻銘，你是誰？」馬其昶通姓名後，辜老頭竟大罵他：「馬其昶，你也有臉來這裡，你是袁世凱的參政啊！滾！」主人見形勢不佳，連忙打圓場，遂不歡而散。袁世凱在辜的眼裡，就是「亂臣賊子」。

六十二、小學大師黃季剛

錢玄同氏於戰前北京大學印行的《文字學音編》講義中，把我們那位小學大師黃季剛（侃）推崇備至，佩服得五體投地。說他先生集音韻學之大成！認為自顧炎武，江永，戴震，段玉裁、王念孫，章太炎以下，能精通中國音韻學的，黃氏一人而已。錢、黃都是章太炎先生的弟子，錢在學術界有「二瘋子」的混名，那是黃季剛罵出名的，而錢氏對他，卻能持論公正，不稍詆譭，可見公道自在人心，季剛在學術上的地位之不可搖憾，也就可想了。

說到我國聲韻學的研究，顧炎武的《音學五書》，實開其端。自此而下，歷江、戴、王諸家，逐漸的由粗而精，由疏而至密。太炎先生的二十四部，可謂已至登峯造極的發明，季剛又承其遺緒，且添入聲四部，合為二十八部，熔諸家學說於一爐，發揚光大，金聲玉振，為中國經小學界莫不世之功，從今天來說，我們追懷先哲，便覺得他在學術上真有些「後無來者」的悲哀了。

黃氏名侃，字季剛，號病蟬，湖北鄿春人，清末東渡日本，學習法政；那時太炎先生適因參加革命，亡命東京，他因為私淑已久，求教心切，輾轉得友人的介紹，把自己的一些作品轉呈給章，獲得章太炎先生的賞識。

他與章先生在東京住了三年多，他一直埋頭苦讀，不時向章先生請益。他說章先生是最先教他圈點《禮記註疏》的人，唐賈公彥的文筆也許並不高明，糾纏繁複，讀起來頗不順利，非章先生指點，他是沒有勇氣讀下去的。最可笑的，是他跟隨章先生甚久，始終沒有「拜師」的形式，太炎先生亦很以為奇。

最後，季剛決定回國了，乃向太炎先生請求臨別贈言之類。太炎說：「你要拜一個好老師常常指教你才好。」他問：「甚麼人好呢？」太炎說：「到北京找劉申叔（師培）吧！」他答：「暫時尚不想去北京。」太炎說：「浙江瑞安去拜孫詒讓也好！」他答：「不想到浙江。」太炎說：「陳伯弢在南京，你可去找他。」他答：「南京恐怕也去不了。」太炎說：「那末，怎麼辦呢？萬不得已，就是我免強點吧！」這時，他才認真的磕了一個頭，算是拜了師。

黃氏生平，除太炎先生外，拳拳服膺的只有一個劉申叔。申叔執教北大時，他也拜之為師。劉氏是晚清的一位經學大師，十三經的注疏，他能倒過來背，從尾到頭，一字不易。劉申叔的遺稿，當年落在黃氏手裡的，着實不少，他很想有機會把它出版問世，惜此願未償，而黃氏亦歸道山！

季剛一身傲骨，滿腹牢騷。他睥睨學術界二三十年，目空一切，甚至對太炎先生的經學，有時也要批評一聲：「粗」！（小學是沒得甚麼說的。）我記得馬寅初博士有一次也來看他，談到《說文》，他一概置之不理，再問，他便不客氣的說：「你還是去弄人文經濟吧，小學談何容易，說了你也不懂！」

他到中大教書，出於同門汪旭初，（時任中大文學院長，亦太炎先生弟子）邀請而來，本來張作霖要以重金聘他去任東北大學教授的，他已答應，但被汪氏綁票一樣的綁來了。那時中大校長是張乃燕，人雖顢頇，但對他非常尊敬，尚能相安無事。後來朱騮先繼任，朱是黨國權要，無暇顧到對他的禮貌，於是勃然大怒，說是師道淪亡，一定要捲行李滾蛋，經不起國文系同學再三挽留，又請朱校長親自出馬慰留他，他還不肯，寫信給他的學生們說：

「……但既已懇辭於前，又復勉留於後，直視去就如兒戲，諸生何取焉？『慎爾優遊，勉爾遯思』，諸生愛我，當為我詠也。」

結果仍由他的老友汪旭初疏解，才算把他的辭意打消了。

季剛生前，對於晚近人士的率爾操觚，濫事著述，非常痛恨，恨不得秦始皇復生，再來一把火燒它一個精光。他平素輕易不肯下筆，固然是自愛自重，亦所以使世人知所慎怍。他經小學工夫之深不用說了，而於諸子學說也有精密的研究，詞章之學更毋庸多說，只可惜生平著作極少；教書時又不編講義，僅賴口授令學生作筆記，已經出版的書，音韻學方面，只有一本《音略》，那是二十年前北平某書店印行的，搜購極其不易。關於文學方面，只有一本《文心雕龍札記》，比較容易得到，此外專著就不多了。

他的遺作《古音韵圖表》十數種，詩文各若干，零縑斷素，都成至寶。可是屢經世變，盡歸失散，良深惋惜！黃氏是抗戰前仙逝的，並早已歸葬故鄉，所有遺著，多半被他的姪兒孝先和快婿潘君珍藏的，不知何時才能公諸於世！

六十三、文壇怪傑林琴南

林紓，字琴南。別署冷紅生，又號畏廬，福建閩候縣人，生於一八五二年（即清文宗咸豐二年），卒於一九二四年十月九日。享年七十三歲。

林氏的性情雖木強多怒，人多與之疏離，然慷慨忠厚，人有困難無不盡力救濟，所以很得人的敬愛。他年少即致力於古文學，在一八八二年（即光緒壬午）中了舉人，以後便捨棄了制舉之業，專心致力於古文。初在北京京師大學堂，福建閩學堂等校教書；後來偶然翻譯了一部小仲馬的《茶花女遺事》，得到了無數人的贊揚，他對於譯書的興趣，因之大增，以後便以譯書為職業。繼續譯了歐美名著不下百數十種。他晚年的生活除了譯著之外，並靠賣畫為生，以七十歲的老翁，每日在書架前至少作六、七小時的工作，從不謀求功名利祿，只靠自己勞苦得來的金錢，以謀生活。他的朋友及後輩顯貴的很多，但他卻從不企圖倖進，作不勞而獲的事，他的清介的性格，為學的勤苦，實在令人佩服。

林氏是以翻譯及古文著名於世的，在他的前半生，他的思想，已經進步得很快，他的閩中新樂府裡有許多詩，表示了他進步的思想，如村先生，譏諷當時村裡的腐敗，別具新穎的見解：興女學，盛稱設女學的好處：破藍衫，嘆息當世的文人頭腦陳腐，毫無作為，這在康有為未上書之前，已有這樣新穎的思想，正可稱得起當時先進的維新黨；但是他的思想從此停滯了。直到民國七八年新文學運動時代，林氏在北平盡力為舊的禮教及文學辯護，十分不滿意這個新的運動，因此為一般新進的青年視為老頑固，而他在文學上的地位也從此發生動搖。但是我們若平心靜氣而論，林氏在文壇上確有他的不朽的功績，絕不能因為他的思想守舊，便完全湮沒他數十年來辛苦的工作。他在文學上的貢獻，可分著作與翻譯兩方面來講：

林氏的著作很多，小說有《金陵秋》、《官場新現形記》，《冤海美光》、《劒外曇花》、《劍膽錄》、《京華碧血錄》等書。這些小說皆取一實在的故事，而以一兩個幻造的人物的愛情與遭遇為脈絡，而此種脈絡多不能集於全書之中。如《金陵秋》本敘辛亥革命的故事，卻以王仲英胡秋光二人的戀愛為全書的脈絡，主人翁與書中所敘的故事，沒有多大關係，在表現的技術上，是很失敗，立意上面也沒有什麼新奇的見解。

他的筆記有《技擊餘聞》、《畏盧瑣記》、《畏盧漫錄》等書，完全是舊式的筆記，沒有甚麼可取的地方。

傳奇方面有《天妃廟傳奇》、《蜀鵑啼傳奇》、《合浦珠傳奇》，雖非第一流作品，但是他能打破向來傳奇作家的陳套，不拘於男女戀愛悲歡離合的故事，而採取社會問題的新材料，這種大膽的見解，在當時確是難能可貴的。

詩集有《閩中新樂府》、《畏盧詩存》，有些詩裡已經表示他對於社會制度的不滿，而欲改革的意志。

文集有《畏廬文集》、《畏廬續集》、《畏廬三集》三部，他自稱是堅守桐城派古文的義法的，桐城派的古文，本不甚高明，所以沒有什麼值得我們討論的必要。

總而言之，就他的著作而論，實不能使他在中國文壇上占一個重要的地位，他的重要的貢獻，乃在他的翻譯。

林氏為我國翻譯的先鋒，所譯外國文學書籍甚豐，合計成書的譯本共有一百五十六種，其中有一百三十二種已經出版，有十種散見於六卷至十一卷的小說月報，尚有十四種則為原稿仍未付印。

這些譯書中有英國作家的作品九十三種，法國的二十五種，美國的十九種，俄國的六種，尚有不註明何國及何人所著者有五種。這些譯書大多數由商務印書館出版；只有《利俾瑟戰血餘腥記》、《滑鐵盧戰血餘腥記》，二書由文明書局出版，《情鐵》、《石麟移月記》由中華書局出版。至於《黑奴籲天錄》，則不知何處出版。

在這些譯書之中，以原作而論，有英國莎士比亞、狄孚、裴爾丁、史維夫特、查理斯蘭、史蒂文生、狄更司、史各脫、哈葛德、科南道爾、安東尼賀迫，美國的原著者有華盛頓歐文、史拖洛夫人，法國的原著者有囂俄、大仲馬、小仲馬、巴爾扎克。此外有希臘的伊索，挪威的易卜生，和瑞士的威司，西班牙之西萬提斯，俄國的托爾斯泰，日本的德富健次郎等，幾乎都是世界的名家。

在這些作家中，其作品被林氏譯得最多者，為哈葛德，共有《迦茵小傳》、《鬼山狼俠傳》、《紅礁槳錄》、《烟火馬》等二十種，其次為科南道爾，共有《歇洛克奇案開場》、《電影樓臺》、《蛇女士傳》、《黑太子南征錄》等七種，再次為托爾斯泰，共有《現身說法》，《人鬼關頭》、《恨縷情絲》、《羅剎因果錄》、《社會聲影錄》（以上三種為短篇小說集）及《情幻》。小仲馬的譯本有五種，即《茶花女遺事》、《鸚鵡緣》、《香鈎情眼》、《血華鴛鴦枕》、《伊羅埋心記》，狄更司的譯本有《賊史》、《冰雪因緣》、《滑稽外史》，《孝女耐兒傳》、《塊肉餘生述》。莎士比亞的譯本有《凱撒遺事》、《雷差得紀》、《亨利第六遺事》四種，史各脫有《撒克遜劫後英雄略》、《十字軍英雄記》等三種。華盛頓歐文的《附掌錄》、《旅行述異》、《大食故宮錄載》三種。大仲馬的有《玉樓花劫》、《蟹蓮郡主傳》二種。

其他各作家只有一種——《伊索的寓言》，易卜生的《梅孳》，威司的《巢記》，西萬提司的《魔俠傳》，狄孚的《魯濱孫漂流記》，裴爾丁的《洞鳴記》，史委夫特的《海外軒渠錄》，史蒂文生的《新天方夜談》，查理斯蘭的《吟邊燕語》，安東尼賀迫的《西奴林娜少傳》，史拖洛夫人的《黑奴籲天錄》，囂俄的《雙雄義死錄》，巴魯薩的《哀吹錄》，德富健次郎的《不如歸》。這些作品，除了科南道爾與哈葛德之外，大半都是很著名的作品。

林氏譯的最大缺點，是他本人不懂原文，由口譯者把原書的意思念給他聽，他便寫下了來，往往口譯者尚未說完，他的譯文已經寫完了。他的流暢的文筆與忠實的態度，很值得我們欽佩，其中有四十餘種，如《魔俠傳》、《孝女耐兒傳》、《撒克遜劫後英雄略》等，都有很好的譯本，除了幾個小錯處外，頗能保持原文的情調。

林氏翻譯雖然有錯誤，但他在翻譯界的地位，仍然是很重要，一者因為中國自鴉片戰爭以後，只知道外國的船堅砲利，科學昌明，故能雄視全球，卻不知外國的文學也遠在我國之上。自從林氏介紹這麼多的西洋文學作品到中國來，國人才知道外國文學的偉大，外國的作家有許多是比我國的太史公、李白、杜甫……等更偉大的，這是林氏的功績與影響之一。

其次我國的文人，向來對於小說，不大重視，從不把它列為文學的正宗。林氏在這種時代與環境之下，別具眼光，以一個「古文家」又翻譯歐美各國小說，且稱他們的小說可與太史公相比，這是何等大膽的見解。自此以後，中國文人才重視小說，且開了翻譯世界文學作品的風氣，近三十年來的翻譯家，大都是受了林氏的感化與影響，周作人在他的翻譯集點滴序裡說：「我從前翻譯小說，很受林琴南先生的影響。」其實不僅翻譯外國小說的人，即創作小說的人也十分受了林氏的影響。小說的舊體裁，由林氏而打破，歐美作家如史各脫、狄更司、華盛頓歐文、小仲馬、莎士比亞等人的姓名，也因林氏始為國人認識，這樣偉大的功績，在當時除了林氏以外恐怕再沒有第二個人了。

林氏讀書蒼霞州，州多妓寮，有妓女莊氏者，色技均佳，慕林名，屢夤緣求見，林輒躊躇走避。後莊氏窺林出，餽以珍餌，不意為同伴食殆盡。一日，二人相遇，莊氏甘言媚之，林復逡巡遁去，莊氏以其詭僻不可近，深恨之。後林旅居京師，嘗有詩云：「不留夙孽累兒孫，不向情田種愛根，綺語早除名士習，畫樓寧負美人恩。」或即指此事。

六十四、老天真吳稚暉

吳稚暉的為人，很滑稽，很有風趣。寫文章，刻畫起來，非常深刻，嬉笑怒罵，剛好恰到好處，往往使人拍案叫絕！在清末，廢了科舉，初辦學堂的時候，曾怪怪奇奇的鬧了許多笑話。他就做一副聯來諷刺云：「大學堂，小學堂，不大不小中學堂，學懶學惰，學成半人半鬼。東教習，西教習，不東不西華教習，教驕教傲，教出無父無君。」語極痛切！那時，稱教員做「教習」。有些教習，是東洋日本請來的，有些是西洋請來的。社會上，在華洋雜處之下，華人和洋人是對稱的，而洋人又另有「洋鬼子」的雅號，所以「半人半鬼」，也兼寓着這種意思。

民國四年雙十節，袁世凱曾大發勳位，希望以此籠絡各方人才，那時黎元洪也有意向袁世凱討好，建議勳位的發給，不只限於革命元勳和文武官員，有名的學者文人，也應該有一份。這事給當時的報紙一宣揚，不少無行文人為之眉飛色舞，不料卻惱了吳稚暉，他發表了一封給袁世凱的公開信，對此事痛痛快快的罵了一頓。信是這樣說：

「……報載黎副總統提議授書生勳位之說，敬恆狂妄。於勳位名義尚極端反對，何論授受！我等民國為百姓頭銜，自詡極品，安肯受公等公僕之勳位者？令朝下，夕痛詬矣！非惟不謝，不感也！至於動之一字，他人吾不知，反問敬恆，敬恆愧汗如雨，何來此不祥之聲，令我騰笑舉世！即挫我骨，揚我灰，使最高明之化學家分析化驗，必不夾雜一毫此等夢想之份子。不然，如何敢抱一頭兩腿，強顏遊行於光天白日下耶？切盼公等寶貴精神，專注於國難（其時適發生俄國侵入庫倫事件），勿更以揶揄為消閒，而侮弄書生也。公民吳敬恆謹上」

給了吳稚暉這樣一罵，對學者文人授動自然不成事實了。

稚老以蝨身人海為樂，抗戰時期居重慶上清寺鬧市，今　總統為治精室於郊外靜處，稚老不欲往也，自然環境愈鑿動，心情愈相安，昔在無錫，居室臨河，晨間檣船競過，萬聲沸騰，而酣睡無覺，倘移居村野，轉不能成眠。

福爾特爾謂愈與大羣眾近，生活趣味愈濃，彼亦喜居鬧市，此皆入世哲人之超人見解也，持悲憫以觀眾生，世間尚有何物較此萬動蠕蠕更能給予哲人以豐富之思索者乎？

吳稚老的一生幽默語錄，意義常新。在重慶集會追悼吳佩孚的時候，他出席致詞，對吳氏恭維備至，極為得體，然含意深遠，尤足發人猛省。

他首先說到他的延陵巨族，自從吳季札以來，代有傳人，不愧為詩禮傳家，祇是明末出了一個吳三桂，賣國求榮，出賣了祖宗民族，致令吳氏黯然無光。我姓吳的遂不得不自慚形穢，自認出了一個敗類，忍辱含垢。昔時，倘有人詢及我的姓氏，我總是很忸怩的低聲答覆：「敝姓吳」。可是自從姓吳的出生了吳子玉將軍以後，這位四不老人，他不貪財，不入租界，不討小老婆，尤其是極為難能可貴的，幾經日本人的威脅利誘，他終不為所屈。這實在是值得為我們姓吳的爭面子，今天姓吳的已經站起來了，親族交遊，皆極光明，倘以後有人問及我的姓氏，我敢大聲的答道：「我姓吳」。

六十五、吳稚暉「偷來人身」

吳稚暉嘗自稱為「偷來人身」。幼年身世十分淒涼，時當洪楊之亂，他母親系出無錫北門「江尖嘴上團團轉」鄒氏望族，因避亂來到陽湖縣的雪堰橋鎮，其地有如一個長舌頭透出在太湖裡面，距無錫邊界很近，離無錫縣城也只三十里，而離武進縣城卻有七十里之遙，後陽湖併入武進，其地歸武進轄境，本是極極不合理的。稚老的老家就在雪堰橋，他母親十八歲嫁給他父親，也可算得一對亂世鴛鴦。不幸二十五歲就死去，時稚老僅六歲。稚老嘗自述道：

曾祖母早寡，吾祖為獨子，生吾父亦獨子，十歲喪母，吾母十八嫁吾父，曾祖母與吾祖，切望吾母生子，不料吾母至家之年，為同治二年，曾祖母近九十，祖父六十，先後去世。至同治四年，吾母生我，伊方二十。吾母生我之時，吾外祖母已喪其二子一女，止吾母一女，寄食吾家。吾母生吾之後，連生三女，二十五歲時，因生第三女，產後患痢而死。彼愛第二女，在其產時死去，故悲傷而致疾。彼死，所生第三妹亦未育而死。遺吾六歲，及吾大妹四歲。時洪楊之亂已平，外祖母本無子女，故撫吾兄妹二人如己孫，同回無錫北門老家鄒氏，鄒固北門望族也。外祖母養我至廿七歲，而彼死，其恩至篤。

這是稚老幼年零丁孤苦的身世。論他的籍貫，說是無錫人可，武進人可，「總之，是中國人也」。但在清末科學時代，稚老因為在無錫應童子試，還曾引起一次「冒籍」的小風波。

他所稱「偷來人身」也有一個可笑的掌故。當他八十歲那年，友人打算為他上壽，出紀念特刊，他連忙致書詞謝道：吾母方孕我，外祖母夢吾曾祖母與祖父告之曰：「吾將在陰間買小孩，已定價矣，惟秤時賣者曾將秤鈎納入肚臍而秤。且夢兩次。並言兩臂已作記號。既而生我，左臂有一粒紅斑為蠶豆大，右臂畫一葫蘆有寸半長，外祖母深信不疑，信係吾曾祖母與祖父瞞了閻王買來者。所以戒勿做生日，一做生日，必要堂前點蠟燭，以敬天地，有閒神去報告閻王難免拘回陰間。……外祖母並戒我，切勿駁剔肚臍中之塵穢，此乃封住秤鈎洞之要物。吾十歲，漸不信神話，夏天洗澡，試將宿穢如綠豆大者剔去。忽腹痛如絞，連痛三日，塗以臍膏，焚去冥錠多起。嗣後吾雖欲不信，事實不可能。故至今吾臍中有兩粒綠豆大堅黑之宿穢，存於其中，尚為七十年前之宿穢，不敢動，彼亦堅着為生根者，亦可驗也。」

年老人這些話頭，可以說全是迷信，而稚老借以謝壽，卻也有其一片至情，他說：吾之哲理，且不信有神，不信秤鈎鈎肚臍，過秤買來。肉上有紅瘢，亦人人都有，決非買定之記號。自然更不信有所謂閻王。而臍中之穢不除，曾見有西人記載，笑劣等民族，不除臍穢，想我亦不免低劣，且更不信穢塵可封秤洞。然剔去宿穢，並未粗暴傷肉，竟至腹痛如絞者三日，則事實不能闢，亦不敢闢。至外祖母養我至二十七歲，而後死，其恩至篤。曾祖母九十，為吾族之節母。彼等迷信，固一定可笑，然愛我則具誠心，而已死尊長之遺命故違則不祥，則決可言也。迷信我不管，違背遺命則大不可。而且尊長止知有我而延嗣續，亦知我為不肖，「偷來人身」，能免大過，雖無補於世，讓我久久視息人間，亦可將小頑意報導報導。

他並認為區區八十九十，俱不足道。方今衛生過於前人，由三百四百，竟追武老彭八百，乃必有之事。他說他自然甚愛生命，可活必當活。不做生日，不做壽慶，落得安閒無事。記得有年二月廿八日那天，親友備些禮物送他，還挨他罵過：「做什麼生日，放屁」。這是「偷來人身」不做生日的大道理啊！

六十六、吳稚暉報喪笑話・章士釗讀經做賊

章士釗最初也談過革命，後來與章太炎交結了五百年前同一家的兄弟，作政客式的活動，在北洋政府掛起總長之類的頭銜，辦過《甲寅雜誌》，國府成立後，他又想挨上去獵取一官半職，未能如願，便在十里洋場，依人作嫁，操其筆墨生涯，時而壽序，時而墓誌，專替活死人捧場。和談時，他以毛澤東的老師身份，居然洋洋得意。吳稚暉與章原也有相當交誼，但自從章在北平辦起《甲寅雜誌》，便以「友喪」一文，宣告此人的死亡，認為他從那時起已不在人間。《甲寅雜誌》封面刊有虎標，「虎」俗稱是大蟲，故章當時以「章大蟲」馳名。

稚老「友喪」一文，是刊於《國語週刊》的。開首還有一段序言道：總而言之，統而言之，章先生近來的反動，拿腐敗的理論來批評他，必是年來半夜裡「散局」回家，路上撞着徐桐、剛毅的鬼附在他身上，所以不由他作主，好似同善社、悟善社的人們天天在乩盤裡說話了，不然，他也是一個自負經天緯地的朋友，到了這種亡國破家的時候，什麼軍國大事，做了什麼國務員位子，應該破工夫去襄贊籌劃，他竟吃飽了飯，來把幾個同意的冷僻死字，去替代了一看便懂的活字，瘋頭獃腦，自命是釐正文體；恐怕便是村學究對着他，也嫌他不合時宜罷。只有那班無聊的官僚們，借着他那種提倡「上聖德

頌」的精神，暗暗歡喜，可以鞏固他們的老局面。說道：「好小子！你從前坐在上海巡捕房丟了臉，今天才算自拔，做了體面人兒呀」呀！呀！章先生還是又驚呢！還是又喜呢？

就是章先生也說過「一為文人，便無足觀。」

稚老曾說道：所以「文人」也者，即與嫖賭吃着金丹老士同其興衰。文人如濕熱污水，一時暴盛，即蚊蟲臭虱，充塞牆屋。近年「洋八股」之鴟張，不夠亡國，更費章先生之神，改吹土八股，正似猛獸之後再繼以洪水罷了。令兄太炎，一生烏烟瘴氣，便吃虧在「能文章」，況取證不必在遠，章先生一以「能文章」自命，即人格為之頓生問題，以甲寅繼刊論，其中倔強不屈之處，尚保存章先生少年面目，至於那種「時評」那種「陳咸之父教子以諂」之「執政考」等，其妻子若不羞而相泣於中庭，吾不信人間真有其事也：然而無非慕俳艷優文人的結果罷。

最後，稚老便擬了一個報喪告白，標題「友喪」二字，沉痛地宣告章士釗的死亡。告白如次：

「不友吳敬恆等罪孽深重，不自殞滅，禍延敝友學士大夫府君：府君生於前甲寅，痛於後甲寅，無疾而終。不友等親視含殮，遵古心喪，毷（非苫）塊昏迷，不便多說，哀此訃聞。」

吳稚暉附加說明道：所謂罪孽深重者，乃記實，因一般朋友不長進，於國事不能積極前進，弄得章先生憤悱無聊，走頭無路，從而反去走進牛角裡，瀠到十八層幽谷也。

稚老更反對章當年所持的「讀經救國」論，並舉出幾件小事，以證明其品格的卑污。他問：三十年前誰點了翰林，回家去沒人理會，弄得賭場裡失了東西，相傳出了「賊翰林」呢？又問：誰在東交民巷某儲蓄銀行裡吸鴉片，賭銅錢，被外國人同一個姓王的同鄉一同捉去，好容易叫兩個車夫替代了，解到官廳卻又招了出來，致又被官拘去，罰金了事呢？

總而言之「天下棄我，我不棄天下」，竹頭、木屑、牛溲馬勃，藥籠中少儲些為妙呀！故與其曰「讀經救國」，無寧曰「讀經做賊」可笑。

六十七、吳稚暉掃「落葉」

汪精衛一生多變，結果賣身投靠，賣國求榮，也不得善終。當抗戰至嚴重階段時，他由重慶出走河內，將其近作「落葉詞」分寄重慶各黨國要人，詞內隱示抗戰前途暗淡，南京歸去無期。吳稚暉也收到一份，除將原詞痛加評斥之外，並依韻步和，稚老詞中慷慨壯烈，有如老松柏之操，與汪原詞相較，其悲涼消極，真不可以道里計。詩詞雖屬小技，然言為心聲，其忠奸正邪，亦可觀察出來。

汪的落葉詞題為「憶舊遊」，原詞曰：「嘆護林心事，付與東流，一往凄清，猶作留連意。奈驚嘑不管，催化清萍；已分去潮俱渺，回綴又重經，有出水根寒，拏空技老，同訴漂零。」吳評曰：「但使不付『東流』，則亞比西尼亞王能賣火柴，一息尚存，何必楚囚相對，漂零同訴。」

「天心正搖落，算菊芳蘭秀，不是春榮。槭槭蕭蕭裡，滄桑變了，秋始無聲。伴得落紅東去，流水有聲馨。只極目烟蕪，寒蛩夜月，愁秣陵！」吳評曰：「天心正搖落，算菊芳蘭秀不是無榮。」恰似借吻付口使言，「天予不取」有辭於國際之間，但作者曾戴少年之頭，欲引刀成快，以回天心矣，不可健忘也。又「只極目烟蕪，寒蛩夜月，愁秣陵」，此是違卻邏輯，美其詞令，危言以聳聽，作者一生術擅催眠，惑人自惑，故人方以其將姬文周旦，索鳳凰於天九，乃常喜自依藩籬。竟甘心與蜀衍吳煜，把臂詞林，真可痛惜，不然，與作者同稱一代詞人，亦能傳其鈐山堂之集，所謂梁眾異也者，猶能電相慰曰：吾主正建「新秩序」，但使落葉落紅，相伴「東去」，秣陵金粉，將勝六朝，寒蛩方飲露芳草，寧肯在夜月中，尋覓不可多得之烟蕪耶？」

汪在河內填此詞後，跟着就發出「豔電」，潛赴南京成立偽組織，故吳稚老評其詞中，一筆就將其假面具戳穿。

吳稚老步韻和曰：「落葉春華日，早綴枝頭，吸露高清！恨少貞堅質，受嚴霜小逼，墮作濡萍。當記背寒追暖，反覆太紛經。忍喬木豐林，根殘枝禿，催似凋零？

天心好荊棘，拚菊摧蘭折，滅絕猶榮。暴雨飄風後，看豺狼末日，終息飈聲，知否八公山上，草木亦寧馨？待掃葉入溷，斬荊投海，下金陵。」

在抗戰期間，這一首詞所引起重大的反應，國人當不忘之。當時，汪精衛賣國付「東流」，吳稚老填詞掃「落葉」，不僅是文壇中傳為佳話，也可以說是正與偽、忠與奸的分野，抗戰史可記的一頁。猶憶清共時期，汪吳迭在報端筆戰，彼時汪擁共甚力，後來又搖身一變，而投靠日寇，不惜遺臭萬年。則汪吳的人格，誠有雲泥之判了。

六十八、《申報》與楊乃武

滬人一般習慣，總稱任何新聞紙為「申報紙」，而稱《申報》為「老申報」。報而稱老，其資格可知矣。談《申報》者，無不與史量才之名並舉，但量才接辦《申報》，實已在民國元年。量才溧陽人，初為民立中學教員，有大志，欲辦報，而絀於資。會與張岱彬同車北上，張固一時財政界風雲人物，後來九六公債，是其發行。與量才一席話，驚佩無已，遂助量才盤《申報》館。《申報》創辦於清同治十年，資本規銀一千六百兩，由英人安納斯，與其友人伍華德、樸資懿、約翰・瓦其洛四人合辦，各出規銀四百兩。翌年（一八七二）四月三十日出版，特以油光紙印刷，粗具規模而已。光緒廿三年，安納斯回國，轉讓於福開森接辦，代價七萬五千元，以席子佩為經理。宣統元年，由席子佩取回自辦，距安納斯創辦已三十七年矣。而鉛印的線裝書亦即於此期間，陸續出版。第一部為尊聞閣叢書，尊聞閣為《申報》刊載之藝術掌故文字，自史料、筆記，以迄小說，傳奇譯說，地圖無不兼收。書用油光紙印，都凡五十四類，光緒三年（一八七七）出版，光緒五年，續編二集，都六十四種，均由縷馨仙史蔡爾康編成書目，惜以後不再續出，現在相隔八十年這套油光紙的鉛印叢書亦早被人遺忘，抗戰以前，尚能在來青閣，古書流通處等冷書架上發現一二冊，視同鳳毛麟角，其中如《十三日備嘗錄》，紀英兵犯上海事。

《梟林小史》紀咸豐三年劉麗川佔據上海事。《英字入門》為中國早期之英文教科書，皆關係上海文獻至為重要者。

《申報》館主筆在民國時代，以陳冷血最為著名，前乎此者則有楊乃武與天南遯叟。楊乃武餘杭人，以小白菜奸訟案而名震京師，相傳平劇的法門寺即隱射楊乃武逸事。蓋楊因其姊告御狀而得昭雪，劇中傅朋則由其未婚妻叩告御狀。楊案大白之後，西后曾召楊姊與小白菜入宮，劇中孫玉姣，宋巧姣亦雙雙入宮。又其時攬權太監為李蓮英，劇中以劉瑾比之，抹紅臉以媚之，盜御馬，金鰲島的大太監亦均抹紅臉矣。楊乃武故事，後由楊在上海當《申報》主筆時，親告李伯康之父。編成彈詞；後伯康由此享盛名於說書界。伯康云：「其父能行醫，嘗為楊乃武癒危疾，故楊以此報之。」但言出楊口，辭多文飾，恐反而非信史矣。杭人云：「楊實訟師，故鄉人以冤獄報之。」楊在滬，常貼春聯云：「禍水當飯吃，風潮代枕頭。」

天南遯叟王韜主筆《申報》，在光緒中葉，與南亭亭長李伯元，我佛山人吳研人同時。叟本黃畹，洪楊之役，李秀成二次攻打上海失敗，叟上書忠王，陳「四策三事」，李不能用。後來清軍獲覩原稿，大為震驚，事在同治元年。陳其元《庸閒齋筆記》云：「李爵相督師淞滬，以上海為關中，……然當畹獻策時，使賊稍聽其謀，則後來爵相無駐節之所。」所謂「四策三事」當時陳其元雖見之薛中丞處，筆記並未錄其原文。後人輾轉相誇，視為西夏之張元，南宋之陳同甫。謂於曾國藩，國藩不能用而逃入太平天國為謀主者，其實彼所陳四策三事亦平平無奇。民國二十年，故宮清理軍機檔案。此書始行登見，款式作：

「蘇福省儒士黃畹謹稟

九門御林開國王宗總理蘇福省民務逢夫劉大人閣下」

是此策亦非直接上遞忠王，特欲假劉某以為轉達耳。其所陳四策標題為：（一）明告而嚴討之，（二）陽捨而陰攻之，（三）徐以圖之，（四）緩以困之。四策以外尚有圍攻上海當先謀及者三事：（一）結援，（二）散眾，（三）儲貨。凡此四策三事，其實清軍攻破小刀會劉麗州時即已用之，其事在太平軍初到上海五年之前，並非天南遯叟所創見。

太平天國亡後，叟避居香港五年，同治七年應英人理雅各之招，遊寓倫敦。返港後改名王潮，字懶今。光緒八年回上海，又改名王韜，字紫詮別號天南遯叟，一度主筆《申報》，著有《淞陰漫錄》，由吳友如繪圖，發表在《飛影閣畫報》，天南遯叟由此成名。晚居蘇州靈岩山，曰弢園，自稱弢園老民。性懼內好吃西餐，有人請宴，必攜其麵包貽細君，以昭大信。

《申報》資格雖老，但非上海有報紙的第一張。最早的是《上海每日時報》英文版，創刊於咸豐十一年八月十一日（一八六一）。而我國第一種中文日報則為《上海新報》，創刊於咸豐十一年十一月。第一種英文晚報為《黃昏》，創刊於同治六年九月初四日。故《申報》在老字輩的資格，已居第四位。第一家用捲筒紙印刷者為汪漢溪之《新聞報》，係在民國三年，時《新聞報》已在三馬路建築館址，而《申報》尚在後馬路泰記弄中，營業、印刷、編輯擠在一處，篳路襤褸，蓋《申報》雖有數十年之歷史，但其業務並不猛晉，故席子佩願以十五萬金全部盤與史量才，量才勵精圖治，事必躬親，始聘陳冷血先生為總主筆，張蘊和為副主筆，王堯卿為經理；始創副刊，聘王鈍根為〈自由談〉編輯，一時人材濟濟。故其業務蒸蒸日上，銷數由一萬七千份一躍而至七萬。曾不三年，量才已為上海鉅富，擁巨廈於南洋路，鏡欖雕樑，窮極富麗，席子佩乃後悔，百計欲謀奪還，不得，自創新《申報》於望平街，而《申報》館亦與《新聞報》館望街對宇，層樓聳峙。狄平子《時報》適居望平街四馬路轉角，不甘落後，亦起崇樓，平子好佛且結浮屠高塔於大廈之巔，置自鳴鐘為《時報》商標。為後來先施、永安之樂園，摩天樓建塔之嚆矢。於是望平街成為上海文化輿論之中心，而《晶報》余大雄獨以三日小型刊物，廁身於四大金剛之中，左顧右盼，短小精悍；時《新聞報》銷數最廣，《申報》次之，《時報》又次之，新《申報》僅存而已。而《晶報》獨以期銷三萬份自豪，如春秋之有鄭伯。主筆政者，《申報》陳冷血、天虛我生。《新聞報》孟心史、嚴獨鶴。《時報》包天笑、畢倚虹。《晶報》張丹斧。新《申報》王鈍根皆一時之選。久之，席子佩不能敵，以新《申報》出盤於湯節之，湯自為經理，鈍根主筆如故，不久，湯節之以桃色案件，鋃鐺入獄。上海報業，在三十八年撤退前，計有報館七十六家，通訊社四十二家，雜誌週刊四百二十五家。（見朱虛白：大陸時期我國報業統計」。）亦云盛矣。

六十九、郁達夫的「快短命」

郁達夫的生平及軼事，許多人談過了，但這一件未為人所道及而卻有趣的，是他「快短命」的演講。當陳儀主閩，鄭貞文長教育廳長的期間，郁達夫嘗遊八閩，當地（福州）新聞文化界震於他的文名，乃邀他作一次學術性的演講。

他一到會就跑上講壇，在黑板中先寫了三個大字——「快短命」。那時臺下擠滿了聽講的人，看見了這三個大字，面面相覷，又不敢發笑，只有等待這位不羈之士發表妙論。原來他寫了三個字後，停了兩分鐘才下臺發言，誰也沒有料到他說得很輕鬆的短短數句。他說：

「本人今天所要講的是文藝創作的基本概念，就是這三個字要訣：快——就是痛快，寫得快；短——要精簡扼要；命——不離題，詞達意。

「說話和作文都是一樣的，如我現在所說的，就是這個原則。不說得天花亂墜，離題太遠，或者是纏腳布，那樣又臭又長，完了。」

臺下一陣掌聲過後，有人算算前後合計不過五分鐘，正是最短的演講，切合他所講的又快又短的原則。這位浪漫不羈的文人，未到五十歲就死了，有人說他是「快短命」的預言和讖語。

七十、蔡元培的婚姻生活

一代青年導師蔡孑民，他是以民國二十九年三月五日病逝於香港，他生於同治六年（一八六七年），享壽七十三歲。孑老前清翰林，但思想絲毫不頑固，在戊戌政變之後，他便回到故鄉浙江，倡辦新學，教育子弟，不知有多少的教授講師，都出自孑老之門。

他在離浙之後，曾在上海創辦一所頗負盛名的愛國女學校，又替中國婦女界培植了不少的領袖人物。而最佩服的是他在光緒三十三年（一九〇七年），他已經是四十歲了，發憤學習德國語言文字，接着便改裝放洋，到德國柏林大學等攻讀哲學，美學，這種精神在歐美「不服老」或「老當益壯」的風氣盛行的國家，原也不算稀罕，但在舊時中國安土重遷，點了翰林，還肯從頭學習，遠遊異國，當然不能不令人要表示佩服了。

他的嘉言懿行，流風遺範，可記的地方實在太多了，不擬詳為論列。猶記他逝世的時候，國民政府特派許崇智代表前往致祭，那時明令褒揚有云：

「國民政府委員蔡元培，道德文章，夙負時望。早歲志存匡復，逮歷重瀛，研貫中西學術，回國後，銳意以作育人才，促進民治為己任，先後任教育總長，北京大學校長，及大學院院長，啟導新規，士氣倡明，萬流景仰。近長中央研究院，提倡文化事業，績效彌彰！方期輔翼中區，栽成後進，高年碩學，永為黨國儀型；乃以舊疾未痊，滯居嶺表，遽聞溘逝，震悼良深。着給治喪費五千元，並派許委員崇智前往致祭，生平事蹟，存備宣付史館，用示樂重勳耆之至意。此令。」

我們讀了國府褒揚以後，對於他的一生勳蹟，當可大致了解，泰山其頹，令人益興「道範猶存」之感。這裡所追述的，是關於他個人的婚姻生活，一般的很少說道，極為風趣，亦可作為一代青年婚姻生活的典型。

他的第一個夫人，自然是舊式的婚姻，父母之命，媒妁之言，他倆結婚的時候也很早，不幸紅顏薄命，中道仳離，所以值得可記述的地方很少。

他在一九〇一年，才和江西黃爾軒的女公子仲玉女士結婚。黃爾軒是江西的閥閱世家，黃仲玉女士自幼即好學不倦，多才多藝，向有不櫛進士之稱，待字閨中，標梅已過。

蔡孑老事前徵婚，他提出幾個條件：即（一）不纏足；（二）識字；（三）男子不取妾；（四）男死後，女子再嫁；（五）夫婦不合，可離婚。一般的媒妁對他的條件都沒有適合的，而且「再嫁」、「離婚」兩條，在五十年前的中國尤其叫俗人駭詫，聞所未聞。

年餘之後，始訪得黃女士，天足工書畫，他就請葉祖卿介紹，於杭州舉行結婚典禮。結婚的那天，也不依舊例掛三星畫軸，而代以繡上「孔子」二字的紅緞帳子，於午後開演說會代替鬧房。

他的友人陳介石引經證史，說明男女平權的理論，宋平子更主張實事求是，男女應以學行相較，他說：「倘若黃女士的學行高出於蔡先生，則蔡先生應以師禮待黃女士，何止平等呢？反之，黃夫人的學行不及蔡先生，則蔡先生當以弟子視之，又何從平等呢？」可是新郎聽了，卻站起來道：「就學行言，固然有先後之分，就人格言，總是平等的。」

他和黃女士結婚之後，真是如魚得水，夫婦間感情極為濃厚，花前月下，儷影雙雙，唱和頗多，過了好多年幸福的生活，一直到了民國九年，黃女士逝世，他留着很深的哀感，也留下了許多哀悼動人的文字。

民十二年，他又繼娶蘇州周峻女士，周女士本是愛國女學的高材生，也可以說是及門弟子，先後任教安徽女子師範，上海神州女學各校，絳帷春風，滿門桃李，很有成績。蔡孑老喪偶後，便托杭州徐仲可夫人何墨君說媒，經過多時的醞釀，始於十二年三月間訂婚，七月十日結婚於蘇州的留園，婚後相偕出國，周女士且在漢堡研習美術，很有成就，蔡氏晚年的事業，得她的贊助不少，閨房之間，唱和酬答，佳話頻傳。

二十八年的二月，為周女士的誕辰，蔡孑老贈以詩云：

> 邛蚉生涯十六年，耐勞嗜學尚依然。
> 島居頗恨圖書少；春到欣看花鳥娟。
> 兒女承歡憑意匠，親朋話舊煦心田。
> 一尊介壽山陰酒，萬壑千巖在眼前。

溫愛之意，溢於言表，婚姻的幸福和樂可見。綜計蔡孑老的一生，他把所學的都用到實際上來，他希望人家發展個性，他鼓勵人家自由思想，他惟恐別人不知天地之大，他又惟恐別人成見太深；所以他要人多看多想，多討論，多工作，那麼社會才有一天比一天進步，人生一天比一天快樂，這一個中心主張，在中國史上是最大的貢獻！也就是青年人永遠的人生指標！

蔡孑民先生在滿清末季，為著名之反俄者，日俄開戰以前，日本有所謂七博士上書，促政府對俄宣戰此七博士之名，蔡先生強記之，若干年後，猶能一一舉出，人謂蔡先生晚年健忘，殆不爾。

蔡先生之政治旨趣，雖與梁公任先生異，而對梁頗重視，民國十九年，任公病死北平，蔡時出席中央政治會議，曾提一褒梁案，胡展堂先生反對之，謂此舉有失本黨立場，蔡與辯數語，而展堂持之益堅，卒負氣而歸。此雖一小事，而可顯明對照兩先生之性格。

戰後，蔡先生居香港，用「周子餘」偽名，報市籍，終日樓居不出，畏干擾也。或以周子餘之姓名，殆影射其夫人周養浩女士，不知非也，蔡先生之母姓亦為周。

七十一、蔡元培製造炸彈

蔡元培熱誠革命，自從加入同盟會後，他曾參與暗殺組織。顧當時對製造炸彈一事，最感為難，知其友人鍾憲鬯，素研化學，因介之入會，拼合炸藥。炸藥成後，又無彈殼裝盛，適值黃克強氏自東京返滬，秘攜彈殼十餘枚，既造就，至南京雨花臺，僻處試驗，竟不能爆炸，為此決心改良，與其介弟元康等廢寢忘食的研究，造成了一枚炸出洋考察憲政的清廷五大臣的炸彈，投彈者為吳樾。

及癸卯季，帝俄進兵奉天，舉國騷然，是時適任同盟會上海分會會長，因與同志陳去病，林懈，劉光漢，王季同諸氏發起「對俄同志會」，又刊行日報一種，名曰：《俄事警聞》，專錄載俄入侵中國消息，及抨擊清廷外交政策的失敗，藉以喚起國人的注意。旋更擴大篇幅，改名《警鐘日報》，由蔡氏與柳亞子，劉光漢，陳去病，孫寶鏡等同任選述，言論益見精彩，實繼承《蘇報》和《國民日報》的傳統。出版數月，行銷日廣，後因批評清廷的失地，持論過於激猛，遂被俄國領事照會當道強行封禁，並出票拘捕主筆，劉光漢逃而免，蔡氏則得同志的援助，於發生前一日避往青島，得以免禍。

長北京教育部時，蔡氏主張以「注重道德教育，以實利教育軍國民教育輔之，更以美感教育完成其道德。」為國家的教育宗旨。其任大學院長時（民十六—十七。）曾籌設藝術學院於杭（後改為藝專。）籌設音樂學院於滬（後改為音專。）且自兼院長，而於文藝、詩歌、書畫、建築、雕刻及音樂等之有關於美育的，亦多好之，故對美育曾下過很清楚的解釋：「……因為美感是普遍性，可以破人我彼此的偏見……美感是超脫性，可以破生死利害的顧忌。在教育界，應特別注重。」又說：「精純之美育，所以陶養吾人之感情，使有高尚純潔之習慣，而使人我之見，利己損人之思念，以漸消滅。」由此可知其對於美育，有着極深湛的研究。

民國五年，蔡氏方在法國，教育部要他回國擔任北京大學校長，時北大的風氣很壞，旅法的友人，都勸他不要嘗試，恐怕整頓不了。彼則獨排眾議，毅然回國，就職後，第一次對學校訓話。就說：「大學生當以研究學術為天職，不當以大學為升官發財之階梯。」把北大的病根，一語道破。他的整頓北大，是從文科開始，一面淘汰不負責任的教授，一面延聘積極的學者，舊教授而有新思想的，如沈尹默，錢玄同，沈兼士等。蔡氏皆熱心延攬，另聘陳獨秀、魯迅、劉半農、周作人等，構成了整齊的陣容。胡適以一留學生新進，也被聘任該校教授，即出彼一手提攜。胡氏既與陳獨秀提倡新文學，領導學生創辦《新潮》及《新青年》雜誌，對於舊學的抨擊，不遺餘力。時畏廬林琴南亦在該校教授，力加反對。彼則對胡林二人，兼收並容，不作左右袒，於二人的爭論。以不聞不問的態度出之。而「怪人」辜鴻銘，（亦在該校任英文系教授）以為蔡氏的提倡新文學，實別有用意，因以「冬烘先生」筆名，撰成一文，於蔡氏頗有微詞。蔡氏見而一笑置之，由此可見其氣度的寬大。

七十二、蔣廷黻雙重戀愛史

蔣廷黻的戀愛，為人所見者，分三個時期：當年，他在美國奧伯林大學讀書，戀人張小姐，為上海商務印書館某巨頭之女。這場戀愛，因為他的轉學而轉移。他轉學哥倫比亞之後，愛上唐小姐了。唐小姐玉瑞，蘇州人，在哥倫比亞讀社會學。她不但愛他，而且在經濟上，幫助他。他在哥倫比亞獲得哲學博士，她也有功勞。

畢業後，同舟歸國，舟中宣佈結婚，到上海，唐小姐是蔣太太了。

他倆便在天津南開教書。他在大學部教西洋歷史，她在中學部教數學，也教鋼琴。後來他任職北京清華大學，從政後，出使外國，夫妻恩愛，親友稱羨。

抗戰勝利，他任善後救濟總署署長，她送孩子到美國讀書——俗語說：「公不離婆」，一離開，事情就多了。

他喜歡打網球、溜冰、打橋牌，問題就發生在「橋牌」上。同署女職員沈恩欽，上海聖瑪利亞畢業。漂亮，善交際，也喜歡打橋牌，且精於此道。於是「橋牌姻緣」，成為新聞，情節旖旎，不必細表。

民國三十七年，他奉派中國駐聯合國代表團團長。沈恩欽也以隨員身份赴美，當地報章刊登儷影，稱為團長夫婦。唐玉瑞正在否認，忽接墨西哥法院寄到蔣氏離婚通知書。原來他到墨國，引用當地法律，辦離婚手續。

唐玉瑞向美國法院控告，然因他是外交使節，依法，不受當地法律約束。結果，她帶着眼淚，回到上海，和姊姊同住，過着忿恨抑鬱的日子。

蔣廷黻原籍湖南邵陽，和蔡鍔同縣。童年時期，他不在邵陽，卻先後在長沙明德小學，湘潭益智小學讀書。父兄經商務農，家境平常。因獲譚延闓幫助，公費留學。

民國七年，他到法國，可是，沒有一直在法國讀下去，翌年轉赴美國奧伯林大學（在俄亥俄州），正在埋頭研讀，忽然北京政府不發留美官費，使他和其他公費學生，徬徨無措。幸而陳炯明等捐款接濟，奧伯林大學的中國同學遂在當地租了一座洋房，組織工識會，一面讀書，一面找尋洗衣煮飯的工作。他們這一羣學生，除了蔣廷黻外，其餘知名之士，如廣西雷沛鴻，廣東陳伯華，韋慤等。

蔣廷黻讀歷史。他在南開教西洋史，適逢羅家倫任清華大學校長，聘他任清華史學系主任。那時他還不到三十歲。

抗戰前，國民政府當局，物色學者從政，他被邀赴中樞，任行政院政務處長。政務處公牘紛繁，他卻是書生本色，因此，實際處理，每感不慣，請外派，已定湖南省教育廳長。

正待赴任，而駐蘇聯大使出缺。翁文灝知道他精於外交史，而且，曾努力研究俄文，因向當局推薦，出使蘇俄。自民國二十五年至二十七年，在任二年餘。

二十七年至三十四年，又任行政院政務處長。

抗戰勝利前夕，行政院善後救濟總署成立，蔣氏因事前兩年曾代表中國出席盟國善後救濟會議，出任署長。

善救總署規模之大，物質之多，在中國，尚屬罕見。難怪當時的人，目為一大肥缺。蔣氏在任，政績如何？操守如何？本文不便加以評述。惟監察院曾彈劾其在救濟總署的措施說：不意此負有救難復興重責之國家救濟機構，內容紊亂，處理幼稚，賬目無稽，甚於愚人所開之什貨店（大意如此）。

蔣氏在南開、清華時期，搜集清宮散出的官書檔案，對鴉片戰爭前後外交史料加以整理，編《中國近代外交史輯要》，《近代中國史》等書，都有見地。

在外交界，昔年顧維鈞出席巴黎和會，施肇基出席國際聯盟，蔣廷黻在聯合國，皆為當代所知名。他在職七年，正是處境最艱，國際關係最複雜的時期，他所享待遇，雖然優厚，而所付心血之多，可想而知。

他善於雄辯，在奧伯林大學讀書，代表學校，參加校際辯論而獲勝。

他愛抽香烟，愛喝烈酒。當其發生戀愛事件，離婚時，年五十三歲。

七十三、徐志摩陸小曼戀愛軼聞

徐志摩與陸小曼之戀愛事，記之者頗多，然尚有若干軼聞，為一般記此事者所忽略，爰補記之，以為文壇談佐。

當徐與原配張夫人離異而與陸小曼結合，徐之友好，多貽書勸阻。其師梁任公亦以千言長書致徐，力勸其懸崖勒馬，免為世詬。書中有：「嗚呼，志摩！世間豈有圓滿之宇宙？」之警語，然徐意堅決，覆書亦有：「嗚呼，吾師！吾唯有於茫茫人海中求之，得之我幸，不得我命，如此而耳。」

徐陸結婚之日，任證婚人者即為任公。輿論對任公頗有微詞，任公一笑置之。

志摩撞機死，天津大公報文學副刊為出專號以誌哀悼。北大教授楊丙辰為文投登該刊，對死者責備頗烈。時文學副刊編者為志摩生前摯友吳雨僧，刊登該文而附加按語為亡友申辯。後三年，吳復有輓志摩七律二首，文情並茂，詩曰：

「牛津花國幾經巡，檀行雪萊仰素因。殉道殉情完世業，依新依舊共詩神。曾逢瓊島鴛鴦社，忍憶開山火焰塵。萬古雲霄留片影，歡愉瀟洒性靈真。

君亡三載我猶存，異道同悲付世論。碎骨紅顏知己淚，嘔心詩卷爪泥痕。名山路險輕孤注，情海寃深甚覆盆。離合是非都不省，明星燦燦遠天繁。」

淞滬中日戰起，十九路軍參謀王賡在租界飯店為日軍搜去地圖。當時盛傳王之赴租界飯店實因候晤陸小曼。事後燕京史學系教授鄧文如（之誠）為長詩紀其事，有「汝自負人人負汝」及「纔知女寵原禍水，破國亡家皆由此」之句。全詩譏刺徐陸，不留餘地。吳雨僧又為文為之辯解，謂離婚未為失德，滬戰全局之勝敗，與此區區一普通軍用地圖之被奪無關云。志摩地下有知，亦當喜有此知己矣。

七十四、梁啟超證婚掃興辭

梁啟超不獨文章筆鋒犀利，且喜開玩笑，使被調侃的人啼笑皆非。可是有一次他給徐志摩陸小曼證婚，因玩笑開得過火，卻有點大煞風景。

那是民國十五年之春，詩人徐志摩和陸小曼結婚於故都北海漪瀾堂，徐陸均為梁的受業門人，因此便聯袂往邀梁任公證婚。梁不加推辭，但卻對徐陸說：「我當場要訓話的——要不客氣的訓話的。」徐陸以證婚人訓話是婚禮儀節上的例行公事，何況能得到受業老師的訓話，更屬榮幸之至，當然很表歡迎。

於是到了婚禮舉行之日，新郎新娘交換飾物之後，司儀人讀至「證婚人訓辭」時，梁啟超便於鼓樂喧天賓朋雲集聲中，上臺致訓，他當真履行他的「不客氣的訓辭」，一開頭就說：

「志摩，小曼，均是我的得意門人，學術能力，胥高出常人萬萬，誠是國家的柱石，社會的中堅，他倆的結合，可稱璧合珠聯，異常美滿的了。可是……」

他說致此頓了一頓，望了望徐志摩與陸小曼，接着暢談徐陸兩人過去的羅曼史，滔滔不絕。

「……徐曾與××結婚，離婚，……結婚，離婚，陸曾與××結婚，離婚，結婚，離婚……雖婚姻奮鬥各有自由，畢竟離合錯綜，顯足增益人生無窮的創痛。我以先生和證婚人的雙重資格來訓勉你倆，卻要「同偕到老」，不必用應付前此「離婚者」的辦法，再顯身手。否則便對不起你倆自己，對不起參加盛典的各位，尤對不起證婚的我——梁啟超。」

全場為之默然，徐志摩陸小曼也為之變色。因梁啟超所說的話都是事實，但是在這樣的場合下，誰也不願記憶那些舊事，因此梁的訓話變成大煞風景。

後此未及數年，徐志摩竟以飛機失事墮機身死，陸小曼呢，也不願辜負自己美麗的青春，嫁了人。固然這完全屬於天災人禍所引起的人事上的變遷，假若志摩不死，小曼也許不會另嫁。不過梁任公的訓詞，成了讖語，是非任公始願所及料吧！

七十五、康有為本非有為

康有為本來的名不是有為，而是「有欽」。「壞鬼書生多別字」，他的別號的確多了，據一般記載，康有為的別字是廣夏，號長素，又號祖詒。據清史稿列傳云：「康有為字廣厚，號更生，原名「祖詒」」。據此，他的號就有「長素」、「更生」、「祖詒」三個。祖詒，是用以應舉的，有為是他的名，廣夏（或作廣夏）是他的字。依他自己所編的年譜說，他本來的錫名是「有欽」，不是「有為」。「有為」是他的伯祖替他改的名。年譜所載他是：

「咸豐八年（一八五八）戊午二月初五日，生於其鄉敦仁里老屋中，太宜人（他的母親，姓勞）。胎十一月而生。時已有女兒二人，長者殤矣，祖父母望孫切矣。於是連州公（康有為之祖父贊修，又名以乾，道光舉人，升用教授連州訓導，故名。）官欽州學正聞而欣喜，賜名曰『有欽』。在遠寄未及至，伯祖知府公名之曰『有為』。」這就是康有為得名的經過。當時他的祖父新添男孫，當然喜不自勝，並有七律一首記其生。詩亦載康南海自編年譜中。云：

「聞長孫有欽生：久切孫謀望眼穿，震雷未發巽風先。漫將璋瓦猜三索，思報桑弧畫一乾。畫省孤燈官獨冷，書香再世汝應延。可憐大母含朝露，空話含飴慰九泉。」其時有為祖母陳太夫人，已於先一年十二月去世，故有末二句云。於此，康有為原名就非「有為」，該為「有欽」。

七十六、王國維自殺存真

民國十六年夏，海寧王國維（靜安）突以自沉於北京頤和園之昆明湖聞。噩耗初傳，王氏生前友好文教界，識與不識，咸表痛悼。誠以王氏甫達知命之年，而學術著作，已如日麗中天，瞻其未來，殆無涯際，一旦殞落，且由於自戕，如何不啟人疑？俄而道路喧傳，以王氏之死實為殉「清」；又聞廢帝宣統，賜「諡」賜賻，其「親家」羅振玉則在天津日租界，假日本花園，集中、日「名流」，設靈公祭，開會追悼，而羅氏之祭文，更在平津各報，遍予刊登，於是社會觀感，頓為轉移，曩之同情，驟趨冷淡，蓋由民族意識與政治立場，涇渭分流，不容混淆也。至頭腦清晰之士，以王氏在清季初無功名，其出入清宮，亦為時至暫，實無廁足「孤臣孽子」之例，對所謂「殉清」不無懷疑，慮其別有原因。卒以吹皺一池春水，事不關己，不了了之。不料持此見解者，在時逾數十餘年後之今日，已因滿清廢帝宣統，在其所撰之「溥儀自傳」中，予以證明，方知王氏之自殺，全由羅振玉直接迫害所造成，而事後之代上「遺摺」於溥儀，開大會以追悼，皆其故佈疑陣，藉以掩飾罪行之狡計也。

王羅二人關係之密且久，人多知之。王氏以自幼清貧，由羅氏傾助扶植，辛亥光復之前，羅氏東渡日本，挈王與俱，一住十年，王之生活悉賴羅氏，此亦世人所共知者。然王氏初期著述，皆用羅之名義發表，尤以《殷墟書契》一書，在日出版，造成羅氏為世界知名學者地位，亦由王氏心血所凝成，則無人能知，不圖亦為溥儀之自傳所揭穿，使羅之骯髒面目，為之畢露，誠一快也。至於王氏之代表羅振玉，充其「南書房行走」之職，亦徇羅之布置。凡王氏之以著作助羅成名，及甘冒不韙，進出清宮，皆不外為圖報羅氏「恩情」而然。甚至又以愛女許與羅氏為媳，自以負欠羅氏之情，非此不足以言報償。詎羅氏歷年為王付出款項，一一登之於帳，對王氏之無形報償，縱價值百倍於羅之墊款，而羅氏認為與錢債無關，始終以債權人自居。據溥儀自傳中一段注釋細字云：「……據說紹英曾託王國維替我賣一點字畫，羅振玉知道了，從王手裡要了去，說是他可以辦。羅振玉賣完字畫，把所得的款項（一千多元）作為王國維歸還他的債款，全部扣下。王國維向他索要，他反而算起舊帳，要王國維補給他不足之數。王國維氣憤已極，對紹英的催促無法答覆，因此跳水自盡。據說王遺書上『義無再辱』四字，即指此而言。」由此觀之，羅之迫死王國維，已毫無疑義。

王之自戕，未始不出羅之意外，殆慘劇發生後，羅為掩飾計，指王為殉清，復偽造「遺摺」以欺溥儀，於騙取卹典外，更以王為己所薦舉，利用其死，證明所保舉者，無一非孤忠耿耿之人，蓋一舉兩得也。果然遺摺一上，大使溥儀感動，謚以「忠慤」，賞以陀羅經被，再加賻金二千元。俾王氏之死，確為殉「主」，有此數事，自然無人懷疑兇手即為羅氏，用心狡惡，可謂極矣。豈知百密一疏，羅之左右，早為其政敵鄭孝胥所收買，逼死王氏之事，未幾為鄭所悉，原欲發之，又為陳寶琛所阻，認為家醜不宜外揚，直至羅氏死後，溥儀方知底蘊，遂於自傳中露其始末，亦由溥儀已覺悟所謂遺老忠臣如鄭孝胥、羅振玉輩，皆呂不韋之徒故也。

七十七、陳布雷取名「麵包」

陳氏在民國初年為一報人。自加入國民黨後，即致力黨務，其後見知於極峯，有文膽之稱。「布雷」這一個名字，在可解與不可解之間，細想總覺有點古怪。筆者戰前居住上海，有一次在報上看到一篇短文，對於陳氏的名字，有很詳細的解釋。

原來「布雷」兩個字，最初僅是陳氏的筆名。有一次他發表一篇文章，想來想去都想不出什麼名字好，後來忽然想起民以食為天，「麵包」可以說是人生不可或缺的，於是從英文Bread一字音譯為「布雷」，即用來做筆名，用慣了，便索性作為自己的名字。

陳氏服安眠藥過度逝世後，輓他的聯語，最好的似乎還是黃少谷那一對，聯云「一手文章扶國運，終宵憂樂繫蒼生」活活地寫出陳氏一生。

七十八、賣國牌何成濬雅謔

何成濬為國民黨宿將，平昔裘帶雍容，頗有儒者風度，但亦雅好幽默，常能於笑談之間，使奸慝愧懾。民國廿二年楊永泰任湖北主席，何為武漢行營主任。時外間傳言楊與漢口日領清水八百一頗有往還，以是人多有微詞。適司法院長居正，赴鄂視察，楊宴之於省府新廈，何亦在座，酒次，閒談時局，楊謂：「近日中日交涉，愈益棘手，日前漢口日領竟指南洋兄弟烟草公司出品愛國牌香烟，有刺激華人反日作用，屬轉令改正，豈非異事！」何當謂：「此易事耳，即令改為賣國牌可也。」語出，合座默然，楊亦無以置答。楊死，黃紹竑繼任鄂省主席，何奉命監誓，於致詞時謂：「楊主席逝世，外間於繼任人選，多所推測，予思必為黃紹竑先生，竟不幸而言中。」蓋何素知黃非忠貞同志，心頗惡之，故謂：「不幸而言中」，實刺之也。黃聞之，亦無如何。

七十九、「畢不管」夫人妙人妙事

民國五年任黑龍江省長之畢桂芳，原屬旗人，後改入直隸籍，曾充駐俄公使館隨員，綽號「畢不管」，蓋一顢頇糊塗人也。袁世凱死時，黑龍江將軍朱慶瀾，為許蘭州所逐，畢得以省長兼署督軍，於是專閫方面，軍民兼握矣。其夫人尚氏，風流放誕，雅擅京劇，民國六年三月十四日，為夫人華誕，省垣各機關首長督署，張彩置宴，為夫人祝嘏。夫人親出陪客，並傳命召妓侑酒，永安里香巢為之一空。一妓唱碰碑「寶雕弓射不着空中飛鳥」，夫人搖手曰：「唱錯了，我對皮簧頗有研究，你們可常到這裡來，讓我教你們。」他妓唱有舛誤時，夫人亦為之指點校正。及女伶彩排開始，夫人親自點戲，時有花旦傅寶蘭者，頗擅名，夫人命演新安驛代洞房，但洞房一節，因劇情猥褻，早經內部下令禁演，夫人傳語曰：「必須續演下去，此乃全劇最精彩之一段。」於是來賓大樂！來賓中有撤職來省聽候查辦之泰來縣知事張毓華，見夫人高興，乃以拜壽為名，長跽不起，夫人笑問曰：「你為何不起來呀！」張曰：「本縣紳士誣告我，請夫人替我作主。」夫人笑曰：「此細事耳，快快起來。」言次，顧畢桂芳曰：「你還是讓他回去當差吧，不要難為他。」桂芳應曰「是！是！」此亦正戲外，一插曲也。

八十、熊希齡在此一「舉」

一九三五年二月，熊希齡以六十六歲老人和三十三歲的毛彥文女士在上海結婚。新郎比新娘剛剛大一倍。婚後，熊秉三高興到了不得，一共填了兩首詞來誌蜜月之喜。婚後五年，熊希齡便病死香港。

熊希齡是湖南鳳凰廳（入民國後改縣）人。十七、八歲時，有湖南才子之目。鳳凰廳知州朱其懿見他聰明，便以胞妹其慧配給他。後來希齡考到進士，入翰林（但沒有應畢業試），因此有名於時。梁啟超在長沙辦學時，希齡以在鄉紳士資格，很是幫忙，不久後，發生戊戌一案，熊希齡也受了累，從此銷聲匿跡了一個時期。直到光緒三十年後才再出來活動，走上載澤的門路，以後一帆風順，入民國做到內閣總理（人稱鳳凰總理），網羅梁啟超，張謇等一班名流入閣，下野後，一直在北京辦慈善事業。為北京大老之一。

當他追求毛女士到手後，毛女士要求他剃鬚，他答應了，把留了二十年的長鬚割去。有個老朋友對他說：「秉三，你已經六十六歲，年紀不少了，何必多此一舉呢。」他笑着答道：「就是要求在此一『舉』呀！」

八十一、張敬堯殘暴亡身

熊希齡脫離政海後，以湘紳資格居京，謹言慎行，人以溫和派稱之。民國七、八年間，張敬堯任湖南督軍，橫徵暴斂，湘人恨之刺骨。旅京湘紳，羣起請願驅張，熊亦加入，通電中謂張貪贓枉法，無所不為，張竟電熊質問貪贓枉法證據，熊得電甚怒，立覆電張歷數其貪黷數字，有：「以僕所聞，執事一年來在湘所收入者，計扣留中央鹽稅二百數十萬，附加鹽稅三十餘萬，鹽票私加保護照費一百五十餘萬，錢糧一百餘萬，銅元餘利一百二十餘萬，釐金數十萬，拍賣公產百餘萬，合計八百餘萬；加以中央籌濟軍餉將及千萬，其勒價收入定為每元四十餘串之錢票，而發出定為每元十五串之錢票，利尤倍蓰。執事之軍不過四萬餘，以收入二千餘萬充支出，僅抵一半，何至尚欠三個月之軍餉。殘暴之人及身而亡，富豪之家不世而斬，錢多為害，非為福也。……」等語，張以證據俱確，無可置辯，乃電控熊私通譚延闓，背叛國家，為段祺瑞申斥而罷。張以一年督軍，而搜刮二千萬元之鉅，誠駭人聽聞。然張於北伐時被殺，家產籍沒，熊所謂「殘暴之人及身而亡，富豪之家不世而斬。」竟一一應驗，是可為世鑑矣。

八十二、蔣緯國車上傳逸事

廿五年前的某一天（抗戰時期），蔣緯國從廣西柳州乘夜班火車到桂林，那時普通乘客購買臥鋪很不容易，尤其是臥鋪的下鋪位，非有特殊關係更不容易購買到手。當時蔣緯國雖官職不高，但因為他是一個元首的兒子，自然毫不費神的有人替他買到了夜車臥鋪票的下鋪位，當他拿到票子上車尋到鋪位時，他的同房的乘客是一位肥胖的上校軍官，正氣喘吁吁地由下鋪位爬上上鋪位去（那時頭等臥車，分上下兩個鋪位），那位上校先生雖多方設法購買一張下臥鋪位子，卻無論如何買不到，在他以為下鋪既這樣難買，那麼，佔有者一定是比他官階大，或是身體比他更肥胖，大腹便便的富商，要不然，那一定是位德高望重的老者。可是當他向下鋪看去時，發現下鋪位乘客，不是一個胖子，也不是一個老年人，竟是一位年青的軍官，穿着一套畢挺的軍服，領襟上掛的不是比他高一級的少將，而是比他低三級的上尉，這不僅使他感覺驚奇，並且使他心懷鬼胎，想顯些顏色給那位不知名的上尉看看，因為他正是比蔣緯國官高三級的上校。

那位上校先生是行伍出身，一向養成軍人絕對服從的個性，照軍隊習慣，下級軍官在任何場合遇見上級軍官，都應該立正敬禮，表示敬意，他本着這個道理，就向蔣緯國命令式的叫他睡到上鋪去，蔣緯國曾在德國受過極嚴格的軍事訓練，對於軍禮當然絕對遵守，立刻便遵命跟他換了鋪位，當蔣由下鋪位爬上去上鋪位時在他的腰部卻露出一支雪白的美國最新式的左輪手槍，這又引起那位上校先生的眼紅，馬上問他借來一看，蔣便毫不假思索拿下來遞給那位上校，誰知他竟然扳起臉孔向蔣緯國表示：「你這樣一個小小的上尉，每月的收入怎能買得起這樣名貴的手槍，它不是偷來的，就是舞弊來的。你佩着它反而暴露你的弱點，還是供給我用用吧！」蔣緯國的為人本來很含蓄，對上校先生所說的，也不辯一句話，很慷慨地回答他說：「好，你拿去用吧！」

但他那樣痛快的態度，反而引起上校先生的不安，不得不向蔣緯國問個究竟，問他那支手槍到底是那裡來的？蔣緯國起初不肯說明，但上校先生老是追問。囉嗦不休，弄得蔣緯國不能睡覺，只好對他說：「是我父親送給我的。」上校追問：「你的父親是誰？」蔣緯國毫不在乎地回答：「我的父親是蔣介石！」隨即移轉身體朝向裡面睡着了；這麼一來，卻把那位上校先生嚇壞了，這時他才知到上面的青年軍官原來是蔣緯國，於是急起收拾行李，當火車還未抵達桂林，距桂林還有三十公里的蘇橋車站，就暗地裡將蔣緯國給他的手槍放在他的枕頭邊，他懷着惶恐的心情匆匆下車去了，為了避免麻煩起見，寧可等搭第二班車去桂林。

第二天蔣緯國醒來，在枕邊發現了自己的手槍，而不見了睡在下鋪的那位上校先生，不禁大笑不已。

八十三、同性愛專家沈五小姐

軍閥時代的交際花沈五小姐，又呼為沈老五，北京著名交際花，年約三十許，姿色亦可人，常出入於大家閨闥之間，與男子不相親近。其實這一位交際花，乃是同性戀愛的專家。那時候，軍閥官僚，抱多妻主義，討了不少的姨太太，而自己力疾從公，猶虞不給，於是沈老五便乘虛而入，假鳳虛凰，代盡丈夫之職了。

起初雖甚秘密，後來已是滿城風雨，甚至有許多正室，也來招致沈五，以慰寂寞，這可鬧得不好聽了。因此有人發為義憤，非將此妖婦捉來，加以懲處不可。然而沈五消息極靈，甫欲發動，她已避往天津去了。大家說：「這非託胖二爺辦一辦不可。」胖二爺者，即張家銘，時為天津警察局長。乃以電話致天津，胖二爺令人偵察，則知沈五已即日離津赴上海，且預備今日上火車了。立率幹探至火車站，果見沈五在車廂中，遂以搜查烟土為名，在其行李中，搜出一極精緻錦匣，其中貯有種種道具，有橡膠製的、有彈簧性的、有長的、有圓的、有妃色的、有肉色的，均是舶來品，物證俱在，即放拘留，但經有力者紛紛說情，以牽涉人家閨閣，旋即開釋。

不久，沈五便到上海來了，有許多商家的眷屬，亦被其蠱惑。為上海警察局所知，亦思有以捕之，以捉賭為名，警車開至其地。沈五居樓上，召集太太們作雀戰，至是大驚，拋棄其所有物。有一探員正仰首望樓上燈光，忽有一物，彷彿似大香蕉，直擲到他的口鼻間，大呼觸霉頭不已。

八十四、陳師長泡製男妾傳奇

廿多年前有師長姓陳者，為保定出身，亦粵軍中之老將。陳師長典軍之餘，躭於風月，嘗流連花榭，選色徵歌，故庭前姬妾眾多，來自各異，有小家碧玉，有女學生，甚至有花界嬰宛，種類不一。然陳師長於姬妾中獨加寵眷者，曰紫蘭，紫蘭青春少艾，原為濠江花覇，平素喜愛粵劇，慕某花旦豐姿，私心默許。既歸陳師長，野性難馴，追逐某花旦益切，設法結識，暗渡陳倉，不知春風幾度矣。事為陳師長所悉，恚忿異常，欲捕殺某花旦，奈無證據，難入人罪，乃俟機對付，務得而甘心。某花旦微有所聞，戒於陳師長淫威，稍為斂跡。奈紫蘭苦苦糾纏，擺脫不易，抑亦戀戀之紫蘭之色，未肯斷絕，往來如故，卒罹不測，至墮陳師長彀中，易弁而釵，為陳師長之禁臠焉。

先是陳師長知愛妾紫蘭與某花旦有染，亟思有以懲之，乃商計於其幕僚某師爺。師爺笑曰：是何難哉，以師長威勢，某花旦其能免乎？陳師長再請道其詳。某師爺附耳細語，陳師長聆聽之餘，拍案叫絕，曰：計難妙，恐不週，若洩諸與外，招致抨擊，抑亦勢位將不保也。某師爺曰：如師長委余以全權，旬日後可以解決，抑保證無人知者，陳師長躊躇有頃，既而决然，授權於某師爺，並許以事成之日，重賞有加。某師爺遂依計行事。而某花旦與紫蘭猶未知也。

未幾，陳師長奉命率部駐節中山石岐，攜紫蘭去。又未幾，某花旦隨劇團至石岐登臺，某爺認為此其時矣，暗中派人監視某花旦行動。一日，發覺紫蘭與某花旦幽會於旅邸，某師爺不動聲色，於鄰房偷攝秘照，用作證據，然後於旅邸四周，佈置人馬，及某花旦出，潛而跟踪，至僻靜處，挾某花旦去，囚於下基一大廈中，無人知者。惟劇團以某花旦突然失踪，為之嘩然，除報案外，偵騎四出，仍無踪跡。猶幸某花旦為二幫而非正印，不至影響演出。但某花旦失踪之消息，瞬即傳聞遐邇。紫蘭心焦如焚，以某花旦之失踪也，甚為離奇，疑為悍匪劫擄。蓋是石岐附近，盜賊如毛，乃託詞求救於陳師長，懇以大軍剿匪，祈救某花旦出險，又焉知其中另有內幕乎！

陳師長甚狡，將有以懲紫蘭，神色不露，但曰：「某花旦縱為悍匪劫去，何須出動大軍，寧不貽笑市民，惟暗中嚴緝可也。」紫蘭無奈，憂心孔亟，深慮某花旦遭受折磨，至喪其生。至是玉容憔悴，病態日甚。陳師長固知其為某花旦而神傷，事後經旬，劇團已拉箱回省，邑人無復以某花旦失踪為意，抑且淡忘，絕口不提。某師爺默察情勢，時機已熟，乃謂陳師長曰：「此其時矣，宜速行事！」陳長遂下手令，拘其愛妾紫蘭至下基大廈，囚於密室，拷問與某花旦暗戀經過，紫蘭抵死不認，陳師長獰笑曰：「若不速認，余將提證人出，汝其無所遁形，必受最嚴厲處分也，其無悔焉。」紫蘭大懼，聲淚俱下，哀求陳師長顧念恩情，勿置諸死地。陳師長勃然作色曰；「既知顧念恩情，何竟又與某花旦有染，背夫私戀！」紫蘭猶欲強辯，某師爺已提某花旦出，紫蘭益驚，但視某花旦妍裝濃抹，衣飾燦然，儼若二八佳人，不禁大奇，瞪目結舌者久之。某花旦則垂首及胸，一似不勝羞愧者。陳師長顧視而樂，大笑不已，既然，質諸某花旦，是否與紫蘭有私？某花旦侃侃而談，陳述經過，紫蘭聆聞之餘，知無可再辯，便俯首無詞。陳師長亦不為已甚，予紫蘭略為儆戒而已。事後紫蘭始知某花旦經陳師長聘大國手施以刀圭之術，旬日而愈，不復英氣勃勃，不作雄飛而作雌伏矣，無限黯然。

未幾，陳師長攜某花旦歸省垣，寵幸異常，視為禁臠。某花旦婉轉如意，雖婦人女子亦不啻也，及陳師長居家讌客，同僚畢業，某師爺有意作謔，宣謂陳師長於石岐新納一寵，姿色豔絕，能歌善舞，尤物也。同僚鼓噪，要求一覩姿色，陳師長無奈，乃命某花旦濃裝娛客，且歌且舞，其中有識者，已疑為某花旦，謂某花旦已作陳師長之男妾矣。是亦怪現象之一也。

八十五、禽獸兵殘暴一舉

一般人都說西北軍的紀律怎樣好，可是到敗潰之際，姦淫擄掠還不是天下烏鴉一般黑。吉鴻昌部潰下來的時候，士兵獸性大發，見財物就拿，見女人就姦，有一個頭目竄進一個村子裡，看見一個十二三歲的村姑要強姦，當時在旁有個六七十歲老太婆便跪地苦苦哀求：「老總，她太小了。」

那個士兵瞪着眼說：「小了嗎？好，咱用刺刀割大點。」老太婆又連忙磕頭喊道：「不小，不小！」正在這個要緊關頭，可幸中央軍追趕上來，便把那個色狼抓住了，這個女孩才算祖上有德，沒被姦污。

八十六、妙人劉航琛二三事

抗戰初期，前四川省政府主席劉甫澄（湘）受任為第七戰區司令官，率師東下，參加京滬保衛戰，轄陳誠、張發奎、唐式遵三集團軍，不久以積勞致疾，歿於漢皋。

劉湘初起巴壁間，時人稱之為「巴壁虎」，僅奄防地數縣，以重用劉航琛故，採取財經政策，不數年而統一全川，奄有一百四十四縣，兵精糧足，銳意建設，中央於是刮目相看。

航琛生於瀘州，瀘州以產大麯酒聞於中外。其先世在瀘州為酒商，以釀做香花酒，色香味均以為大麯冠。航琛既自北京大學畢業歸來，襲先世餘蔭，自理其業，裝璜仿效機製，而業大振。是時四川軍閥割據，稅捐漫無標準，收稅人員將香花酒（原為土酒）以機製洋酒課稅，增加成本五倍。航琛據理力爭，逕上書劉甫澄將軍，中有最幽默之句：「收稅員不問酒之機不機，但問瓶之玻不玻，然則鈞座穿西裝，結領帶，豈非自承為洋人者乎？」

是時甫澄雖在軍中，而好修整儀容，多穿西服，而航琛借此諷之。在他人或以為槍刺之下，難免闖出大禍，而甫澄不特不以為逆，且訂期延見航琛，初次會見，歷兩日一夜，立談之間，付以財政金融全權，任為財政處處長，雖漢高之用蕭何，光武之任寇恂不是過，不可謂非民國史上遇合之異數。倘使甫澄後來無一番統一四川事業，亦不足彰知人善任之明。

茲據知其事者云：甫澄是時，軍政各費，每月需大洋六十八萬元，每月實短絀大洋十萬元，計無所出，因請益於航琛。

航琛在甫澄勸駕之下，始終謙辭，而甫澄則一再以「君之自知，不及余（甫澄自稱）之知君」為言，力勸出任艱鉅。而航琛年少氣盛，遂亦不自掩，因提三事如左：

（一）天生人大小一樣，不過表演角色不同。

（二）幫辦非幫忙，幫忙我聽你，幫辦你聽我。

（三）不下手令，永遠不接受手令。

甫澄皆一一接受航琛所提原則，便順口問曰：財政處處長除保留自己權限外所能予辦者，尚有其他職掌乎？航琛曰：「有職權便有權限，督辦只有槍斃權與罷免權，財政處長貪污，可以下令槍斃，財政處長瀆職，可以下令罷免，此外則督辦權力皆有所限。」

甫澄亦照辦，列為第四條，因問曰：「財經政策從何整頓起？航琛曰：初步整頓財經辦法，統一稅收，裁撤稅捐機關三十餘單位，稅收人員六千餘人，而代以稅捐總局。若以稅收人員每月中飽大洋一百元為計算基礎，每月可剔除中飽大洋六十萬元以裕軍需，而貨暢其流，工商發達，猶不計焉。」

甫澄因問稅捐總局歸誰委？委何人？航琛曰：「請督辦委。委何人？即請督辦委督辦！」蓋是時參謀長、副官長等以次，或兼鹽運使，或兼烟酒局長不等，只有督辦自兼總辦，鹽運使以次才聽督辦命，督辦聽命於我（航琛自稱），便行得通，甫澄深韙之。航琛受事之第一天，即宣佈文武官員及士兵各增薪餉百分之五十，以壯士氣。自始軍政預算大洋六十八萬元，每月尚短絀大洋十萬元，無法彌補，而航琛受事之始，以宣佈加薪聞，聞者無不驚奇。顧財經兩部門，在航琛大刀闊斧整頓之下，每月稅捐收入，頓由大洋五十八萬元，一躍而進至大洋一百三十八萬元，加薪之後，尚有盈餘，足以採辦軍火與裝備。第二個月，更躍進至大洋二百七十餘萬元，財足而兵精，不待智者而後知。

八十七、厚黑教主李宗吾妙論求官

民初以來，凡遊蜀者，無不知李宗吾其人，凡知李宗吾者，無不知其「厚黑學」，厚黑學者，即面厚心黑是也。蓋彼以為古往今來所謂英雄豪傑，無不為面厚心黑，即得其一偏者，亦足以稱雄一世，人物大小，全視其厚黑程度而定，如謂三國時曹操殺皇后皇子、殺呂伯奢、殺孔融、殺楊修，為心腸最黑。謂劉備依曹操、依呂布、依劉表、依孫權、依袁紹，寄人籬下，恬不知恥，為臉皮最厚，謂孫權取荊州，殺關羽，為心黑；向曹丕稱臣為臉厚。謂司馬懿欺人孤兒寡婦為心黑；受巾幗之辱為臉厚，更上溯楚漢之爭，謂項羽鴻門之宴，不從范增計，殺劉邦，為心不黑；垓下之敗，恐無面目見江東父老，不渡烏江，為臉不厚，故自速其亡。而劉邦推孝惠於車前，分杯羹於俎上，韓彭俎醢，兔死狗烹，其心至黑；項王挑戰，笑而謝之，酈王責其倨傲，立延之上坐，呂后私辟陽侯，佯為不知，其臉至厚，故能擊敗項羽，翦滅羣雄。

又謂韓信能受胯下之辱，可謂臉皮至厚，但其心腸不黑，每念劉邦解衣推食之恩，不聽蒯通之言，遂致身首異處，夷及三族。又謂范增千方百計，欲教項羽殺劉邦，心腸可謂至黑，但因臉皮不厚。一受離間，即大怒求去，致疽發背而死。總其立論觀點，劉邦司馬懿得其全，故能統一天下；曹操劉備備得其偏，故僅稱孤道寡，割據爭雄；韓信范增，雖亦各得其偏，但因劉邦並世同生，故同歸失敗，持論之恢奇譎怪，舉世無兩，無怪讀其文者，無不撫掌讚賞，津津樂道也。

「厚黑學」，為宗吾民元所作，載成都《公論報》，其後又有《厚黑經》，《厚黑傳習錄》。《厚黑傳習錄》包括三部分：一為「求官六字真言」，二為「做官六字真言」，三為「作事二妙法」。所謂求官六字真言，為「空」，「貢」，「冲」，「捧」，「恐」，「送」六字。「空」，即空間之意，謂欲為官者，應放下一切事，一心一意，專門求官。「貢」，即鑽營之意，謂有孔必鑽，無孔不入。「冲」，即俗所謂「吹牛」。「捧」，即捧場之謂。「恐」，即恐嚇手段。「送」，即致送財貨。苟能如此，則求官必得矣。所謂做官六字真言，為「空」，「恭」，「繃」，「兇」，「聾」，「弄」六字。「空」即空洞之意，謂批呈文告，均宜空空洞洞，不受其牽連。「恭」，即卑躬屈節脅肩諂笑之謂，對上官非此不可。「繃」，為恭字反面，指對下屬及老百姓而言，在言談儀表上，儼然腹有經綸，凜不可犯。「兇」，即兇狠，凡能達到自己目的，即不必顧忌他人家破身亡。「聾」，即耳聾，所謂笑罵由他笑罵，好官我自為之是也。「弄」，即弄錢之弄，為前十一字之結論。做官得此秘訣，則飛黃騰達，可操左券矣。所謂作事二妙法者，一為鋸箭法；即辦事敷衍之意。二為補鍋法，即縱容他人之短，而之補救自顯其功。此實道盡昔日官場之醜態，驟讀之，似為憤世嫉俗之作，然細按之，亦有其探精揭微之妙，洵奇書也。

八十八、李宗吾的去官吟

李宗吾為四川富順自流井人，生於清光緒五年，清末服務四川教育界，與張列五謝慧生輩共謀革命，辛亥張列五舉義成功，嘗委宗吾為重慶關監督，宗吾以其缺肥，恐污清白，竟將委狀退回，後改委為官產清理處長，至民國二年，自請將此機關裁撤，歸時，至無資斧，乃函同鄉陳健人借銀五十元，陳回信附詩一首云：「五十塊錢不為多，借了一坡又一坡，我今專人送與你，格外再送一首歌。」宗吾得詩，立和一首云：「厚黑先生手藝多，那怕甑子滾下坡，討口就打蓮花落，放牛我會唱山歌。」詩既成，餘興未已，又作一首云：「大風起兮甑滾坡，收拾行李兮回舊窩，安得猛士兮守沙鍋。」此即其傳誦一時之「去官吟」。

觀此兩事，即知宗吾為人之戆勁。自民三至十五，宗吾仍服務教育界，曾任中學校長及省視學等職，在省視學任內，力主各校學生畢業，應由政府委員考試，經省府核准試辦。十四年敘府聯立中學學生畢業，省府派宗吾為主試委員，宗吾認真考試，學生恨之。一夜學生多人，手持木棒啞鈴，曳宗吾出，痛毆一頓，臨走罵曰：「你這狗東西，還主張不主張嚴格考試？」宗吾被人扶起，大聲曰：「只要打不死，依然要考」。後裹傷上堂，繼續考試，學生不敢再抗，一律就試，此即宗吾之又一戆勁也。

八十九、赤腳財神虞洽卿

民國初期，海上聞人，必推三老：朱葆三、徐乾麟、虞洽卿。舉朱葆三，已語焉不詳，舉徐乾麟則茫然無聞矣。惟虞洽卿之名，久而益彰，三十四年勝利復員，改上海路名，市政府特改西藏路為虞洽卿路，環跑馬廳之半圈，逵逵廣道，使舊法租界之朱葆三路黯然失色。時洽卿已物故，而寧波人提及虞洽老無不眉飛色舞，年齡相近者必稱曰阿德哥，以示同輩且親暱也。但在洽老生前實為全國負債之第一名。事業纍纍，而負債亦纍纍，滬人皆以赤腳財神稱之，虞亦以此自豪。嘗云：「幼時家貧，父送之某錢莊當學徒，當手（錢莊經理）某夜夢赤腳財神闖入客堂。次日，大雨，虞無錢備雨具，赤腳而來，門檻高而人矮小，一跌入室。經理大喜，以為果應夢兆，待之甚厚，虞亦自負，逢人必告。」

洽卿賦性慷慨，勇於任勞，見義必為，人亦以此推重之。起家於荷蘭銀行，後升買辦。時南京舉辦南洋勸業會，滬人一致公推虞洽卿為總辦，徐乾麟（英商謀得利洋行買辦）王一亭（日商日清公司買辦）為協辦，洽卿聲名於以大噪。及三北公司成立，度支浩繁，乃終日為事業舉債，人謂三北公司輪船，一隻一隻開入永豐錢莊者，蓋謂以輪船作抵押也。然虞洽卿金融實以葉至生為靈魂，荷蘭銀行每日必缺頭寸，至下午五時，虞洽卿即離行，撫至生曰：「今天頭寸，你想法軋平。」但其時金融寬裕，錢莊泰半多單，加以洽卿之人緣與手腕，故每日頭寸亦容易軋平。北伐成功以後，洽卿以交易所關係，事業日益擴大，身兼公司董事長四十餘家，事業之宏，聲勢之廣，社會推為首席。租界馬路，以中國人名者僅：「虞洽卿路」一條，亦人豪矣。民廿二年銀錢兩業，上海屋契不能作抵押，金融緊。洽卿日為財政困擾，而名譽地位之高依然如故，屹不動搖。嘗至星相家陳克武處算命曰：「富買田，窮算命。足下為我算命，到底幾時發財？」克武曰：「命理有身後交運者，如孔夫子、關壯繆皆是。公命亦如此，公將於身後發財耳。」洽卿大笑而出，及洽卿去世後，三北輪船及其他事業，皆由其後人清理，還債而外，羨餘甚富，子弟皆擁鉅資，果如克武之言。

九十、記褚民誼陳公博之死

汪精衛於抗戰期內，身兼民意暨行政兩大任，值前方失利，英美袖手，緬滇路又告封鎖，西歐德軍以破竹之勢，席捲歐陸，一時認為事不可為，竟排眾議，倡為和談，中樞峻拒，竟乘間脫身，由渝走越，將為遠適之謀，乃以河內一擊，誤中其心腹曾仲鳴，一時意氣衝擊，去寧組府，遂鑄大錯。時以中委而隨汪者四人，陳璧君而外，陳公博、周佛海與褚民誼是已，汪於勝利前一歲，以腹內藏彈復發，病逝於日，陳璧君迄羈滬獄，周佛海雖經明令特赦，改處無期徒刑，卒以心臟舊疾，病死南京老虎橋狎所。惟陳公博、褚民誼兩人，一經定讞，均先後在蘇州獅子橋監獄，執行槍決，兩人生前，素不拘細行，獨於臨刑之際，能從容赴死。其死狀，外間已有傳之者，而語焉不詳，本文所記，則同獄目擊者所轉告，錄之或足補史乘之不足，亦所以為垂誡也。

褚民誼與汪本有姻婭之誼，抗戰未久，國軍由滬西撤，褚仍留滬，方主持亞爾培路中法大學校務。褚與李石曾等均為留法前輩，褚習醫，畢業論文，以解剖雌兔陰部之生理狀態為題材，被稱為兔陰博士，以此學歷，獲長中法，但仍受命與滬法租界當局負聯絡之責。迨二十八年汪氏抵滬，乃依附焉。

褚在汪府，雖迭任外交海軍等部，一度為駐日大使，但向不為汪所倚重，為善固不足，為惡尤不足也。而勝利以後，即逮之繫蘇獄，兩審判置重典，家屬奔走疏解，終不獲諒。當司法行政部執行命令送達之日，方晨起，褚正授同獄諸人以太極操，獄卒已環伺於後，褚猶未覺，迨一回顧，始見有異狀，因問何事，諸卒與相處久，不忍告，僅微搖其首，褚以為真無事，遂續操，逾刻，見獄卒仍未去，情狀亦不類平時，自知末日已至，因與諸獄友，曰：「盍止於此，將永別矣。」環場一揖，返身入囚房，整雜物，將內外衣履盡易，襪為新置者，已穿就，旋復除去曰：「不必暴殄矣，將留為兒輩用也。」獄友力勸，始勉為易之，猶嘆息不止。乃隨獄吏出，同難者戀戀送抵二門口，褚力阻，謂不敢再有勞，指門旁停屍室曰：「半小時後，將重歸此處，不難重見。」返身對眾拱手過額，且道珍重，眾皆含淚目視其去。出獄門，報社攝影記者已久候，舉鏡欲照，褚小立，復曰：「此為余之最後一次，幸勿錯過好鏡頭。」步行將抵刑場，行刑吏執槍自後突發，彈中其腦，恆人皆前仆，而褚受彈後，猶作鷂子翻身狀，掙扎再四，始仰跌於地，殆為平時練習太極拳之功，體力逾常也。血自創口汩流地為之赤，喘不止，作聲甚鉅，久乃氣絕。

褚生前，早歲參加革命，留法期內，隨吳稚暉、張靜江、李石曾等加入同盟會，曾有微勞，值費用不給，則設立豆腐肆於法京，博蠅頭為挹注，其發行鼓吹革命之華文書報，排印均身任之。迨其返國從政，依違無表見，事汪亦最久，日惟以太極拳、紙鳶、游泳、平劇等為事。在行政院秘書長任內，且為美人魚楊秀瓊執鞭，玩物喪志，不類政壇人物。以是為詬病，生平無大善，亦無大惡，而竟召殺身之禍，要非其始料所及矣。

陳公博為粵人，早歲留美，風度瀟洒，有口才，擅文事。民十與陳獨秀等為中國共產黨發起人，且為滬召開之第一次十人代表大會代表。其後反共脫黨，與顧孟餘同稱汪之左右臂。北伐以前，迭任黨國要職。抗戰前，汪任行政院長，曾一度出長實業部，迨汪赴法，又在滬創大陸大學，發行刊物，對國府多所指摘。

汪離渝輾轉由黔而越而港，赴滬創政權，事前隨不及知。二十八年冬，汪在滬已由虹口重光堂移居愚園路一一三六弄弄口之王伯羣宅，公博突由港兼程來謁，婉言勸阻，反覆辯論多日，汪謂事已大定，勢成騎虎，難中輟矣。汪並謂若汝求自全，不敢強，行止可自決之。公博微喟曰：「余一生以公為知己，值此患難，不敢求苟免，勢惟效關羽事劉豫州者以事公耳。」汪聞語，為之感動。及汪府成立，以其任立法院長，旋又兼滬市長，汪病逝東瀛，代「主席」職，以迄抗戰勝利。

日寇投降，汪府中人，在寧集會，通令各機構負責人各安本位，靜待接收，公博等仍留寧律罪。會中央地下份子周鎬等人擅自行動，佔新街口「中央儲備銀行」發施號令，拘捕京市長周學昌等多人，一時秩序陷於混亂，汪府諸要人所豢犬，有相繼暴斃者，風聲鶴唳，若不可終日。而號稱中央接收機關者又紛紛出現，行動逾常軌，且真偽莫辨，公博等恐受僭冒者之辱，乃貽書何敬之將軍之先遣人員，謂先赴日暫避，以待後命，但決不欲逃避任何應負之責任，如需傳鞫，早發電而夕返矣云云。乃專機與其妻李勵莊及林柏生等諸人飛日。其後中樞電召，公博等遵命歸，因繫於蘇州獄次，卒判死刑，繼繆斌之後，就獄執行。

當命令抵達之時，公博方為典獄長書楹聯，聯語云：「大海有真能容之量，明月以不常滿為心。」猶未覺，而獄卒已持令來，公博本極機警，覘狀已覺，因曰：「請稍待，當畢此一聯。」仍為懸腕書之，字體無殊於平昔，書竟，擲筆而起，返抵監室，劃燐寸，出紙烟燃之，草草收拾一過，持平時所用一小茶壺，首趨陳璧君室，罄折為禮，曰：「夫人！恕余先行矣，此去應有面目見汪先生於地下，幸自珍衛，一壺雖微，獄中無他物，謹以為獻，覩物如覩余也。」陳璧君為之痛哭失聲，握手勿釋，公博僅略一蹙額曰：「人生總須一別，亦總須一死也。幸夫人稍抑悲懷。」乃脫手掉首行，復與獄中諸難友一一握別，抵庭，已為設桌椅，疾書遺函數過，時已近午，本尚欲作一書呈當局，見時已晚，自語曰：「言之亦奚益，不如其已。」謂庭上曰：「因余之故，有誤午餐時矣，彌覺歉疚，即此行乎？」直前與庭上推檢人員握手為禮，隨行刑者趨刑場，至曠地，彈自其腦後發，以兩彈畢命。

公博平時，風流自賞，衣履整潔，常戴法國便帽，披玄色氅，如佳公子，人頗病其失於穩重，而能臨命不亂，一如平時，雖其政治上之出處，有可議者，但其忠於一人，克全始終，人於其死也，有為之憮然者。以視之受國厚恩，一旦勢去，則朝秦暮楚，靦顏事仇，視公博應多愧色。

公博生前，除政治論文外，著有《寒風集》行世，中多記述生平瑣事之作。有一子，賢而篤學，留美習電機工程，刻方任事於彼邦，前且已迎其母李勵莊奉養以終餘年，公博其有後矣。

九十一、潘光旦、葉德輝、張競生與「性」學

一般人談起性的問題時，常會提及美國的金賽博士。二十多年前，張競生大談性學，哄動了一時，當時他的名聲，比今日的金賽博士有過之而無不及，（當然是以在中國而言）。但潘光旦卻說：張氏一面利用靄理斯做幌子，一面販賣別人的性經驗，認為是「野狐狸」的行為，不足道的。

潘光旦本是研究人文生物學的，性的問題可說是包括在此種學問範圍之內，但潘氏為什麼特別向這方面有深入的發展呢？原來他自幼就「好此道」，並且得到他父親的指導與鼓勵的。據說：他年青時，對有關性愛的書籍已看了不少，有一次，他父親到日本去，回來時攜了一本日本醫生所作的關於性衛生的書給他，這是他應該看的書。幾十年前，做父親的把有關性的問題的書本給年青的兒子看，可說是絕無僅有的，我們由此可以推想，大抵潘光旦的父親也是「好此道」的吧？這樣看來，性的研究原來是潘氏的「家學」，無怪他後來能有這樣的成就了。（潘光旦撰有《性的教育》、《性的道德》，並譯靄理斯的《性心理學》等書）。

葉德輝也是近年來對性的問題有研究的人（當然也是以在中國而言）。葉氏是一位怪人，他藏書甚富，不輕以示人，在書櫥上貼有「老婆不借書不借」的字條，但他卻校刻了不少舊書，有許多中國有

關性問題的舊書，像《素女經》，《交歡大樂賦》，《雜事秘辛》等凡十數種，他都翻印過，特名之曰「雙梅影闇叢書」，潘光旦對於張競生出版《性史》表不滿，但對於葉德輝的「雙梅影闇叢書」卻不然，認為這類書還有「幾分科學的價值」。（見潘光旦譯註的《性心理學》三六三頁）

但是，《性史》這書差不多每個人都知道，讀過潘光旦的譯著的人則較少，讀過「雙梅影闇叢書」的人則更為稀少了。

九十二、溥儀買強力賀爾蒙

據說溥儀自九一八以後出關，初到長春，住在舊吉長道署。稍後遷入地處市區西北之舊吉黑鹽務稽核所，把北部房屋叫做勤民樓，為治事之所；南部房屋叫做緝熙樓，為膳宿之所（俗稱寢宮）；西部的房屋叫做西花園，有植秀軒、暢春軒，為遊息之所。總名原來叫做執政府，等到他稱帝以後，則又就勤民樓市置東西兩便殿，（東便殿一名健行齋）又設奉先殿，後來在康德元年（一九三四），在勤民樓東面，增築懷遠樓一座，樓上叫做清晏堂，為賜讌之所，康德三年（一九三六），又在緝熙樓的東面，增築了同德殿一座，溥儀自己常在那裡憩息和進膳的。到了康德九年（一九四一），又在懷遠樓東，增築了嘉樂殿一座，從此賜讌之類便改在這裡舉行，而放映電影等則在懷遠樓。這便是偽滿宮廷的規模了。

溥儀是生長在北京的，一直到十九歲，才搬到天津居住，住了八年多，他就到東北「創設」他的滿洲國了。

滿洲國成立後，溥儀雖然不敢有收復北京之心，（在他左右的遺老，如羅振玉、鄭孝胥之輩，叫作「收京」，鄭還在詩中許下心願，在「收京」之日，再築上海的海藏樓，然而這班「忠貞之士」，無一不賫恨以終的。）但對北京的好處，卻時刻不能忘懷，尤其是北京的土產，他是非常愛好的。曾見偽宮的文獻，中有《內廷司房函電稿黏存簿》一冊，記康德七年（公元一九四〇年）八月二十一日，給北京溥佳（載濤的第二子）一函云：「佳二爺鈞鑒：頃奉上（「上」乃指滿洲國皇帝」也）傳：由北京買白梨、虎拉車、沙果、玫瑰葡萄、牛奶葡萄、檳子、鴨廣梨、酸梨、沙果梨、芡實。以上果品，樣多買些。」

十月四日，又有一信是買茶葉的，買的是龍井、香片、碧螺春等六種，還注明要買好的。最妙的是康德七年八月廿九日的一封信了，此信是叫溥佳轉函天津「清室駐津辦事」的「科長」毓崇買溥儀用的補針。文云：

「見信由北京天津買強力男性賀爾蒙安達羅司鎮西藥五十打。今寄去空瓶一個，照樣買。注意：不要女性的。」

這時候，溥儀納慶貴人未久（後於一九四二年逝世，追封為明賢貴妃），因此需要它了。

九十三、溥儀逃宮半隻梨

民十五年間，北伐誓師，兵至如歸。馮玉祥於歸綏揭竿而起，向吳佩孚倒戈，直薄北京。時廢帝溥儀，猶深居故宮中，未料有倉卒之變。抑民國以來，廢帝根據協定，年有享奉，乃得以維持舊狀，宮中生活如故，依然稱孤道寡，儼如小朝廷焉。況歷次兵變，皆未有擾及者，又焉知馮玉祥以國民軍號召，響應革命，搗入故宮，實行驅逐耶？

民十六年，吳佩孚兵敗如山倒，關內一帶，盡入馮玉祥手中。廢帝溥儀早亦逃亡熱河。故宮開放，任人參觀，遊客所過，一切佈置，亦非舊狀，但可遠觀而不褻玩，只見几桌塵封，畫壁蕭條，荒涼寂寞，使人無限感慨。旋至寢室，門禁關閉，隔窗內望，繡幔低垂，掩映之間，得窺內景。忽覩桌上有象牙菓刀，及已破邊之雪梨一枚，雪梨已乾枯，亦為塵封，據云當年馮玉祥兵至，廢帝猶未為意，與后妃於寢室中剖食雪梨，忽傳警報，倉惶出奔，狼狽萬狀，至已剖之雪梨，猶未及食，棄而不顧。旋由宮監將寢宮禁閉，未有清理，遂使此半邊雪梨，存留如故。

九十四、人間地獄心影

《人間地獄》是畢倚虹的第一部傑作。自上海開埠以來，寫倡門小說：第一部推《海上花列傳》，也是第一部用吳儂軟語來寫小說的創作。胡適推崇此書，與蒲留仙《醒世姻緣》並列。適之先生到臺灣，演講中曾提及《醒世》，一時臺北書坊被人尋遍。其實《花列傳》的筆墨，比《醒世》是超過的。第二部倡門小說，鄒酒丐的《青樓夢》，那寫得不理想。第三部是海上漱石生的《海上繁華夢》，這裡面已經有了四大金剛（林黛玉、張書玉、金小寶、陸蘭芬的影事）第四部是張春帆的《九尾龜》，他將自己做了書中主角，敘述當時一切花叢的後幕，商、政、學界的隱事秘聞。可惜他有自誇癖，寫得自己和「文素臣」一樣，詩酒拳棋無一不精，而成為一個流氓型的嫖客，是他最失敗的地方。《人間地獄》每天分載於《小時報》，筆名「娑婆生」，以絕代才人之筆，寫風光旖旎之情，不知瘋魔了當時多少有情人，為他狂想，為他羨豔，同時也為他揮洒同情的涕淚。書是章回體，回目之佳，便是兩聯最美妙的詩句。書裡敘述，卻又不酸不黏，於沉着中流露出真情。他敘述蘇曼殊病逝在同濟醫院，和葉小鳳去辦理後事，出來。「庭心裡一片黃葉，打在頭上，柯蓮孫拈起來，看了半晌，又將它放下。」何等幽默沉痛，我如今想起來，幾乎此境如在目前。

書中人名皆隱托：柯蓮孫是自己，戀人「秋波」，則是會樂里的樂弟。秋波的養母惜春，本名婉春老四。裡邊有個丑角，麒老生，則暗射麒麟童。那時麒麟童正在走紅，婉春養着他，每天替他燉上一碗牛肉湯，親自用薄棉紙替他一層一層的將油膩拖掉。必須清到一點油珠兒也沒有了，才用一塊白紗手帕給蓋着，等麒老生回來受用。所以將麒麟童養得又白又肥，而成婉春老四的禁臠。倚虹是個書生，命裡註定的窮，鴇兒當然不愛，偏偏姐兒愛，因此造成許多悲歡離合，而包天笑、姚鵷雛、鄭丹斧（杭州人）都成了書中的次要主角。

倚虹，儀徵人，畢澗飛的後裔。美風儀，娶汪奉錚為續絃，樓燕雙棲，居西湖湧金門二賢祠甚久。包天笑往訪之，有所遇曰李香君，宛媚多情，天笑一見魂與，闢室於新新旅館，倚虹攜酒往訪之，則門已鍵矣。但聞室中腕鈴甚震。人間地獄云：「莫望棲霞山上月，腕鈴一響一魂銷。」正詠此事。

姚鵷雛善文工詩，以明末侯朝宗自負，戀清和坊名妓曰雲裳，妃慧眼多情，留宿無虛夕。鵷雛賣文所入，不夠纏頭，女慰之云：「君誠愛妾，可以夜二點半至，則客散無人，盡長夜之飲可也。」鵷雛果如約。一夕清晨，倚虹往訪之，亭子間小似蝸殼，電燈不明，窗戶不啟，微聞二人酣息聲甚沉，倚虹私取其衫履而出。即偽造一信，差人送去，說：「姚太太從松江趕來了。」鵷雛懼內，大驚而起，索衣褲不獲，竟短褲赤足坐黃包車趕回，倚虹即其家伺之，狂笑以包裹擲回，曰：「你簡直在地獄天堂作樂呢。」書名《人間地獄》，由此緣起。

《民國日報》北伐以前，在上海出版是非常艱苦的，主其事者為葉小鳳、邵力子。小鳳蘇州人，吳語、而壯偉如楚霸王，故自稱楚傖（傖音更），報館負債山積，每逢年關，於寫字臺上貼一紅紙條，書：「前債未清，免開尊口。」討債者無不含笑，胡盧而去。小鳳又喜吸潮烟，手一短旱烟管，藍布大褂短到齊膝。性健談，至得意處則持旱烟管而舞，滿室無不為之軒渠。然其所為駢文，又無不妃黃儷白，精工絕倫，不識者決不知其關西大漢，唱銅琶鐵板時也。力子因發行人關係，常被捕房傳訊，日夜無休，以此缺睡，隨處打盹。每入戲館，臺上鑼鼓喧天，臺下已濃濃入睡矣。二人當日齊名，北伐後皆貴至開府，晚節乃判若天壤。力子面多麻，與人言，目多下視，相人者以此辨人邪正，百不失一。

張宗昌之南下也，畢庶澄以淮海艦隊司令，追隨來滬，畢出身保定，本為皖派，倒向奉系。其人頗風流自賞，以為公瑾復生。張宗昌稱豪北里，畢庶澄亦不為下，眷富春樓老六，纏頭一擲數萬，富六來自姑蘇，明眸善笑，時與張素雲（人稱女張四先生）、芳卿、雲蘭芬稱小四金剛，庶澄遍沾染之。一時花叢號為旛鈴；凡張宗昌所欲蹂躪，庶澄無不力護。宗昌見樂弟而美，思染指焉。倚虹大驚，夜見庶澄求緩頰，庶澄難之，贈倚虹三千金，曰：「立為此牙脫藉，則庶幾可免。」事方急，而張漢卿、楊鄰葛已聯袂南下，力挽宗昌北去，事始解。宗昌至蚌埠，竟槍斃畢庶澄，謂其反覆於皖、奉、直三系間，有二心。富春樓聞之，夜乘車北上，哭其屍。滬報競傳其事，以為豔聞。

宗昌在滬，頗厭恨報館記者，以其罵己也；然無如之何。後至南京，有上海記者往謁，宗昌與盧筱嘉、張漢卿閒談。張看見記者名片，上有頭銜十餘行，便皺眉，對衛隊說：「切了罷。」少頃，衛隊入告，來人已槍斃。盧大驚問：「為什麼殺他？」張云：「你看他片子上有這許多頭銜，還會是好人嗎，切了的好。」

《人間地獄》確是一部才人筆墨，倡門影事，具在其中，倚虹以玻璃喉，生花筆寫之。倚虹的早夭，也可以說為《人間地獄》嘔盡心血。大凡寫小說的人，第一條件必須熟悉社會，也必須深入社會，而文人對於社會的黑暗，往往是不相宜的。抱了我不入地誰入地獄的心願，來寫成一部小說，他的功德是比抄《妙法蓮華經》還要深，而《人間》往往當做一部閒書去看，年深月久，連這部書都找不出來了，我寫此篇，真有子敬人琴俱亡之痛。

九十五、烏龜玳瑁笑話

玳瑁，為龜類動物，產海洋，體長三尺餘，形似大龜（龜屬之最大者）而嘴尖，前足長，背有主甲。淡黑而微黃，胸甲黃黑，性強，往往囓人，其甲熟之甚柔，可製各種裝飾品，故網獲之者，輒視為寶物，民國三十五年國府還都，有人獻活玳瑁一隻，中央置陵園豢養。內地人少見此物，因羣往參觀，新聞記者亦為之攝影記載。時北平某報駐京特派員畢某，因不識玳瑁，遽電某報報告有人獻鉅龜一隻，用誌祥瑞。電文刊出後，人皆訕笑，某報主持人閱之獲恚，亟電畢某詰問，而該主持人素以節省見稱，凡往來電文，必求其簡略，以免多耗電費，其詰問畢某電文，僅有「人皆玳瑁，我獨烏龜，何故？」十字，此文簡則簡矣，但事由全略，使人讀之，幾成為此公自罵之詞也。後畢某出示於人，無不捧腹大笑。

九十六、張冠李戴一婚姻

民國十七年間，安大有助教張某者，合肥人，年三十許，新喪偶，在安慶暱一孀婦，情好甚篤。婦年卅五、六，美而淫，無子，僅一女，貌娟秀，方在某中學讀書，婦饒於資財，但不能嫁張，嫁則資財歸於女，此其亡夫遺囑也，顧婦悅張甚，刻不能離，又恐年長於張，終為所棄，遂思以女妻張，既可保有資財，復可與張長相廝守，不至他娶，所謂兩全之策也。因謀於張，張以一箭雙雕，妻財兩得，何樂不為？亟浼同鄉作伐，一說而就，蓋女以中學生而偶大學教授，甚如所願，初不知此為阿母蛻變之計也，訂婚後，婦以張客居省垣，絀於資，願贅張於家，一切婚禮所需，由婦任之，戚友聞知，咸謂婦賢、合歡之夕，極盡舖張，夜闌客散，張不入洞房，逕至婦室，婦閉門不令出，女獨坐待天明，而張竟不至，初以為張被酒，母留之將息，未之異也。次日亦然，歷週日復如是，女至是，始悉母與張曖昧事，飲泣而已！半月後，女不能忍，問婦兒究嫁何人？婦謂張近有微疾，宜令休息，稍遲成婚何害？迨蜜月屆滿，女仍獨宿，張日中上課，夜歸則入婦室，婦亦不與女語張事，女始恍然此一婚姻，不過張冠李戴耳，乃大憤，遍謁諸親友，陳明事實，請解除婚約，親友聞之，羣詬婦昏，婦無奈，允女離婚，已則挾現款，偕張宵遁。

九十七、妹妹真行

范某，皖人，肄業安大時，與張某同班，同寢室，交誼甚篤。張素有嫪毐之目，范與游泳沐浴之時，固常見之，某歲暑假，范邀張至其家小住，適范妹亦自蕪湖女師歸，張年少翩翩，范妹亦風姿綽約，二人相處月餘，漸生情愛，別後互通尺素，范固未知也。值寒假，張再至范家，漸露求婚意，范聞之大驚，詰妹，妹則有允意，范堅持不可，張異之，使人詢其反對之故，范默默不肯言。張無奈，遝浼人作伐，向其父母求婚，父母頗愛張才器，思許之，問范，范仍持異議，父謂：「汝與張交誼甚厚，當深知其人，胡獨梗是議？」范謂：「其人確是佳子弟，但為妹偶則不可。」父母不聽，遝許之，妹亦甚喜，范即戚戚如有重憂。未幾，婚期已屆，結褵之夕，范唏噓竟日，眾不解其故。次日，妹偕張歸寧，范意妹必已狼狽不堪矣。顧見妹喜溢眉宇，懽笑甚樂，乃越前撫妹肩曰：「妹妹，你真行！你真行！」家人至是，始明其疇昔阻婚之故，咸大笑，斥為書獃子云。

九十八、徐凌霄要娶老太婆

三十年前，我國有一位名記者，十多年前才逝世，他就是徐凌霄。徐在清末民初就替上海各報寫北京通訊了。（編案：徐凌霄一九六一年病逝北京。）

徐凌霄寫通訊稿署名「彬彬」。他所寫的通訊，多用京白和戲曲的語寫成，通俗而有趣，很為讀者所歡迎。

凌霄這兩字，原是他的筆名「凌霄漢閣主」的省稱，人家叫開了，就給他加上一個徐字。他在北京寫稿時，喜歡署「凌」、「霄」、「彬」或「老漢」二字。

許興凱在北京給《大公報》的《大公園》寫稿，則署名「老太婆」。有一次，徐凌霄的老朋友「老太婆」向他質問道：「老身守寡二十年，那個臭男子敢自稱老漢？」老漢回答曰：「老漢鰥居十年，日夜寫文章，生活很是枯燥，很想請你老太婆來同居，調劑一下。」這件趣事傳出後，京津文壇一時傳為笑談。

徐凌霄精於京劇，又精研掌故，兄弟二人以《凌霄一士隨筆》刊在《國聞週報》九年，極為人歡迎。後來徐一士居於北京，很少寫作了，他們是吳興人，但生長在北京，已成土著。

九十九、吳經熊大審賭棍

茄西亞，墨西哥人，為世界五大賭徒之一。此人久居中國，曾於民國十六、十七年之間，在滬設立輪盤大賭場兩所，即就是所謂名震一時的「同孚路五號」和「靜安寺路一三六號」是也。

他曾在歐美各處開過無數的賭場，積資數千萬，卻從來沒有被判監禁過；因為他是一個善於玩弄法律的人，在法律的夾縫中他總可以掩飾過他的犯罪行為。但在上海，他被捕了，並且決判二年徒刑。實際上他在上海西牢內只住了一年半模樣便釋放了。

起先，他目以為他有錢，又有本領，因此在上海十分橫行，連租界當局也不放在他的眼內。不料就在墨西哥的領事裁判權取消了之後的第三日，巡捕房（即上海租界上的警察機關）就在深夜一時包圍靜安寺路一三六號，並且將他也逮捕了。

此案由臨時法院的推事吳經熊博士審理，據說在審理的過程中，茄西亞曾運動中外大員替他緩頰，結果吳推事以司法獨立，始終置之不理。

兩造所請律師，巡捕房是博良，一名庸碌之輩；被告方面是菲斯，那是上海洋律師的佼佼者。菲斯，當時年約三十多歲，可是滿臉黑鬚，丰度在張大千以上，看來道貌岸然。他是著名的刑事律師，天才的猶太人，對於中國刑法的熟諳，在一般中國律師之上，新刑法條文完全背得出，又長於辯才，的確是了不起的一位。

吳經熊之成名，臨時法院之能得外人崇敬，此案關係甚大，全案為當時各大報詳盡記載的新聞，吳經熊對抗菲斯的對白，傳誦一時，警句如下：

菲問：「中國是否禁賭的國家？」

吳答：「是的，中國是禁賭的國家。」

菲問：「何以租界上允許居民打麻雀？」

吳忽反問：「美國是否禁酒的國家？」

菲答：「是的。美國是禁酒的。」（按當時美國禁酒律尚未開放。）

吳問：「何以美國允許人民喝啤酒？」

菲斯默然。

菲斯又質問：「當敝當事人開辦總會時，本租界之重要人員，大都曾蒞場遊玩，敝當事人以為彼等尚且時常降臨，當然以為並非犯法。」

吳駁斥之：「我敢担保本法院之職員，絕無涉足該賭場之事，如有，貴律師可提出證人，立即加以審問。」

其實，法院裡的職員，很難有人賭得起那種豪賭的，吳經熊此種答辯，是十分急智的。

當此案判決書公佈時，吳氏並在理由書後，加以英文意見書，大意是採用英美法系所盛行的「環境證據法」來坐實茄西亞的犯罪行為。（他當然引經據典，如全世界聞名的某推事，及某證據專家的成語，來輔助他的論斷。）

這一椿案子，顯出上海臨時法院中，確有傑出的人才，他們並且不受金錢及勢力的影響。臨時法院籌備時，曾招考推事。吳經熊原來就是考取的一位，他和該院當局並無淵源，且亦無人引薦，臨時法院的院長徐維震，完全是賞識他的才華而錄用的，可以稱得上是巨眼識英雄了。這案子曾一度上訴，上訴審的推事是胡貽穀、鍾洪聲、鄭文楷三人，結果是上訴駁回，維持原判。

一〇〇、吳大舌頭

多年前，有架飛機飛到香港，撞正大山，死了好幾個名人，其中有民國初年的名小姐，乃昔日東北大軍閥吳俊陞的兒媳婦。某小姐那一次帶了很多珠寶來香港尋夫，欲作離婚之舉，死後，其夫吳某獲得那些珠寶的一部份，便在九龍蓋了幾幢洋房收租。

吳俊陞在東北的產業，多到了不得，他從清末就在東三省總督錫良手下候事，綽號「吳大舌頭」這個綽號很有趣，不知者以為他的舌頭特別大，其實非是，所指者乃其另一器官。吳時時向親密的朋友自誇，他的東西碩大無朋，說積「袁頭」一百堪與比擬。

一九二八年張作霖退出關外，吳俊陞和他同車，火車既至皇姑屯，歡迎張大帥的人雲集。向例，張每次回瀋陽都由此入城，那一次他忽然下命令專車由西邊門入。吳俊陞之子也來接車，吳見了連忙叫人把他的兒子先送回城，並語人曰。「我只有這一子，不可使他冒險。」未幾，炸彈爆發，張吳等人同時喪命，好得吳子沒有跟了火車一同入城，否則吳俊陞的遺產就沒人承受了。俊陞字興權，山東歷城人，死時是黑龍江督軍兼省長。

一〇一、夜壺張三

在軍閥時代的北京，有一位新聞界人物喚作「夜壺張三」，這個名字，可稱為不雅馴極了。但是這位先生的品德，也不大高尚。夜壺張三的大名，是從那裡來的呢？原來是北京那些胡同裡的姑娘給他題的。這時候，有許多上海的紅姑娘都到北京去淘金，他以幫閒的姿閒，陪着那些闊人，出現於八大胡同中。但是他的那張口不好，常常揭發她們的隱秘，以為笑樂。於是他們就賜以這個雅號，說他那張口，又臭又快，像人家倒夜壺一般，於是這個促狹的夜壺張三之名，使傳播於都城。

張是安徽人，名鵬字漢舉。他那時有三件法寶：第一是他開了一家報館。第二是一座寬敞的、深進的房子，房子是租來的，報館也在那裡。第三是一輛汽車，那時北京私家汽車很少，他倒先有了一輛。他從新聞中探聽得某一省督軍要晉京了，便打電報去歡迎他，不必住旅館，可以住在他那裡。到了進京那一天，他自已開了汽車去接他，到他家裡。他家裡有一位姨太太，也是窰子裡姑娘出身，姨太太的父親是一位廚子，做得好菜，他都搭配得很好。這些軍閥們，大都是抽烟好賭的，他一一如其所願。好在門前掛了報館牌子，還有私家警察看門，誰敢碰他一碰。那些督軍們臨走時，至少也給他數千元，多則以萬計。

邵飄萍的死，即死在夜壺張三之口。邵為奉派陷害，經已避居東交民巷，而張往訪之，力言其無礙，乃一出即被捕了。後來在梅蘭芳家中，有人欲刺梅，張忽以身擋之，一槍洞其胸，死了。梅遂厚卹之。

一〇二、余天休的幽默

余天休是廣東人，早年在美國留學，回國後，歷任北京大學、北京法政大學講師、僑務局顧問，後來又做西安大學校長。

九一八事變，日本人把東北強搶了，政府訴諸於國際聯盟。國際派調查團來中國調查真相。這時候余天休正在山東省府做顧問，貴賓過境，韓復榘自應竭誠招待，拿了一大筆錢去做招待費。余天休也是招待員之一。他見到這樣巴結洋人，實在是不必的，心中很不以為然。

調查員到濟南之日，每一個會講英語的招待員都有一襟章，理應掛在西裝左邊的襟頭上的，但余天休的一枚卻掛在褲頭那隻小錶袋的附近。有個同事見了覺得奇怪，問他何以如此做法。他答道：「這些人，只好以下禮迎之！」

山東省政府的高級職員，有時也背着韓復榘出來玩玩，美其名為「文酒之會」。有一次，余天休也參加了。座中有個秘書是滴酒不入口的，歌女怎樣勸，他都不飲，照例拿杯子放在鼻端「請，請！」而已。余天休笑對眾人說：「此君參加的是聞酒會！」

一〇三、柳翼謀妙語寄諷

耆老中治史學而多所貢獻的，要推鎮江柳翼謀先生。翼謀先生過去幾年來多病，杜門不出，總認為養息幾時，一定會恢復健康，不料後來忽患中風，不治而死，這真是學術界的損失。

他著作很多，最有名的就是那部《中國文化史》。抗戰前，他在南京主持龍蟠里國學圖書館多年，對於圖書，蒐羅編纂，以數量計算，可超出四庫全書五倍，又有書畫檔案、名人手札，以及金石拓本、人物造象等，都是極可親的。

他孳孳矻矻，可謂全副精神，盡瘁於此。有一次，外國兵艦，借端挑釁，砲轟清涼山，圖書館中的陶風樓搖搖欲倒，他老人家中夜危坐，認為職守所在，不能他離，幸而沒有出亂子。

他又埋首工作，並編成圖書總目廿四冊，又補編六冊，內容豐富美備，舉凡抄本、稿本、精校本、精繪本，以及宋元以來各地名賢著述，外間看不到的，都可按目以求。至於新書、譯作、期刊，更應有盡有。抗戰時期，國學圖書館遽遭劫火，他惋惜的了不得，有人對他說：「這許多線裝書，都是沒有用的東西，燒掉了不是很痛快嗎？」他笑着幽默地回答道：「把我國所有的線裝古籍，一齊付諸一炬，我也贊成，不過我國所有的燒掉了，外國圖書館還有儲藏着的，最好勸外國圖書館主持者，把儲藏的中國線裝書也燒乾淨，否則我們中國人到外國去，萬一外國人把線裝書來請教我們，我們反瞠目不知所對，不是很難為情嗎？」這人覺得自討沒趣，就訕訕地走了。

一〇四、紙人紙車抗戰空城計

在七七蘆溝橋事變，最先為國捐軀的趙登禹師長——在喜峯口作戰時，還是劉汝明部一四二師的一個旅長，因為作戰努力，迭創頑寇，就在陣前晉升為師長的。

廿九軍不但大刀隊殺敵，博得人們的贊佩，而且肯想盡方法，出奇制勝，也是了不起的一件事，他們火力不如敵人吧，就用紙人為疑兵，用爆仗偽充機關槍，使敵人迷亂方向目標，這樣吸引住了敵人的火力，再出奇兵迂迴敵後突襲，也很奏了奇功。

那時北平的紙紮店忙得為廿九軍紮紙人、糊戰車、做大砲，爆仗店的存貨，也搜購一空，此可謂抗戰史上之「立城計」。

一〇五、東交民巷日本人刮龍

廿一年榆關棄守，熱河繼之淪陷，日軍於佔領承德，乘勝進逼長城各口，旋冷口、馬蘭峪、界領口、義院口均入日軍之手，冀遼邊境，已撤離藩，華北形勢，頓呈危殆，人心之憂懼，幾於不可終朝！

當時華北人民逃難的情形，正同一羣小鷄子看見了天上的老鷹一樣，亂飛、亂叫、亂竄。有的向西北遠處遷移，有的逃往上海，也有的就近趨避到天津的英、法租界，或進入北平的東交民巷使館界去托命。

這時候天津租界和北平東交民巷的房子租值，是直線上升的，平時每月租十元八元的，這時已漲成七八百元還租不到，錢少點的，就在六國飯店、利通飯店這些旅館先行住下，過一天，算一天，待着瞧吧！

記得，有一位收藏家，他有一部唐宋孤本，價值很大，當時在東交民巷找到一個馬棚存放，但月租已漲至六百元，並一次要交三個月的租值，那時候紙幣與銀元同價，聞之令人作舌。

恰好廿二年東交民巷為日本使館值年，就宣佈根據一九〇一年的條約規定，東交民巷為外人居留地，華人無權居住，亦不得存放物品，一經查出，即行沒收。道一下子可教避難的華人着慌了，日本藉此四出搜查勒索，華人受損失者不少。

抗戰時期淪陷區，日偽向老百姓敲詐術，花式繁多，這不過是其中一端而已。

一〇六、活捉川島芳子

民國廿八年，故都北平已經淪入日軍鐵蹄下一年了，敵燄囂張，羣魔亂舞，一些漢奸們正在鑽頭覓縫地圖邀新寵，多數不甘被奴役的青年學子們，有的輾轉投奔到大後方陣營，有的則默默地組成一支新的地下武裝與敵人爭鬥。而歷盡滄桑的故都同胞們則含垢忍辱，西望王師。

這一年的秋天，我奉了上級的命令，到北平去投考「新民學院」，這個學院是日軍佔領北平之後才成立的，其目的僅只是為了訓練一批徹頭徹尾的漢奸，來做日人的鷹犬。憑着過去所受到嚴格的訓練，我很順利的考取了，並且在學期間，因為表現特別「優異」，不但以最優成績畢業，並且還被選派到日本東京去接受進一步的「深造」。

民國廿九年（當時我也許應該說是昭和幾年）我結業後回到北平，立刻被任命為日本軍部「通譯」，也就是北平同胞們所稱的「狗腿子」。最初，僅不過做點翻譯或者跑跑腿的零碎差事，但隨着時間的進展，逐漸取得日本軍方的重視和信任，因此責任愈來愈重，接觸面也愈廣，權力也愈大，短短的幾年，我就從「通譯」昇到「囑托」，也就是在日本軍部裡工作的中國人所可能得到的最高階級。

事實上，在這段時期裡我的真正職位是中華民國軍事委員會××局的工作人員，所負的任務是派駐北平擔任行動工作。八年的潛伏敵後，以日本軍部「囑托」的身份為掩護，我和我的同志們，曾有過無數次使敵人震驚，使漢奸喪膽的行動，也曾挽救過很多已經淪入魔掌或者幾乎陷予敵手的抗日志士們的生命。因為上級的指導得宜，和我本身的巧妙運用，不但沒有使敵人對我發生半點懷疑，反而愈來愈被信任。

民國三十四年九月三日，這一天的上午，我全副武裝（日本軍服）到北平的乾麵胡同軍部軍需部門去排隊領取配給食物，那時北平城裡的糧食早已經被管制了，而且十分缺乏，所有日本軍部官兵和眷屬的糧食配給，都指定在那裡領取。我去到那裡時，已經有好幾百人在排隊等候，當我在那長長的行列裡排了不一會時間，忽然擴音器裡傳出：「天皇御詔，天皇御詔，全體下跪……」所有排隊的人都怔住了，不約而同的匆忙跪了下來，我也隨着伏在地上，心道嘀咕着想這是怎麼回事。停了好一會功夫，一片靜寂，那些日本人惶然回顧，眼光裡帶着詢問的意思，但誰也不知道，誰也不敢出聲。

良久，擴音器傳出一陣沙沙的聲音，接着就是日本天皇裕仁低沉而緩慢地宣讀那篇歷史上有名的「向同盟國投降」的「御詔」。裕仁的話還沒播完，跪在地上那些日本男女，已經如喪考妣的哭了起來，我聽不到一半，已經明白是怎麼回事了，一陣無名的激動，猛地站起來，丟了手中待裝配給的布袋轉身就走。這時，在我身旁的幾個日本人在悲痛中驚訝地抬起頭來看我，因為沒有人膽敢在聆聽天皇御詔時亂跑的，等到他們看到我胸前所配的符號時（在日本軍部裡工作的中國人胸前有特定的標識以與日本人分別）那種悲哀、恐懼、惶亂和不知所措的表情和目光，複雜得使我難以形容，但我不願浪費時間去研究它，匆忙地離去，因為我知道，緊接着而來的是更多的繁忙和更重的任務等待我去處理。

經過漫長而黑暗的八年，故都北平終於重見天日，勝利帶來了歡欣，也替我帶來了更繁重的工作。

肅奸工作在淪陷區內，除了南京而外，最吃重的就要算是北平了；因為在淪陷期間，南京雖然是名義上的「偽都」，但北平卻顯然是另一個政權，不但一切都另起爐灶，而且所管轄的地區也相當遼闊，因此在肅奸和逮捕戰犯的工作上，是相當繁重的。

軍事委員會，在北平成立了兩個肅奸小組，我被派為第二小組的組長，八年裡潛伏在北平與我同生共死的同志們，現在仍和我在一起致力以逮捕日本戰犯和肅奸的工作。這兩項工作對我們來說，是比較輕鬆的，因為這只是八年來工作的延續，憑我們的了解和掌握的資料，絕大多數十惡不赦的日本戰犯，和罪該萬死的漢奸傀儡都如甕中捉鱉，手到擒來，當然間或也一個漏網之魚，但是只要稍假時日，略施小計，也都難逃法網，無一倖免。而最重要的是：因為我們深入日本軍部潛伏多年，清濁之分特別了解，因而不至有枉害無辜的情形。

經我手逮捕的大奸巨憝，如酒井隆（日本戰犯，曾做師團長並佔領過香港）、王克敏、王揖唐（曾任偽華北政務委員會委員長）、杜錫均（偽治安總署督辦）、門致中、齊燮元（偽華北政務委員）、周作人（魯迅之弟文化漢奸），這些都是當年在北平呼風喚雨，喧赫一時，而為害我國家民族特甚的戰犯和漢奸，而在我親手執行逮捕時，有的靦顏否認，有的跪地求饒，有的則幾乎當場嚇死，真是可笑亦復可憐。

提起川島芳子這個女人，似乎很少有人不知道，尤其是在華北，金司令的大名幾乎是家喻戶曉，婦孺皆知。川島芳子原是中國人，她的父親就是清末貴冑肅親王善耆，她的中國名字叫做金璧輝，因為她父親肅親王善耆在民國後流亡大連，念念於如何借外力以達到恢復清室的目的，不惜把自己的親生女兒蛉螟給一個日本浪人川島浪速為女，所以更名為川島芳子。

川島芳子在抗戰時期是一個太活躍的女子，他加入了日本的間諜大本營黑龍會，她初期的美麗，曾顛倒過不少男人，包括日本戰時首相東條英機，平劇名淨金少山以至許多有名無名的大小人物。她玩弄男人，以期達到她的某一希望；她一生充滿着神秘性，日本人稱她為「男裝麗人」，憑她的機智與魅力曾經從一個學生，一個舞女，而成一個喧嚇一時的司令。她一直生活在神秘中，不管是她浪漫的私生活，或者她所從事的間諜、軍事等工作。

我很久以前就耳聞川島芳子的大名了，潛伏在北平工作的那一段時期，市井相傳把她的美貌說為天人，她的間諜工作直似神話，但我始終緣慳一面，從沒見過她的廬山真面目，而且在工作上雖然我也曾有過和她正面鬥一鬥的想法，也因無此機遇，未曾一較身手。

勝利後，當我擔任肅奸工作時，因為在北平同時有兩個組，分別接受上級的指示執行逮捕任務，甚至有些命令是臨時指定的，所以在初期，我除了奉行已接到的命令外，並且對一些應該進行逮捕而還沒有奉到命令的對象加以監視，川島芳子就是其中之一。

民國三十四年，一個深秋的傍晚，我奉到上級的指示，命令我立刻逮捕川島芳子歸案，這對於我來說是一件久所想望的工作，那時川島芳子已經在我們的監視之中，對於她的一切行動，瞭如指掌，但因為鑒於她的重要身份，和傳說中的神奇，怕在這最後一刻發生意外的變化，因此我在亦喜亦憂的心情下，決定當天的深夜就開始行動，以期迅雷不及掩耳的完成任務。

在接到命令的當時，我立刻就派出了組裡的大部份同志前往川島芳子的寓所四週監視，一會兒，派去的一個同志打電話回來說：「川島芳子不在家裡，據說是赴×長官的宴會去了。」（×長官是負責北平受降的）我在電話裡除了要他繼續監視並且了解住宅內的情況外，另外又打電話到迎賓館指揮部那裡去取得證實，川島芳子果然在那裡，於是又派了幾位同志到那裡了執行監視任務，我則與留在組裡的同志一方面等候消息，一方面計劃如何執行逮捕任務。

我圍在書桌的四週，桌子上是川島芳子住宅的平面圖，這所住宅，是一幢古老的北平公館房子，一共三進，後面是一個大花園，第一進只有一個中國老傭人，第二進住了兩個日本人，名義上是川島芳子的秘書，實際上是她的面首，川島芳子住在最後一進的正房。整個住宅裡人並不多，只是有幾條狼狗很兇。我們把地形弄清楚，每個人的工作也都妥善的分配定了，於是就靜坐下來，等魚兒鑽到網裡來。

午後，在長官部監視的同志來電話說，宴會已經結束，川島芳子已回家去了，不一會，又有電話來說她已經到家了，一切如常，並無異狀。我在組裡耐心地等着，心裡在想象當川島芳子這名震寰宇的女魔王看到我時，她那美麗的面龐上究竟會是怎樣的表情呢？我默默地等候着，一直到次日清晨的四點鐘，然後率領組裡留守的同志一同乘車出發。

深秋的古都，夜裡寒意正濃，街道上早已寂無人跡，當距離川島芳子的住宅還有很長一段路時，我們就停了車，然後步行前往，來到這幢壯麗的房子前，一個在那裡執行監視的同志迎向前來，打了一個手式，表示一切都正常，於是我低聲的向同來的同志們揮了揮手，大家就按照預定的佈置分散開來，除了在宅外的監視仍由原來那裡的人負責外，一部份人後面越牆而入，我則率領了五、六個人去敲門。

這是一扇標準的北方老式大門，門坎很高，紅漆金環，厚重結實，我敲了好一會門環，裡面才有人出來開門，門才開了一條縫，我們就一擁而入，順手把那開門的老傭人堵在門上，同時其他兩位同志迅捷的制服了撲上前來的兩隻大狼狗，這只是一剎那之間的事，而我們已經悄悄沒聲地進去了。

我簡捷地把身份和來意，低聲對那老傭人說了，並且要他在前帶路，他馴服地答應了，於是我們走向第二進院子，分頭去逮捕那兩個日本秘書，其中一個是從床上拉起來的，一看到手槍就嚇得跪了下來；另外一個聽見響動後，沒命的往後花園逃跑，但立即就被我們從後面進來的同志制服了。

我與那老傭人和其他兩位同志，並沒有停留，一直趨向最後一進房屋，一切仍靜悄悄的，真是做到了所謂匕鬯不驚的地步。第三進房屋的正面一排五大間廳房正中間是個客廳，門虛掩着，那老傭人指一指左邊的房間，意思是告訴我們川島芳子就在那間房裡。我帶了兩位同志，輕輕地撬開門，裡面漆黑的，就着室外的燈光，隱約看到房間的正中有一張特大號的銅床，被一頂紅羅鎖金帳籠罩着。我輕輕地邁步進去，左手執槍，左手去掀帳門，後面的一位同志也配合着時間開啟房裡電燈的掣，就在我掀開帳門電燈亮起來的一剎那，忽然「吱」的一聲尖叫，從帳子裡有一團毛摻摻的東西直向我撲過來，來勢太疾，距離又近，我已經來不及開槍打它，只知順手用槍管橫着甩過去把那東西打落在一旁，那東西又是連聲吱吱怪叫，才一落地就縱身往窗櫺上跑，我定睛一看才發現原來是一隻小猴子，週身的黑毛油光閃亮，兩隻白色的眼圈和特長的兩臂，怪可愛的，但這時被我用槍管猛打一下，又痛又怕，一面哭聲怪叫，一面沿着窗四處亂竄。

這時川島芳子已經驚醒了，明亮的燈光刺得她睜不開眼，她欠起半身，一隻手揉着眼睛，一面連聲的用一口道地的京片子問：「幹嘛呀！你們是什麼人啊？」這時我有着一份說不出的感覺，首先是帳子裡湧出來一陣又腥、又霉、又臭的氣味，簡直是中人欲嘔，接着在燈光下，我看到一個骨瘦如柴，篷頭亂髮，兩顴高聳，手如鳥爪的被「壽爾多」（一種極厲害的嗎啡針）侵融得只剩皮包骨的醜婆子，一剎時我幾乎以為我走錯了地方，找錯了人呢。因為在下意識裡，多年來我所耳聞的是：川島芳子這間諜之后是如何的如花似玉，多少人為她的美麗而傾家蕩產，甚至出賣國家民族，怎麼可能是面前道樣一個亞似無鹽嫫母的醜婆子呢！但是我知道我不會錯的，多月來的監視和縝密部署，不可能會有如此離譜的錯誤，為了證實這一點，我回頭向身後負實監視她多時的一位同志問詢似的努了努嘴，他明瞭我的想思，使勁的點了一下頭。這時我才放心了，依照例行手續，我出示了身份（當時我們的公開是戰區的）叫她起床，隨我們一同走。

「這是怎麼說的？」川島芳子用她那清脆而富有嗲味的聲音問：「今兒個晚上我還在×長官那兒有個飯局，長官怎麼沒提起這檔子事呢？」我回答她這是奉命行事，別的我們都不知道，於是她就嚕嚕叨叨地訴說，她跟這跟那（都是些有名人物）的關係，並且要求和×長官通電話。當我打斷了她話頭，並且嚴予拒絕以後，她又要求上廁所，為了防範她有什麼意外的念頭，我不理會她的抗議，堅決派那位隨我同來的只有二十來歲的未婚同志監視着她進廁所，折騰了好半響，她見無計可施了，這才無可奈何地跟着我們出去，我派了幾位同志押送她先回站上去，留下了幾個人繼續在這幢房屋裡作一次徹底的檢查。

因為距離日本投降已經好久了，一些文件之類的重要東西早被她給燒毀了，唯一值得一提的是我在她的臥室的承塵上面一個非常隱密而精巧的機關裡，發現一個尺許見方的首飾盒子，盒子的外面非常華貴，有一副精巧而堅實的洋鎖，我們幾個人費了好一會兒功夫才把它給撬開，一掀蓋子，就像打開了小說裡的百寶箱般的，精光閃耀，映得兩眼發花。這裡面放的盡是一些珍珠、瑪瑙、琥珀、鑽石，其品質之精，手工之細，花樣之繁，幾乎沒有一樣不是價值連城，就中有一付項圈是由千粒大小不等的鑽石所鑲嵌成的一隻鳳凰，栩栩如生，在燈光閃耀下，直似振翅欲飛，難以掌握。這一箱子寶貝別說我們沒看見過，連聽都沒聽說過。當時的感覺，這東西放在手上較之什麼重大的機密文件尤覺燙手，我連忙多叫幾位同志進來，在眾目睽睽之下逐一清點列單，並且由所有在場的人共同簽名封存起來，送回站上去。這個首飾箱一直到後來在移送川島芳子時，併同全案移送到上級去以後，我和那幾位共同清點的同志才感到鬆了一口氣。

忙亂了一整夜，等到一切都安排停妥，天邊已露曙光，在深秋清晨的寒冷空氣裡，我深深地吸了一口氣，一絲涼意直透心脾，我並不感到疲倦，只有着長時間緊張和興奮以後的空虛之感，也似乎夾雜着一絲悵惘，這份感覺是為了沒有經過一場激烈的戰鬥，而我就親手制服了名馳遐邇的間諜之后嗎？還是為了這間諜之花的名不符實呢？我說不出。

一〇七、集體槍決土匪趣事

民十四五年間，古兜山為股匪盤踞，當局出動海陸空軍圍剿，仍難肅清。因古兜山是廣東大山，山脈延長數縣，時中山縣駐軍為卅九團，奉命向古兜山進剿。卅九團以善戰見稱，兵強馬壯，作戰有方，深入古兜山擊潰悍匪單眼英，捕捉四十餘人，押解石岐，一時轟動，萬人空巷，爭看匪徒真面目。但只見軍隊押解的，由伕力扛過四十餘隻大桑籮。據謂匪徒被捕後，皆不肯步行，軍隊無奈，乃以大桑籮抬之，故無從得見其面目。

翌日。四圍哄動，謂今日集體槍決匪徒，在大較場行刑，都引以為奇，羣眾追蹤至大較場，看如何集體槍決也。未幾，人聲鼎沸，遠處傳來喇叭聲，而喇叭所吹者，為行刑號也，無不聚精會神，引領瞻望。既而軍隊押解匪徒至矣，一如昨所見，仍用大桑籮抬之，匪徒之真面目，始終無法得見，觀眾大失所望，又趨向大較場，期於執行槍決時，能一看匪徒面目，究為如何，是否兇神惡煞。豈料於執行槍決時，匪徒始終不肯出籮，軍隊無奈，仍將四十餘桑籮排列成雙行，然後用機槍掃射，但聞槍聲卜卜，子彈向桑蘿集中射擊，而未見有若何動靜，約十分鐘，始告行刑完畢，觀眾蜂湧上前，亟欲一看究竟，為軍隊所阻，守衛左右，未得通過。事後議論紛紛，或曰桑籠中根本無匪徒，僅置大石於其中，偽為匪徒，掩人耳目。然實情如何，至今不解，殆乃因當時匪風大熾，故佈疑局，用以示威耶？

一〇八、羅文榦後門不入

從前上海有幾個外國「機構」是不准中國人走正門的，假如中國人要進去的話，請走後門。一個是在福州路的美國總會（即俱樂部），另一個在外灘的英國總會。這兩個會並無明文規定如此這般的待華人，但五、六十年來，已成習慣，所以自愛之士，皆不願充「上人」以一登龍門為榮的。

戰前外交部長羅文榦，與英國駐華公使藍浦生是老友，他們的酒量都是半斤八兩，不相上下的。大概每人喝十五、六斤花雕可以面不改容。一日，羅文榦從北平南下將返廣州，路經上海。藍公使洽巧也到了，便約他到外灘某外國總會吃晚飯。

到時，羅文榦不得其門而入，守門的印度人一再不通融，要羅部長走後門，羅當然不肯，說明公使請他吃飯，門警執法如山，不肯就不肯，羅文榦只得回家吃飯了。藍浦生等他等到八點還不見他到，就打電話去問他。羅文榦把原委說明了，英公使瞠目愕然曰：「真有這等混賬之事麼！要不得！」於是他親自拉羅文榦一起赴宴，羅說：「飯我已吃過了，你叫我去，我實在也吃不下，不如明晚我請你吃廣東菜吧。」終於把藍公使婉拒了。結果羅文榦終其身沒有踏進那樣的地方一步。

一〇九、張善孖畫虎養虎

西洋畫重寫生，國畫卻重寫意。實則不盡然，國畫家也有把實物作模特兒從事寫生的，蜀人張善孖便是其中的一個。

他是畫虎的專家，別號虎癡。因為要把虎的動態，摹寫到紙幅上去，便豢養了一頭老虎，他原本住在上海，上海限於地位，養虎是沒有條件的，就遷居蘇州葑門內闊家頭巷的網師園中，這園本是李巖的，就蘇子美的滄浪亭相近，所以名「隣蘇小築」，後歸張今頗，稱網師園，泉石花木，為蘇州名勝之一。張善孖所豢養的一頭虎，很是馴服，平日不加束縛，放縱它在園裡騰躍着，晚間，他睡覺了，那頭虎也在臥榻旁伏地休息，彷彿一頭狸奴，從不侵犯主人。友朋來訪善孖，瞧見脫柙的虎很是害怕，他卻撫着虎項，招呼客人不要膽怯，說明這虎不傷人的，還恐人家不信，他就撥開了虎的血盆大口，把自己一顆腦袋伸進虎口中，虎很慈祥地不加噬咬，那麼友朋也放心了。

他能拍照，請客人騎在虎身上，攝成伏虎圖。有一次，他把老虎的姿態，畫成十二福，每幅標着西廂記的曲文，名為「十二金釵」求曾農髯加題，但曾認為他畫的是仕女，說這種脂粉氣的東西，平素不喜歡點染，拒絕他；他翻給農髯一看，農髯才欣然命筆。

據說這虎是吃素的。一天，他牽着虎到北寺去受戒，請印光法師摩一下頂，不料北寺的門檻很高，虎舉趾傷足，不久便病死，但善孖諱莫如深，人家問起這虎，他托言把牠放到深山裡去了。又過了幾年，善孖也逝世。

一一〇、生張飛「着即搬差」趣事

粵軍將領中，張瑞貴亦傑出者，其人身段矮胖，雙目炯炯有光，治軍甚嚴，作戰勇敢，故有生張飛之稱。惟張出身草莽，於文墨毫無修養。

張瑞貴本為陳濟棠愛將，個性耿直，行事爽快，其時，總部參謀長黃某，為中央陸軍大學畢業生，於從化別墅，召開軍師長聯歡大會，酒席之間，黃某致詞，謂坐中陸大同學，理宜乾杯，張瑞貴聞語，突然起立，曰：報告參謀長，本職亦「綠」大畢業者也，但不便與汝等之陸大同學乾杯。語畢，遽爾離坐，黃某急挽留，曰：張師長無乃太掃興乎！張瑞貴曰：我乃綠林大學畢業者，請為原諒，遂不顧而去。原來張貴瑞出身綠林，未經陸軍訓練者，抑亦未受陸軍大學教育者，以黃某開口陸大閉口陸大，極不高興，遂有此牢騷。

抗戰時，張瑞貴率部駐紮粵北，日寇屢欲進攻，皆為張堵截狙擊，死傷慘重，張瑞貴之名益彰，當局畀倚頗殷，更由師長而升軍長矣。一日，有參謀某，因誤軍機，理應槍決，但顧念多年同袍，未便處死，遂親下手令，着即撤差。不料撤字誤寫「搬」字，着即撤差變為「着即搬差」，參謀某持手令謁張，曰：報告軍長，本職奉命搬差搬去何處？張瑞貴將手令再三細讀，始誤撤字為搬子，將錯就錯，即答曰：搬到副官處去可也。參謀某事後語於人，謂張快人快事，雖曰生張飛，亦有人情道理者，故張典軍多年，部下洽然。

一一一、女生應試，下半身照片一張

王世有偶因筆誤，而貽笑柄者。曩有某女校登廣告招生，內稱「應繳文憑一張，上半身照片一張」，詎匆促間將「上」字誤寫「下」字，致投考女生大為憤詈。又有某處女，作家書稟父，內有「近日夜夜都要失眠」，而將「失」字少寫一撇，遂成夜夜都要夫眠，其父得書，怒斥之？此皆偶然筆誤，而有此失。然亦有因錯聽字音而起誤會者。昔江蘇有某縣官，因事下鄉，經一私塾，聞童子反覆朗誦；「王八騎馬，親家騎驢，就是騎你。」怪之，意塾師誤教童子書，因停輿入塾，索童子所請書觀之，則為詩經「皇駁其馬，親結其褵，九十其儀。」始知書固無誤，乃因方言不同，致聽為王八騎馬……也。又予常見臺北廈門街有一店，招牌為「中興種子舖」，實為出售植物種子店，然其招牌無植物字樣，若將「種」字讀作去聲，則成為代人延續宗嗣之店矣。中國字向有一字數解，如讀時微有差別，則毫釐千里矣。其難讀在此，其美妙亦在此。

一一二、明淫、宣淫、世家沒落

中國字難讀難解，倘學業無根底，最易說錯。予前記說別字數則，已使人失笑，今有數事，尤趣！（一）某世家式微，其後人欲將先人所藏宋明諸窰磁器出售，顧識字無多，乃自廣告於門前曰：「出賣古淫器，凡明淫，定淫，宣淫，哥淫，汝淫，各淫俱備。」竟將「窰」字誤寫「淫」字，見者無不大笑。（二）清季刑部尚書剛毅，好讀別字，每據報獄囚瘐斃者，輒提筆將「瘐」字改為「瘦」字。四川總督奏報追剿番夷摺中，有「追奔逐北」語，剛毅認係「追奔逐此」之訛，意謂追比番夷掠奪之物也。（三）姜桂題本行伍出身，向不識字，民初任熱河都統，蒞任之日，顧謂部下曰：「今日沿街店舖，多將余名製牌高掛，以表歡迎，是誠難得事也。」但部下殊無所見，聞語往察，始知所謂「桂題」製牌，實「桂麵」市招，為姜所誤認也。（四）曹錕被囚時，好為人作書，自署「渤叟」，蓋曹為天津西沽人，地在渤海之濱也。一日不知何故。誤將渤字之水旁，書於「叟」字之左，竟成為「勃溲」，謔者遂引「牛溲馬渤」成語以非笑之。

一一三、說別字趣談

不事學問，而好掉文者，往往弄成笑話。民國，護國軍在肇慶成立軍務院，派李烈鈞為前敵總司令，出征廣東，並內定莫榮新為廣東督軍。李率師東下之日，軍務院各撫軍置酒為李祖餞，莫亦在座，莫於各撫軍敬酒畢，忽舉杯至李前曰：「願公此去痛飲黃泉。」合座為之失驚。其實莫原欲言「痛飲黃龍」，而讀別為「痛飲黃泉」遂成為詛語也。又譚浩明原不識字，因緣時會，得為廣西督軍。一日，有某省代表以事與譚要約，譚已允之，某代表臨行，復謂譚曰：「公所允某事，得不失信否？」譚慨然曰：「我向來一落千丈！」某代表瞠目不解，譚曰：「君猶不信乎？」某代表始領悟，含笑而去。蓋譚欲言「一諾千金」，而誤為「一落千丈」，遂成為自罵之詞也。又屈映光為浙江省長時，有人請其吃飯，屈遽於請柬批云：「本省長向不吃飯。」亦傳為笑柄。

上述說別字，猶不過貽為笑談。然有一事，因誤聽字句，幾至演成戰禍，則尤堪捧腹也。先是雲南起義討袁時，袁世凱命龍濟光假道廣西征滇，龍派其弟覲光率兵一團為先鋒，逕趨廣西。時廣西督軍陸榮廷，態度未定，而覲光與陸又為兒女親家，當然任其過境。及覲光行至百色下游二塘時，後援軍未至，因駐二塘墟場待命。墟場南臨河，北負山，覲光以孤軍駐此，原屬險事。未幾。陸榮廷通電反袁。

爰命其統領黃復，率重兵至二塘墟場後山上，監視覲光，原冀和平繳械，免傷戚誼。黃故一字不識，陸恐其有誤，瀕行，特囑一切行止，惟令箭是視，不得妄動。蓋陸所部，多綠林暴客，不諳公文，只知令箭也。陸於黃到達後，復命副官馬驥攜陸函往，勸覲光繳械來省，共成大事。馬居黃軍中，傍晚派人送函覲光，天明答覆，否則開火。侵晨覲光復函號，已同意繳械，黃請馬誦讀來函，馬讀云：「大函奉悉，貴省獨立事表贊成……」才讀此兩句，黃忽拍案大怒，吼曰：「進攻！進攻」且傳令集合。馬大驚，亟問何故？黃曰：「他說桂省獨立是鄙人，我不打他，打誰？」馬始知其誤聽，力為解釋，黃不信，仍欲下令進攻。馬無奈，於懷中出令箭，曰：「大帥令箭在此，汝敢動否？」黃始俯首無言，是又竟聽白字，幾釀戰禍也。

一一四、上諭找補

曾文正平定洪楊，所部將領中，有名鮑超（春霆）者，初為下級軍官，靖江之役，文正落水，鮑躍中拯之起，文正德之，不次擢拔，游升至提督軍門，封子爵。而鮑亦勇敢善戰，在鄂東皖北，尤著戰功。故在民國初間，鄂東老年人，猶樂道鮑大人戰績不衰也。鮑為四川夔府人，府城西北角，有新舊爵邸，東西對峙，新邸有花園，頗擅林園之勝，然其子孫不善治生產，日就式微，爵邸亦頹廢不堪矣。抗戰期間，鮑之幼子，年已七十，於爵邸前陳地攤，鬻其家藏書畫古董，顧其人昏聵不明世事，往往以稀世珍品，而賤價售之。黠者以其可欺，常於購就一物後，故意謂其價太高，向之索補，此老故不識低昂，亦常搔首踟躕曰：「我將找補一上諭何如？」其實所找補上諭，多為珍貴史料，得之者，恆獲意外收獲。故上諭找補，一時傳為笑談。

一一五、無烟糖

西南政務委員會時期，馮銳為農林局長，兼主順德新造兩糖廠業務，馮銳留學美國習農科，得博士學位，歸國後任嶺南大學院院長，為一不可多得之才。然其人蘊藉風流，曾納某舞姝愛妾，豔事傳播，每多佳話。然當余漢謀回師之際，首先逮捕，而予槍决者，為馮銳也。馮銳何以致死，其中亦有恩怨在焉。

事緣余漢謀為第一軍長時，率軍遠戍粵贛邊區，軍餉自籌自給，而非仰息於西南政務委員會者。對西南政務委員會之命令，半迎半拒，半推半就。當是時也，陳濟棠與余漢謀雖深交，但疑余有離心，屢欲加以節制，奈余漢謀往往陽奉陰違，陳濟棠亦無如何，乃因余漢謀之第一軍，屯駐粵邊，倘有反側，至難應付，不無存有投鼠忌器之念，余漢謀遂得機在粵贛邊區開闢廣大之農場，動員全軍力量，從事於耕植畜牧，其初則慘淡經營，凡三、四載，規模已備，生產力強，全軍人員賴農場收入，不但足食足兵，尚有餘裕，經營其他。由是第一軍全體官兵，無不心廣體胖，余漢謀羽翼豐滿矣。陳濟棠益忌之，思有以加強節制，使不得有異動。一日，於西南政務委員會中，商及此問題，馮銳適在坐，偶爾發言，謂欲使余漢謀就範，第一軍有異動，應即下令將第一軍在粵贛邊之農場限期收回，由西南政務委員會管理，則余漢謀縱有陰謀，亦無謀矣，陳濟棠問其故，馮銳乃將第一軍在粵贛邊之農場，如何宏偉，如何生產，如何富裕，一一為陳濟棠告，且力言第一軍之所以有今日，皆賴農場給養。陳濟棠意動，復以馮銳曾任農林局長資格，巡視粵贛區農場，知之清楚，認為可信。抑其主張，於理甚合，乃着馮銳擬定計劃，準備接收。馮銳初意不料有若何反響，以為能取信於陳濟棠，今後當可加官晉爵，余漢謀亦莫奈何也。

其後，事為第一軍同袍所悉，以馮銳竟然越俎代庖，謀及於彼等，無不忿然，復以馮銳為政多事，涉及軍旅，誠屬可恨，乃羣起要余漢謀對付馮銳，余以時機未至，忍讓一時，及回師廣州，馮銳果不免矣。或謂馮銳之死，死於無辜。

馮銳在順德糖廠新造糖廠任內，成為笑話者，莫如發明無烟糖。蓋當時兩糖廠出產之糖皆由臺灣採購，然後改裝，充作順德糖廠或新造糖廠出品，由是兩廠之烟囪，終年並無烟出，煉糖機器亦無用處，等如棄置。時人有謔而虐者，諷謂無烟糖，猶言此種改裝之順德糖、新造糖，無須煤火，便有出產，馮銳聞之，不但不以為意，且莞爾而笑，輒對人言，謂無烟糖比有烟糖更合算，獲利倍蓰，非局外人所知者。原來由臺灣採購歸來，一經改裝之沙糖片糖等等，本小利大，比之開機煉糖，值差幾等一半，有此緣故，馮銳認為坐享其利，勝於興工動眾，何況算盤打得響，不問其為臺灣糖，總之，得過且過，魚目尚可混珠，糖又焉得不可以偽亂真，可見當時之「烏龍」矣。

廣東出產無烟糖，漸漸遠播，雖大江南北，幾無不知，馮銳怡然，恬不為怪，及其死後，順德新造兩糖廠，果然開機榨糖，即無烟糖亦同時絕市，糖價高漲，怨聲載道，有念及馮銳者，加以諷刺，謂馮銳雖然發明無烟糖，尚有糖味，今則連糖味亦難得一嚐。

一一六、黃埔娘子軍

當民國十五年十一月，北伐軍奠定武漢，革命怒潮一日千里，其時黃埔軍校學生的朝氣蓬勃，甚得社會歡迎。當時鄧演達任國民革命軍總政治部主任，因為缺乏基本幹部故，建議在湖北成立中央軍事政治學校武漢分校，擇定武昌兩湖書院為校址，招訓兩湖青年入校受訓，由鄧演達任代理校長，張治中任教育長，惲代英任政治總教官，並調黃埔軍校在學中之第五期政治砲工三科，及正在入伍參加戰役的第五期砲兵團，工兵營入伍生一併編入砲工兩科為第五期本科，是為當年武漢分校的梗概。

武漢分校學生，除第五期的政治砲工三科為主幹外，還招考兩湖青年學生一千餘人編為第六期政治科第一二兩大隊。此外另考取女生五百名，編為女生大隊，是為黃埔軍校有女生之始，但亦僅是曇花一現而已。

女生大隊，設在兩湖書院之側的兩湖中學內，院校相距僅為一牆之隔。在女生大隊未成立時，因院校兩地相連，學生課餘散步出入其間，固可暢通無阻。但自女生大隊成立開課以後，兩湖書院與兩湖中學的交通孔道，卻將磚瓦封閉堵塞，教育長張治中更為之規定，男女學生相會，不得在校內會客時間中接會，此為該校校規之最特別者。

女生穿用的服裝與男生毫無相異，所不同的男生操課時穿用草鞋布襪，而女生卻穿布質膠鞋。隊上官長，除各隊特務長為女性以外，餘俱男性，當時的區隊長職務，多為軍校的第四期畢業生任之。女生的年齡，大約俱屬十八歲至二十四歲的妙齡小姐，但大多數屬放腳的改派人物，在集合調動隊伍時，她們開步的扭擰狀態，與今日飛女的隆胸挺腰神態，真若小巫見大巫了。

民國十六年寧漢分裂復合，國民政府奠都南京，第五期生畢業於秣陵，兩湖書院的武漢分校移武昌郊外的南湖。女生大隊複雜，大多為共產黨份子滲入，終因鄧演達之下臺，令解散遣回原籍。其中若干隨軍赴贛，依教導總隊楊樹松入粵，於民國十六年冬間，發生廣州大暴動，造成羊城的空前浩劫，昔年天字碼頭及市區各地所陳女屍，俱為此輩娘子。但亦有隨賀龍、葉挺在南昌叛變後流竄的粵閩贛邊區的，今日騎在人民頭上的三四流女新貴中，大部份卻是昔年兩湖中學的女兵，據說中共的人民女作家丁玲，她也是當年嗲聲嗲氣的兩湖中學娘子軍。

一一七、吃蟹神話

四十年前，田中玉做山東省督軍，他本是讀書人出身，性愛風雅，秋風一起，田中玉就邀集幾個知心朋友，泛舟大明湖，吃江南螃蟹，飲酒賦詩，風雅一番。

民國十二年（公曆一九二三年），山東發生了臨城劫車案，田中玉的督軍因此也丟了。在未丟之前，有個術士曾警告過他，說他的治境之下將出大事，「應驗」之後，田中玉對此術士正為禮重。這天他正在大明湖設蟹宴，蟹有廿五隻，每雙重約一斤，那是很少見的，主客共有廿三人，其中兩人自可吃兩隻，恰好這個術士知道田中玉在湖上，便駕小舟訪之。田中玉大喜，便曰：「先生，此處有蟹廿五隻，你看誰有福可以多吃一隻呢。」

術士屈指一算，大驚曰：「奇怪，奇怪！連我廿四人都沒有一個有福吃蟹！」眾人想了大笑，認為這樣說法，太過兒戲了，正在談笑間，僕人上前說，廚子煮蟹，因見脫下來的一隻蟹腳，便拆肉來吃，吃後不到三四分鐘，中毒倒在地上了。

田中玉馬上吩咐找醫生來救治，但醫生到後也無法可施，不一會廚子死了，於是廿四個客人都不敢吃蟹，由醫生拿蒸熟了的蟹去化驗，那廿五隻蟹中都有毒的，但這些毒不是有人放下去，而是蟹的本身含有毒質。

一一八、《民呼日報》與《民吁日報》

清末上海報紙，鋒芒最露，讀者最多，而出版時間最短者，為《民呼日報》與《民吁日報》，此兩報皆為于右任所創辦，今先言《民呼日報》。先是右老於光緒卅三年與楊篤生等創辦上海《神州日報》，刊行未及一載，因鄰居失火，全館付之一炬，遂於光緒三十四年秋間，籌辦《民呼日報》，助之者，有張人傑、周柏年諸人。當時右老在上海各報登載啟事云：「鄙人去歲創辦《神州報》，因火後不支退出，未竟初志，今特發起此報，以為民請命為宗旨。大聲疾呼，故曰《民呼》，闢淫邪而振民氣，亦初創《神州》之志也。股額定十萬，每股百元，現已招足六萬元。俟機器運到，即宣佈出版日期。」惟以籌措資金不易，至宣統元年三月二十六日始宣告出版。除右老任社長外，執筆者有戴天仇、吳宗慈、王无生、范光啟、周錫三諸人，對於時政之得失，官僚之腐敗，皆有嚴格批評，名言讜論，大受世人歡迎。一出版即日銷數萬份，以是招官廳嫉視，遭同業妬忌，日思有以挫折之。於是而有甘肅賑款案之發生，未幾又有安徽鐵路公司朱雲錦指控譭謗名譽，及已故上海道蔡鈞之子國楨指控毀壞其父生前名譽案，相繼而來。租界會審公廨循清吏之請，將右老羈押捕房月餘，至七月二十四日，遂胡亂判决將右老逐出租界。並取消《民呼日報》之發行權。計自出版至封閉，僅三個月而已。

《民呼日報》既被封閉，右老志不少懈。是年八月十六日上海各報又載有《民吁日報》出世廣告，略謂「本社近將《民呼日報》機器生財等一律過盤，改名《民吁日報》。以提倡國民精神，痛陳民生利病，保存國粹，請求實學為宗旨。仍設上海望平街一百六十號內，即日出版。內容外觀，均擅海內獨一無二之聲價」云云。是報創辦人仍為右老，助之者有范光啟、景耀月、朱葆康、王无生、周錫三諸人。惟右老以被判逐出租界，不便出面，故以朱葆康為發行人，范光啟為社長，且為避免會審公廨蹂躪故，特在法國領事處註冊，以備不虞。出版後，崇論宏議，可與《民呼日報》相伯仲。時日人侵略滿蒙，至為急迫，舉國人士，靡不痛心疾首，海上各報以懾於威力，咸噤若寒蟬，獨《民吁日報》不畏強禦，日以危言警惕國人，早為之備。詎因是為日人所忌，於是年九月下旬，由駐滬日領事松岡照會蘇松太道蔡乃煌，謂《民吁日報》言論多臆測煽惑，有礙中日二國邦交，請將該報懲辦，以戒將來。蔡即札飭會審公廨該報封禁，並商請駐滬領事團承認。至十月初六日，捕房遂奉命派警將《民吁日報》封閉，並將主筆范先啟傳訊到案。計自出版至被封，為時僅五十餘日而已。《民呼》、《民吁》之被封，實為《蘇報》以後清吏勾結租界當局摧殘輿論之另一頁痛史！

一一九、《民立日報》報人升官

再談于右任創辦之《民立日報》。《民立日報》誕生於清宣統二年九月初九日，即《民吁日報》被封後一週年。內容以喚起國民責任心為宗旨，編輯分論說、批評、紀事、雜錄、圖書五部。先後主筆政者，有景耀月、宋教仁、呂志伊、談善吾、范光啟、王无生、徐血兒等，人才濟濟，堪稱一時之盛。時清廷正倡言預備立憲，國內言論，較為自由，革命黨人乘此時機，紛赴長江沿岸活動。辛亥黃花崗之役前後，譚人鳳、宋教仁、呂志伊、居正、陳其美、楊玉如等往來港滬漢各地，均以《民立日報》為東道主，是歲中部同盟會成立，參加者亦以《民立日報》關係人物為特盛。三月二十九日一役失敗後，《民立日報》藉此宣傳民族主義，鼓盪革命精神，迭載殉義烈士之嘉言軼事，以激勵國人，遂使全國革命思潮，如火如荼，不可遏止。

洎武昌起義成功，民元南京政府成立，《民立日報》諸賢，多出任要職，于右任任交通部次長，陳其美任滬軍都督，景耀月任教育部次長，呂志伊任司法部次長，宋教仁任法制局長，范光啟任安徽鐵血軍司令，龐青城、沈縵雲均任司長，社中樞要，為之一空。迄民二討袁軍失敗，民黨勢力寖衰，該報以不勝袁氏壓迫，遂自動停版。

讀歷史52　史地傳記類　PC0384

民國政海軼事

——你不知道的軍閥與政客

原　　編 / 洪　鵬
新　　編 / 蔡登山
責任編輯 / 黃大奎
圖文排版 / 姚宜婷
封面設計 / 秦禎翊

發 行 人 / 宋政坤
法律顧問 / 毛國樑　律師
出版發行 / 秀威資訊科技股份有限公司
114台北市內湖區瑞光路76巷65號1樓
電話：+886-2-2796-3638　傳真：+886-2-2796-1377
http://www.showwe.com.tw
劃撥帳號 / 19563868　戶名：秀威資訊科技股份有限公司
讀者服務信箱：service@showwe.com.tw
展售門市 / 國家書店（松江門市）
104台北市中山區松江路209號1樓
電話：+886-2-2518-0207　傳真：+886-2-2518-0778
網路訂購 / 秀威網路書店：http://www.bodbooks.com.tw
國家網路書店：http://www.govbooks.com.tw

2014年5月　BOD一版
定價：470元

國家圖書館出版品預行編目

民國政海軼事 : 你不知道的軍閥與政客 / 洪鵬原編. -- 一版.
-- 臺北市 : 秀威資訊科技, 2014. 05
面 ;　公分. -- (史地傳記類 ; PC0384) (讀歷史 ; 52)
BOD版
ISBN 978-986-326-244-2 (平裝)

1. 民國史 2. 人物志

628　　103006269

讀者回函卡

感謝您購買本書，為提升服務品質，請填妥以下資料，將讀者回函卡直接寄回或傳真本公司，收到您的寶貴意見後，我們會收藏記錄及檢討，謝謝！

如您需要了解本公司最新出版書目、購書優惠或企劃活動，歡迎您上網查詢或下載相關資料：http:// www.showwe.com.tw

您購買的書名：________________________________

出生日期：________年________月________日

學歷：□高中（含）以下　□大專　□研究所（含）以上

職業：□製造業　□金融業　□資訊業　□軍警　□傳播業　□自由業

　　　□服務業　□公務員　□教職　□學生　□家管　□其它_____

購書地點：□網路書店　□實體書店　□書展　□郵購　□贈閱　□其他

您從何得知本書的消息？

□網路書店　□實體書店　□網路搜尋　□電子報　□書訊　□雜誌

□傳播媒體　□親友推薦　□網站推薦　□部落格　□其他__________

您對本書的評價：(請填代號　1.非常滿意　2.滿意　3.尚可　4.再改進)

封面設計____　版面編排____　內容____　文／譯筆____　價格____

讀完書後您覺得：

□很有收穫　□有收穫　□收穫不多　□沒收穫

對我們的建議：________________________________

____

____

____

請貼
郵票

11466
台北市內湖區瑞光路 76 巷 65 號 1 樓
秀威資訊科技股份有限公司 收
BOD 數位出版事業部

（請沿線對折寄回，謝謝！）

姓　　名：＿＿＿＿＿＿＿＿　年齡：＿＿＿＿　性別：□女　□男

郵遞區號：□□□□□

地　　址：＿＿＿＿＿＿＿＿＿＿＿＿＿＿＿＿

聯絡電話：(日) ＿＿＿＿＿＿＿＿　(夜) ＿＿＿＿＿＿＿＿

E-mail：＿＿＿＿＿＿＿＿＿＿＿＿＿＿＿＿